마음의 고향

마음의 고향 제五권

지은이 | 淸華 큰스님
엮은이 | 정환담, 김영동
펴낸이 | 김원중
발행인 | 閔 璟

편   집 | 백진이, 김애경
디 자 인 | 옥미향
마 케 팅 | 배병철
관   리 | 김선경

초판인쇄 | 2008년 10월 10일
초판발행 | 2008년 10월 15일

출판등록 | 제301-1991-6호(1991.7.16)

펴 낸 곳 | (주)상상나무
            도서출판 상상예찬
주   소 | 서울시 마포구 상수동 324-11
전   화 | (02)325-5191 팩   스 | (02)325-5008
홈페이지 | http://smbooks.com

ISBN 978-89-86089-22-6 03220

값 13,000원

*잘못된 책은 바꾸어 드립니다.

마음의 고향

清華 큰스님 법문집

제 五 권

菩提方便法門
보리방편법문

상상예찬

❀ 발 간 사 ❀

　전문적인 참선(參禪) 명상수행자(瞑想修行者)뿐 아니라 여러 가지 병고(病苦)와 불안의식 속에서 현대를 살아가는 어느 누구에게나 청화(淸華) 큰스님의 법문은 언제나 감로(甘露)의 향기와 같이 최선의 행복(幸福)과 참다운 마음의 평화(平和)와 영원한 해탈의 자유(自由)를 가져다주었습니다.

　그동안 청화대선사(淸華大禪師)의 금구성언(金口聖言)을 금륜회(金輪會)에서 '마음의 고향' 소책자로 발간하여 법보시(法布施)로 널리 보급한 바 있습니다. 이제 인연이 되어 소책자 전체를 단행본 전집 시리즈로 발간하기로 사부대중의 의견을 모았습니다.

　그렇게 기획된 「마음의 고향」 시리즈는 불도(佛道)와 참선의 기본 의미를 알려주는 1권 '순선안심법문' 편을 시작으로 수행자(修行者)들이 지켜야 할 계율과 마음가짐을 일깨워주는 2권 '수행자법문' 편, 진여실상(眞如實相)을 강조하신 법문을 모은 3권 '진여실상법문' 편을 발간한 데 이어 아공법공의 반야지혜로 해탈의 길을 가르치는 4권 '무아ㆍ무소유법문' 편 그리고 성불로 가는 지름길을 일러주시는 염불선(念佛禪) 수행법의 5권 '보리방편법문' 편을 발간했습니다. 이로써 「마음의 고향」 시리즈가 5권으로 완간되었습니다.

　큰스님께서는 참선 명상수행의 핵심을 20여년의 장구한 세월동안

'정통선(正統禪)의 향훈(香薰)'에서 '원통불법(圓通佛法)의 요체(要諦)'로 이끌어주시면서 법이자연(法爾自然)으로 수행자(修行者) 스스로 선오후수(先悟後修)의 순선안심법문(純禪安心法門)인 염불선(念佛禪)에 접근할 수 있도록 팔만사천법문(八萬四千法門)뿐만 아니라 형이상하(形而上下)를 넘나들면서 인류의 최고도의 정신문화(精神文化)로 회통(會通)시켜 주셨습니다.

항상 진리(眞理)의 비로봉(毘盧峰) 실상(實相)자리에서 삼천대천세계를 심안(心眼)으로 조망(眺望)하시면서 심오(深奧)한 논리와 해박(該博)한 지혜(智慧)로 현대인들의 근기(根機)에 맞게 평이하게 설파하신 큰스님 법문은 종파(宗派)는 물론 종교(宗敎)까지도 초월해서 일반 참선(參禪) 명상 수행자(瞑想修行者)들에게 필독 교과서(敎科書)가 될 것임을 확신합니다.

바르게 보면 이 자리가 바로 극락세계(極樂世界) 이상향(理想鄕) '마음의 고향(故鄕)'입니다. 현전(現前)의 일체존재(一切存在)가 본래시불(本來是佛)로 항상 염불삼매(念佛三昧) 속에서 순수생명(純粹生命)의 광명(光明)으로 찬란하게 장엄(莊嚴)하고 있습니다.

항상 나무아미타불! 염념상속(念念相續) 기원 드립니다.

2008년 10월

聖輪寺 住持 昊 曼 合掌

성불(成佛)의 길은
바로 나의 마음자리에 있습니다.
우리는 이미
부처이기 때문입니다!

나무아미타불(南無阿彌陀佛)!

보리방편법문 (菩堤方便法門)

불교에서는 인간 자체도 실존적으로 있어서 주체적으로 보고 생각하는 것이 아니라, 그저 인간 정도의 업식(業識)의 반영일 뿐이라고 봅니다. 세상에 존재하는 만물(萬物)이 마찬가지입니다. 물(物) 자체가 그대로 있어서 보이는 것이 아니라, 인간의 주관에 의해서 이것이고 저것이고 푸르고 누렇다는 것이지, 그 푸르고 누런 것이 실존적으로 있는 것이 아닙니다. 다만 인간의 인식 정도에 따라서 그렇게 보이는 것입니다.

우리가 보는 모든 물질이라는 것도, 실제로는 물(物) 자체가 있는 것이 아니라, 인간성이라고 하는 주관(主觀)에 비추어진 것일 뿐입니다. 따라서 인간성이야말로 만유(萬有)의 척도인 것이지, 물(物) 자체가 있는 것이 아니란 말입니다.

1

一. 菩提方便門 보리방편문

一. 보리방편문(菩提方便門)

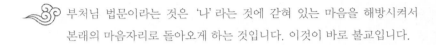

부처님 법문이라는 것은 '나' 라는 것에 갇혀 있는 마음을 해방시켜서
본래의 마음자리로 돌아오게 하는 것입니다. 이것이 바로 불교입니다.

참 삶을 사는 길

흔히 중국의 춘추전국(春秋戰國) 시대를 복잡하고 혼란한 시대의
대명사라고 생각합니다. 그러나 춘추전국 시대보다 더 혼란스러운
시대가 있습니다. 바로 현대입니다. 춘추전국 시대에는 제자백가(諸
子百家)들이 각기 자기 목소리를 높였지만, 그것도 특출하게 두드러
진 사람들에 한정된 이야기일 뿐이고, 일반 서민들은 자기 나름대로
단순한 생활을 했습니다.

그러나 현대는 종교만 두고 보더라도 수많은 종파가 존재합니다.

춘추전국 시대는 비교할 바가 아닙니다. 각종 사이비 종교에 신흥 종교까지 하면 몇 백 가지는 거뜬히 넘어갑니다.

같은 불교 내에도 날이 가면 갈수록 분파가 많이 생깁니다. 그 분파라는 것도 대의명분이나 교리의 차이 때문에 생기는 것이 아니라, 이권이나 그때그때의 정리라든지 하는 동기로 생기고 있습니다.

신앙이라는 것은 하나의 신념체계인데, 신념체계에 변동이 있다고 생각하면 이것 역시 우리가 살고 있는 이 세상의 혼란스러움을 가중시키는 일입니다. 따라서 이러한 때는 '어떠한 진리가 가장 옳을 것인가', '어떻게 해야 종합적으로 모든 것을 다 수렴해서 하나의 진리를 내세울 수 있을 것인가' 하는 문제를 굉장히 중요하게 생각해야 합니다.

내가 어렸을 때는 사상가(思想家)라고 하면 우리와는 다른 세계에 살고 있는, 굉장히 차원이 높고 위대한 분들로 생각했습니다. 시골이라고 하면 사상가라고 불릴만한 사람이 한 면(面)에 한두 사람이 있을까 말까 했었습니다.

그런데 현대는 거의 온 국민이 사상가가 되어가고 있습니다. 요즘은 중학생 정도만 돼도 하나하나 다 제각각의 생각을 품고 논쟁을 합니다. 이렇게 혼란스러운 시기일수록, 모두가 나름대로 철인(哲人)이 되어 예지(叡智)를 키워나가야 합니다. 철인이 되지 않고서는 바른 인생관을 세워서 삶을 헤쳐 나갈 수가 없습니다. 스스로 명확하게 인생관을 정립하지 않으면 자기도 바로 살기 어렵고, 가정도 제대로 못 다스리고, 자녀나 학생들도 똑바로 교육할 수가 없습니다. 예지는 상대적이고 어중된 지식이 아니라, 참다운 성자(聖者)가 우리한테 가르쳐주는, 인생의 등불로 삼을 수 있는 참다운 지혜입니다. 예지를 꼭 잡아야 자기도 똑바로 살고, 우리 민족도 올바른 활로를 개척할 수 있으리라 생각합니다. 그래서 이 혼란스러운 시기를 잘 살아내기 위한 방법, 즉 수행론(修行論)에 대해 말해보려 합니다.

모두가 다 마음이라

출가 수행자는 수행론에 대해 재가 불자님들보다 훨씬 더 깊은 관심을 두지 않을 수가 없습니다. 왜냐하면 몇 십 년 또는 평생 동안 수행론하고 씨름을 하다 마는 경우가 많기 때문입니다. 아무리 오랜 시간 수행을 해도 수행론이 자기 마음에 안 맞거나 적성에 안 맞으면 결국 노이무공(勞而無功)입니다. 헛된 수고만 하고 성과가 없다는 것입니다.

이런 것이 비단 출가 수행자에게 해당되는 것만은 아닙니다. 재가 수행자라 하더라도 사업도 운영하고 애들도 가르치고 하는 와중에 공부를 해야 합니다. 재가 수행자도 마찬가지로 수행론이 자기 적성에 안 맞으면 역시 싫증이 나서 오랫동안 수행을 못합니다.

이렇듯 중요한 수행론에 들어가기 전에, 먼저 불교에서는 인간성(人間性) 문제를 어떻게 보고 있는지에 대한 이해가 필요합니다. 불교를 심종(心宗)이라고 합니다. 모든 것을 마음에 달렸다고 보는 것으로, 일체유심조(一切唯心造)라고 표현할 수 있습니다.

유물론(唯物論)이냐 유심론(唯心論)이냐 하는 문제는 인간의 역사상 오랫동안 논쟁의 대상이 되어 왔습니다. 지금까지도 이 문제는 결론이 나지 않았습니다.

마르크스주의나 북한의 주체사상 같은 것은 유물론을 기초로 성립된 것입니다. 유물론이란 인간성이 물질, 즉 몸뚱이의 반사(反射)에 불과하다는 것입니다. 따라서 유물론은 마음의 독립적인 영역이나 권위를 인정하지 않기 때문에 유물론을 가지고서는 인간의 존엄성을 내세울 수가 없습니다. 인간의 마음이라는 것이 우리 몸뚱이라는 물질의 반사에 불과하다면, 마음이 그렇게 존엄하다고 할 수가 없는 것입니다. 인간의 존엄성을 내세우려면 기본적으로 유물론 체제를 부정하지 않을 수가 없습니다.

이에 비해 불교는 유심론의 입장에 서 있습니다. 철학적인 술어로 이야기하면 구체적 유심론입니다. 「화엄경(華嚴經)」에서 말하는 일체유심조, 모두가 다 마음으로 되어 있다는 얘깁니다.

이렇게 말하면 눈에 보이는 물질에 관심이 많은 사람들은 우선 부정하기부터 합니다. 내 몸도 물질이고, 저 들에 보이는 풀 한 포기나 날아다니는 새나, 자동차나 공장이나, 세상의 과학 문명이 다 물질로 된 것인데, 어떻게 모두가 다 마음일 것인가. 일반적인 사람들이라면 대개 다 그렇게 생각합니다. 부처님의 가르침을 믿고 오랫동안 수행을 했다 하더라도 눈에 보이는 것들이 우선 물질이기 때문에 모든 것이 오로지 마음이라는 만법유심(萬法唯心)을 쉽사리 받아들이지 못합니다.

불교를 심종이라고 표현하는 것처럼, 모두가 마음뿐이라는 것이 불교의 대전제입니다. 여기서 말하는 마음이란 '네 마음, 내 마음'이라 하는 상대적인 마음이 아닙니다. 우주의 본바탕으로서의 마음, 쉽게 말하면 성령(聖靈) 기운을 말하는 것입니다. 질료(質料)가 아닌, 공간성과 시간성과 인과율(因果律)에 얽매이지 않은, 즉 시공과 인과율을 초월하는 하나의 영체(靈體)를 가리켜서 마음이라 합니다. 그렇기 때문에 구체적 유심론이라고 하는 것입니다.

식(識)의 끄트머리

「반야심경(般若心經)」에는 사람의 마음에 대해 '안이비설신의(眼耳鼻舌身意)'라고 표현합니다. 눈과 귀와 코와 혀와 몸과 의식입니

14

다. 사람이 아닌 일반 동물도 안이비설신(眼耳鼻舌身), 즉 눈으로 보고, 귀로 듣고, 코로 냄새를 맡고, 혀로 맛을 알고, 몸으로 촉감을 느끼는 오감(五感)을 사용합니다. 그러나 우리 인간은 일반 동물에 비해 진일보해서 의(意), 즉 의식까지 사용합니다.

유물론자들이나 일반 사람들은 인간의 의식으로 인식하는 것만을 신뢰합니다. 그러나 하다못해 그 옛날 그리스의 철학자인 프로타고라스(Protagoras; B.C. 485~414년경) 같은 분은 '인간은 만물의 척도이다' 라는 말을 했습니다. 사람이 어떤 사물에 대해 얻을 수 있는 모든 지식이라는 것은 인간의 주관(主觀)에 의해 제한된다는 뜻입니다.

불교에서는 인간 자체도 실존적으로 있어서 주체적으로 보고 생각하는 것이 아니라, 그저 인간 정도의 업식(業識)의 반영일 뿐이라고 봅니다. 세상에 존재하는 만물(萬物)이 마찬가지입니다. 물(物) 자체가 그대로 있어서 보이는 것이 아니라, 인간의 주관에 의해서 이것이고 저것이고 푸르고 누렇다는 것이지, 그 푸르고 누런 것이 실존적으로 있는 것이 아닙니다. 다만 인간의 인식 정도에 따라서 그렇게 보이는 것입니다.

같은 물이라도 사람이 보면 물이고, 귀신이 보면 하나의 피로 보고, 천상 인간이 보면 유리로 보고, 고기는 자기가 사는 집으로 봅니다. 그저 물일 뿐이지만, 보는 주체에 따라서 달리 봅니다. 같은 사람이라도 개개인의 수행 정도에 따라 달리 봅니다. 하나의 수학 문제라도 어린아이가 풀이하는 것과 중학생이 풀이하는 것이 차이가 있는 것과 같습니다.

이와 같이 우리가 보는 모든 물질이라는 것도, 실제로는 물(物) 자체가 있는 것이 아니라, 인간성이라고 하는 주관(主觀)에 비추어진 것일 뿐입니다. 따라서 인간성이야말로 만유(萬有)의 척도인 것이지, 물 자체가 있지가 않다는 것입니다.

그러나 대부분의 사람들은 안이비설신의(眼耳鼻舌身意)에 비춰진 것을 가지고 좋다, 궂다, 옳다, 그르다 시비분별합니다. 인간의 의식은 의(意)에서 그치지 않습니다. 그보다 더 깊은 곳에 심층의식(深層意識)인 말나식(末那識)이 있습니다. 눈, 귀, 코, 혀, 촉감, 의식의 6식의 저변에는 제7식(識)인 말나식이 있습니다. 그 7식도 끝이 아닙니다. 7식에서 보다 깊이 들어가면 8식인 아뢰야식(阿賴耶識)이 있습니다. 이것이 끝인가 하면 또 아뢰야식의 근본으로 암마라식(菴摩羅識)이 있습니다. 그리고 이 암마라식이 이른바 불교에서 말하는 불성(佛性)입니다.

사람은 6식을 쓰고 동물은 5식을 쓰고 식물들은 그것보다도 못쓰지만, 그렇게 되어 있다 하더라도 불성은 모두가 다 가지고 있습니다. 사람이나 동물이나 식물이나 또는 광물이나, 이렇게 사람 눈에 보이는 것뿐만이 아니라 눈에 보이지 않는 미시적(微視的)인 세계도 모두 불성으로 되어 있습니다.

산소라든지 수소라든지, 또 더 미세하게 분석하여 소립자(素粒子)라든지 하는 모든 것들을 사람이 기계를 이용해 파괴시켜 양자(陽子)가 되고 전자(電子)가 된다 하더라도, 그것도 결국은 하나의 불성 위에서 이루어진 파동의 일종입니다. 이것은 결국은 에너지의 파동입니다. 에너지가 곧 물질이요, 물질이 곧 에너지입니다.

에너지 보존의 법칙이라는 것이 있습니다. 물질이 파괴되면 물질이라는 형체가 사라지더라도 에너지는 그대로 남는다는 것입니다. 에너지는 영원히 없어지지 않습니다. 소립자를 파괴한다 하더라도 그 모양만 사라지는 것이지, 그 에너지는 없어지지 않습니다. 생명적 에너지는 영원합니다.

여기에서 「반야심경(般若心經)」의 '색즉공(色卽空) 공즉색(空卽色)'을 떠올릴 수 있습니다. 색(色)은 현상계의 물질을 말합니다. 색즉공이라, 그런데 그 공(空)이 아무것도 없다는 허무(虛無) 같으면 색즉공 다음에 공즉색이라는 말이 나올 수가 없습니다. 공 그것은 아무것도 없는 공이 아닙니다. 비록 시간·공간성을 갖는 질료(質料)는 아니겠지만, 에너지가 충만하고 심심미묘(甚深微妙)한 하나의 생명입니다. 그렇기 때문에 그 공 가운데서 인연 따라서 다시 식(識)이 나오게 되는 것입니다. 물질이 곧 에너지요, 에너지가 곧 물질이라고 하는 것이나, 불교에서 말하는 색즉공 공즉색이라고 하는 것이나 같은 뜻입니다. 가끔 이렇게 물리학을 끌어다가 불교의 술어를 설명하면 반감을 갖는 분들이 있습니다. 부처님의 뜻은 그깟 물리학보다 훨씬 깊은 것인데 그렇게 쉽게 말할 수 있냐는 것입니다.

언어라는 것은 인간 정도의 식을 갖는 사람들끼리 정한, 극히 제한적이고 상대적인 인식범위에서의 정보전달 수단입니다. 그렇기 때문에 어떤 언어를 사용해도 정확히 다 표현할 수가 없고, 시간과 공간에 따라서, 받아들이는 사람에 따라서도 그 의미가 달라집니다. 그래서 언어라는 우상(偶像)에 사로잡히면 불교 공부를 제대로 할 수 없는 것입니다.

따라서 불교를 물리학적 술어에 맞춰가며 이해하면 정확히 일치는 되지 않는다고 하더라도 어느 정도 맞으면 대동소이(大同小異)합니다. 보다 세밀한 것은 각자 연구하고 체계를 세워 가면 됩니다.

물질은 중생의 업력의 소치

금타대화상(金陀大和尙; 1898~1948)이 쓴 「우주의 본질과 형량」을 보면 에너지가 무엇인지에 대한 설명이 나와 있습니다. 우주에는 에너지가 가득 차 있습니다. 그런데 이 에너지, 즉 금진(金塵)은 가만히 있는 것이 아닙니다. 금진이 어떠한 동기로 인해 왼쪽으로 선회(旋回)를 하면 하나의 양자(陽子)가 됩니다. 다시 말하면 자기(磁氣)·자력(磁力)이 나옵니다. 그리고 금진이 또 다른 동기로 인해 오른쪽으로 선회를 하면 전자(電子)가 됩니다. 다시 말하면 전기(電氣)가 나온다는 말입니다. 이러한 학설은 금타대화상이 처음으로 세운 것입니다.

천지우주라는 것은 하나의 에너지인 것이고, 여러 가지 가능성을 갖춘 순수한 불성입니다. 불성을 달리 표현하는 말이 많지만, 금강륜(金剛輪)이나 금진(金塵)이라고도 표현합니다. 금타대화상은 금진, 즉 불성을 움직이는 동기에 대해 말을 하고, 이 동기로 인해 금진이 오른쪽이나 왼쪽으로 돌면서 물질의 근본인 수진(水塵), 화진(火塵), 즉 양성자나 전자 등을 생성시킨다고 하였습니다.

그러면 불성을 움직이는 동력은 무엇인가. 그리스의 철학자인 엠페도클레스(Empedocles; B.C. 492~432년경)는 모든 물질은 흙·공기·물·불의 근원적인 네 가지 원소가 사랑과 증오로 인해 결합·분리되어 생긴다고 했습니다.

이것을 불교적으로 표현하면, 우리가 무엇을 싫어하면 그 싫어하는 마음이 동력이 되어 마음을 오른쪽으로 선회시킵니다. 우리가 무엇을 좋아하고 욕심을 내면 또 그 마음이 순수 에너지, 즉 마음을 왼쪽으로 선회시킵니다. 이렇게 마음이 선회를 하여 불교의 지수화풍(地水火風) 4대 원소가 나옵니다.

금타대화상의 법문은 하나의 천문학에 대해서 우주의 질량, 열량, 그런 것을 모두 다 수치로 표시한 것입니다. 여기에서도 가장 근원적인 것은 물질이 어떻게 해서 나왔는가 하는 문제입니다.

19세기 철학자인 뒤부아레몽(Du Bois-Reymond; 1818~1896)은 여러 가지 불가사의한 일들을 말하는 중에서도 가장 알 수 없는 것이 바로 '물질이 무엇인가' 라는 문제라고 했습니다. 세계 각지의 철학자와 과학자들이 오랫동안 물질의 본질이 무엇인가, 물자체가 무엇인가에 대해 연구해왔지만, 아직까지도 물질이 무엇인지를 확실히 밝힌 사람은 없습니다. 여기에 더해 마음은 도대체 무엇인가, 그리고 또 마음과 물질은 어떤 관계성이 있는가 하는 세 가지 문제가 인간에게 가장 불가사의한 의문으로 남아 있습니다.

그러나 이러한 문제는 결국은 모든 것을 깨달은 성자(聖者)가 아니면 알 수가 없습니다. 인간의 지혜라는 것은 항상 상대적인 것에 머물러버리기 때문에, 상대성을 떠난 형이상학적인 문제는 알 수가 없습니다.

형이상학적인 것은 직관력으로, 성자의 밝은 안목으로 보지 않고서는 알 수가 없습니다. 아무리 성능이 좋은 전자현미경을 가지고 본다 하더라도, 물질의 저편에 있는 피안(彼岸)은 알 수가 없습니다. 질료가 있는 이쪽, 즉 시공간에 들어 있는 것만 알뿐이지, 시공을 떠난 것을 어떻게 알겠습니까.

따라서 우리 같은 범부중생은 성자의 가르침을 믿을 수밖에 없습니다. 그리스의 철학자나 동양의 철학자들이 이야기하는 것이 이런저런 표현만 다를 뿐이지 뜻은 모두 상통이 됩니다. 이들도 모두 오랜 시간을 들여 연구를 했지만, 물질이 무엇인지, 마음이 무엇인지, 또 물질과 마음의 관계는 무엇인지 확실히 증명한 사람은 없습니다.

그러나 세존(世尊)이신 석가모니 부처님께서는 일찍이 증명하시고 말씀하신 바, 물질이라는 것은 중생의 업력(業力)의 소치라고 하셨을 따름입니다. 우리 중생의 업력으로 우주가 구성되는 것입니다.

불교의 우주론(宇宙論)에서는 우주가 나중에는 텅 비어버린다고 말합니다. 이와 비슷한 말을 현대의 물리학에서도 엔트로피(entropie) 이론을 들어 표현하고 있습니다.

엔트로피는 쓸 수 없는 에너지를 말합니다. 지금과 같이 석유나 가스나 원자력 같은 에너지를 계속 사용하다 보면, 마지막에 가서는 사용할 수 없는 열에너지 찌꺼기만 남습니다.

이렇게 온갖 에너지를 다 끌어다 모두 써버리면 그때는 천지우주도 다 타버린 셈이 됩니다. 파괴돼서 텅 비어버립니다. 불교 말로 하면 괴겁(壞劫)입니다. 우주라는 것은 결국 파괴되고 마는 것입니다. 우주가 이루어지고[成劫] 우리와 같은 생물들이 태어나고 살다가[住劫] 점점 우주가 마멸되어 파괴되고(壞劫) 마침내는 텅 비어버립니다(空劫).

우주가 텅 비어버리면 질료는 모두 없어집니다. 한 톨의 원자나 소립자도 없이 모두 사라집니다. 모든 물질이 사라지고 에너지만 남습니다. 이렇게 에너지만 남으면 아무것도 없는 허무일 것인가 하면 그렇지 않습니다. 순수 생명인 에너지 그것이 바로 불성입니다.

그리고 불성 가운데는 무한한 가능성이 꽉 차 있습니다. 이른바 불성공덕(佛性功德)입니다. 불성공덕을 가장 간단히 말하면 자비로운 기운과 지혜로운 기운인데, 이들이 모두 공(空) 가운데 가득 차 있습니다. 그리고 그 가운데 플러스(+)와 마이너스(−), 즉 양기운(陽氣雲)과 음기운(陰氣雲)이 무한히 잠재되어 있습니다. 상징적으로 인격화(人格化)시키면 마이너스 기운은 자비에 해당하고, 플러스 기운은 지혜에 해당하는 것으로 볼 수 있습니다.

물리학적으로만 표현하면 모든 에너지가 바싹 말라버리겠지만 불교적으로, 생명적인 차원에서 표현하면 공(空) 가운데도 자비는 관세음보살이요, 지혜는 문수보살입니다. 공 가운데도 불성과 부처님이

가득한 것입니다.

텅 비어버린 가운데 자비로운 기운과 지혜로운 기운이 균형을 이루고 똑같이 존재하면, 그때는 마이너스 기운과 플러스 기운이 평등해서 제로(zero)가 되므로 다시 성겁(成劫)이 일어나지 않습니다. 동(動)함이 없이 조용히 있어 우주가 이루어지지 않는 것입니다. 그러나 음기운, 양기운이 차이가 생기기 때문에 거기에서 비로소 동(動)이 생깁니다. 이것을 우리 중생의 업력이라고 표현한 것입니다.

더 자세히 말해보겠습니다. 공겁(空劫)이 되어 우주가 텅 비어버리면 지금 우리같이 원소로 구성된, 물질로 구성된 몸은 존재할 수 없습니다. 다만 심식(心識)만이 존재하는 중생으로 남게 됩니다.

모든 중생이 다 천지우주의 불성과 하나가 되어 대우주와 조화가 되어버리면 중생이 다시 없을 것인데, 천지우주가 다 파괴된다 하더라도 중생 가운데는 미처 부처가 되지 못하고 심식, 즉 의식만 있는 중생이 남아 있습니다. 우주가 텅 비어버리면 우리 몸이야 모두 사라진다고 해도 의식만은 남는다는 말입니다.

의식만 있는 중생들이 텅 비어버린 우주에 남아서 무엇을 하느냐하면, 생각을 합니다. 중생이 하는 생각을 간추려보면 결국 싫어하고 좋아한다고 하는 생각입니다. 선이나 악이나 별별 생각이 다 있겠지만, 간추려보면 전부 싫어하고 좋아하는 생각으로 모아집니다. 귀일

(歸一)이 되는 것입니다.

좋아하는 생각은 끌어당기는 인력(引力)이 되는 것이고, 싫어하는 생각은 밀어내는 척력(斥力)이 됩니다. 이것이 정화가 되면 자비와 지혜가 됩니다. 그렇기 때문에 번뇌(煩惱) 즉 보리(菩提)요, 보리 즉 번뇌입니다. 우리의 근본 성품은 자비이고 지혜인 것인데, 잘못 쓰면 그것이 미움과 탐욕이 됩니다.

그 의식만 있는 중생들의 싫어하는 생각이 모여 불성을 오른쪽으로 선회시키면 그것이 전자(電子)가 됩니다. 또 좋아하는 생각이 모여 불성을 왼쪽으로 회전시키면 양성자(陽性子)·중성자(中性子)가 됩니다. 이렇게 해서 중성자와 양성자를 핵(核)으로 해서 전자가 뱅뱅 도는 원자(原子)가 생성됩니다. 무수한 중생들의 싫어하고 좋아하고 보고 싶고 보기 싫고 사랑하고 미워하고 하는, 이런 여러 가지 마음이 동력이 되어(共業力) 천체가, 우주가 구성됩니다.

지금 우리는 통합적인 에너지의 차원에서 보지 못하기 때문에 지구, 달, 태양, 화성, 금성같이 서로 다른 모양으로 보는 것입니다. 그러나 에너지 차원을 본다고 생각할 때는 모두가 다 불성이고, 순수 생명 에너지입니다.

옴마니반메훔, 영원한 부처님의 광명

　우리 인간은 표면의식(表面意識)만 가지고 살고, 잠재의식(潛在意識)은 잘 사용하지 못합니다. 프로이드(Sigmund Freud; 1856~1939)나 융(Carl Gustav Jung; 1875~1961) 같은 학자들도 심층의식(深層意識), 즉 의식 저변에 있는 말나식(末那識)에 해당하는 단계는 이야기를 했습니다만, 보다 더 깊은 것은 잘 알지 못했습니다. 그들은 결국 자기들의 범부의식(凡夫意識)만 가지고 유추를 해서 보았을 뿐, 성자와 같이 훤히 트인 심안(心眼)으로 근본을 보지는 못했습니다. 범부의식 가운데서, 그런 상대적인 의식으로만 가지고 조금 깊이 보았을 뿐입니다.

　프로이드나 융은 불교를 조금은 공부해서 어렴풋이 불교다운 말을 하기는 하지만 깊이는 별로 없습니다. 그래서 그들은 인간 의식의 가장 저변에 있는 제 9 암마라식(菴摩羅識), 소위 부처이고 불성인 그 자리까지는 말을 할 수가 없습니다. 불성은 인간성과 우주성(宇宙性)의 본바탕을 확실히 볼 수 있는 성자만이 말할 수 있습니다.

　우리는 성자와 범부의 차이를 분명히 구분해서 알아야 합니다. 범부는 우주의 근본실상을 보지 못하지만, 성자는 이렇게 우주의 근본실상(實相)을 봅니다. 실상이란 이른바 생명의 실상이고, 이것이 불성입니다. 우리가 하는 부처님 공부라는 것은 어떠한 공부든지 모두가 다 실상을, 우리의 불성을 어떻게 계발할 것인가 하는 것입니다. 그리고 그 방법에 따라 부처님의 수행법이 여러 갈래로 갈라져 있는 것입니다.

우선 옴마니반메훔(om mani padme hum; 本心微妙六字大明王眞言)이라는 것을 살펴보겠습니다. 티베트의 고승들은 옴마니반메훔을 주로 합니다. 우리 한국 불교의 종파 중에서도 진각종(眞覺宗)은 옴마니반메훔을 주로 합니다. 그리고 전통적인 불가에서도 관세음보살본심미묘진언(觀世音菩薩本心微妙眞言)이라 해서 관세음보살님의 본심의 리듬을 옴마니반메훔이라고 합니다.

옴마니반메훔 같은 진언(眞言)은 오종불번(五種不飜)이라, 함부로 번역을 할 수가 없습니다. 한 가지 표현 가운데 많은 뜻이 포함되어 있기 때문에 중생들의 제한된 말이나 문자로는 표현이 되지 않습니다. 진언은 대단히 함축적이기 때문에 거기에 부연설명을 덧붙여버리면 진언 같은 느낌이 없어지지만, 너무 짧아져버리면 몇 마디 말로 도저히 그 뜻을 표현하지 못하기 때문에 그것도 어렵습니다.

그런데도 옴마니반메훔을 구태여 번역하기 좋아하는 사람들이 있습니다. 우리 중생의 호기심이라는 것이 한도 끝도 없기 때문에 그 호기심을 풀어주고자 번역한 것도 있습니다. 그렇게 해서 나온 번역이 '영원한 부처님의 광명' 입니다.

진언에는 광명이라는 뜻이 있습니다. 그래서 광명진언(光明眞言)이라고도 합니다. 우주는 불성이라는 하나의 순수 생명 에너지입니다. 우리는 이 에너지를 우주의 정령(精靈)이나 우주의 기운(氣運)으로만 생각할 것이 아니라, 하나의 심심미묘한 무한한 지혜를 갖춘 빛, 즉 생명의 광명으로도 생각할 수 있어야 합니다.

광명이나 빛이라는 관념은 매우 중요한 것입니다. 불교에서 말하는 생명의 빛은 햇빛이나 가로등 빛처럼 눈에 보이는 광명이 아니라, 적광(寂光)이나 정광(淨光)입니다. 고요하고 맑은 광명입니다. 이런 적광 · 정광의 개념이 우리에게는 매우 필요합니다. 왜냐하면 우리가 공부를 하다 보면 자신이 정화됨에 따라서 차근차근 광명으로 가까이 나아가기 때문입니다. 기도를 참으로 깊이 모신 분들은 광명을 감득(感得) 못할 사람이 없습니다. 그리고 사실은 그런 광명을 감득해 보아야 환희심(歡喜心)이 생겨 몸과 마음이 하늘로 치켜 올라서고 평소에 몰랐던 것이 머리에 번갯불처럼 떠오르게 됩니다.

몸의 허망함

생명의 근본이 되는 불성은 매우 소중한 것이기 때문에, 무수한 사람들이 더러는 순교의 길을 택하고 더러는 자기 몸조차도 불살라서

까지 공양을 합니다. 이것을 소신공양(燒身供養)이라고 합니다. 예수 같은 분도 십자가에 못 박혀 죽지 않으려고 했으면 얼마든지 그렇게 할 수가 있었습니다. 피하려고만 했으면 얼마든지 피할 것인데, 짐짓 십자가에 올라갔습니다. 생명의 실상을 변증한 셈입니다.

사람 몸뚱이는 허망한 것이고, 사람의 진정한 몸뚱이는 마음에 있다는 것을 변증하기 위해서 십자가에 못 박혀 죽은 것입니다.

생명의 실상을 생각할 때는 사바세계(娑婆世界)의 허망함에 대해 깊이 통감해야 하는 것입니다. 지관론(止觀論)에 보면 몸이라는 것을 중생의 업력기관(業力機關)이라고 했습니다.

우리 몸이라는 것은 중생의 업을 짓는 기관이라는 것입니다. 우리가 업을 지어 놓으면 그 업의 여러 가지 조합으로 가짜로 화합[假和合]합니다. 우리 몸도 이렇게 가짜로 화합한 것입니다. 그렇게 하여 연(緣)을 따라 무엇인가가 되어 태어납니다[從衆緣生]. 석가모니 부처님께서 보리수 밑에서 깨달음을 얻을 때도 주로 12인연법(因緣法)으로 깨달으신 것입니다.

당장 우리 인생의 전생만 생각해봐도 정확히 알 수가 없습니다. 나는 도대체 무엇이고, 내가 태어나기 전에는 무엇이었으며, 나는 도대체 어디에서 나왔는가. 이런 문제만 생각해봐도 제대로 답을 하기가 어렵습니다. 물론 나는 엄마의 뱃속에서 나왔다는 사실 하나는 알지만, 그 전에는 무엇이었는지, 어머니의 태(胎) 속에서 자라고 나오기 전까지는 내가 무엇이었는지는 잘 모릅니다.

그런데 이렇게 나의 근원을 소급해서 올라가고 올라가서 뚫고 나가면 결국은 '우주의 끝은 무엇인가'라는 질문에 도달합니다. 이렇게 생각해서 올라가면 갈수록 마음이 하나로 모아집니다. '우리의 전생이 무엇인가? 무엇인가?' 이렇게 하나의 생각을 파고 들어가면 집중력이 생긴다는 말입니다.

마음이 하나로 모아지는 것이 대단히 중요합니다. 마음이라는 것이 산란하여 집중이 되지 않으면 항시 상대적인 의식에 머물고 마는 것인데, 마음이 하나로 딱 모이면 집중력이라는 것이 생겨서 의식으로부터 제7 말나식, 제8 아뢰야식, 제9 암마라식으로 쭉쭉 들어갑니다. 원래 우리 정신의 근본 뿌리가 불성이기 때문에 딱 한 번만 정신을 집중시키면 그 힘으로 해서 우리 마음이 차근차근 깊이 스스로 파고 들어가게 되는 것입니다.

석가모니 부처님께서는 과거세(過去世)의 선근(善根)도 많기 때문에 훨씬 더 명상하는 힘이 강했습니다. 그런 분이 하나의 문제를 가지고 계속 생각하고 생각하니까 과거가 확 열려버렸습니다. 도인들이 공부해서 마음이 열려올 때, 맨 처음에 얻는 신통이 바로 숙명통(宿命通)입니다. 숙명통은 과거전생을 다 아는 능력입니다. 숙명통을 얻고 나면 지금 '나'라는 존재가 어디에서 왔는지 알게 됩니다. 석가모니 부처님께서도 과거를 알고 보니 천상정토(天上淨土)인 도솔천(兜率天)에 있는 하나의 영체(靈體)에서 비롯된 것이었습니다.

우리 모두는 하나의 영체로 헤매다가 지금 자기의 어머니·아버지의 인연 파장에 걸려서 온 것입니다. 그렇게 해서 몸뚱이가 생기고, 어머니의 태 안에서 영양을 섭취해서 세상에 나왔습니다. 산소, 수소, 질소, 탄소 같은 것들이 가화합을 이루고 모여 '나'를 구성하고 있습니다. 다시 말하자면 이 몸은 중생의 업력기관으로, 뭇 인연을 따라서 생겨난 것인데 이것이 실체는 아닙니다. 각각의 원소가 임시로 잠시 가화합되어 있는 것이고, 화합돼서는 잠시도 그대로 있지 않습니다.

그런데 중생의 번뇌 중 가장 해결하기 어려운 번뇌가 무엇인가 하면, 지금 인연 따라 가화합된 이 몸뚱이가 소중하다는 번뇌입니다. 학교에서 배우는 물리학을 떠올려서 내 몸이란 무엇인지 생각해보면 금방 답이 나옵니다. 내 몸은 각 분자(分子)가 합해져서 된 것입니다. 바람기운이나 불기운이나 물기운, 흙기운 같은 각 원소의 기운이 잠시 인연 따라서 합해 있는 것이 이 몸뚱이인데, 중생들은 이 몸뚱이를 애지중지합니다. 몸뚱이는 죽고 나면 산소는 산소대로, 수소는 수소대로 다 흩어져버리고 마는 것입니다.

그러면 내가 죽고 나면 과연 무엇이 남을 것인가. 영체(靈體)가 남습니다. 그러나 이것은 눈에 보이지 않는 것이기 때문에 부정하는 사람이 많습니다. 어머니의 태 안에 생명이 생겨날 때도, 그것을 하나의 물질로만 생각하는 사람들은 들어오는 영혼은 보이지 않는 것이므로 영이 없다고 합니다. 사람은 다만 부모님의 피가 결합되어서 하나의 생명이 된 것이라고만 생각합니다.

불교에서는 그렇게 보지 않습니다. 물질 너머를 보는 도인들의 안목으로 보면, 물질이 있는 것이 아니라 생명이 있습니다. 분명히 하나의 생명이 있는데, 이 생명이 과거에는 사람도 되었다가 짐승도 되고 했습니다. 이렇게 여러 생을 거치며 헤매다가 때마침 어떤 부모와 인연의 파장이 서로 맞으면 그때는 걸려서 태 안으로 들어온다는 말입니다. 그렇게 인연이 맞아 누군가의 자식으로 태어나 한 세상 살다가 다시 죽으면 우리 몸은 또다시 각 원소로 분해가 됩니다.

그러나 몸은 분해가 되어도 다시 영체는 남습니다. 몸은 죽더라도 금생에 내가 어떻게 살았는가, 금생에 내 영혼이 얼마나 성숙되었는가, 금생에 내가 나쁜 짓을 얼마나 많이 했는가 하는 것은 남아 있습니다. 그리고 이러한 것, 즉 영혼의 성숙도에 따라서 죽고 난 뒤에 갈곳이 달라집니다. 나쁜 짓을 많이 한 영혼들은 저 밑으로 뚝 떨어져서 지옥 같은 데로 갑니다.

가끔 불교인들도 극락이니 지옥이니 아귀 같은 것이 실재하는 것이 아니라 부처님께서 무지한 중생들을 가르치느라 이야기한 비유 같은 것으로 생각하는 분들이 있는데, 절대 그렇지 않습니다. 우리 인간의 제한된 시각으로는 볼 수 없는 것뿐입니다. 지옥이라는 곳에는 분명히 지옥중생이 있는데, 이들은 영체(靈體)라서 보이지 않는 것뿐입니다. 귀신이 일반 사람들의 눈에는 보이지 않지만 분명히 있는 것처럼 말입니다.

우리가 죽은 뒤에 몸은 지수화풍(地水火風)의 4대 원소로 흩어진다 하더라도 심식(心識)은 남습니다. 의식, 말나식, 아뢰야식, 암마라식은 남습니다. 불성은 가장 본질이기 때문에 조금도 중단이 없는 것입니다.

그러나 사람들은 죽으면 흩어질 몸뚱이에 대한 애착 때문에 여러 가지 고난도 많이 받고 시비도 많이 있습니다. 자기 몸뚱이를 보배로 생각하고 아끼기 때문에 모든 죄악의 씨앗이 생깁니다[寶此我故 卽 起貪瞋癡等三毒 三毒擊意 發動身口 造一切業]. 손가락에 반지를 몇 개씩 끼고 치장하는 것도 몸뚱이를 아끼기 위한 것이지 심성을 가꾸려고 하는 일은 아니지 않습니까.

몸은 물리학적으로 생각해보아도 뻔한 것입니다. 몸뚱이는 하나의 겉껍데기에 불과할 뿐, 생명의 본질이 아닙니다. 따라서 몸뚱이에 대한 애착을 못 버리면 참다운 불교인이 될 수 없는 것입니다.

32

고행의 의미

불교에서나 기독교에서나 고행(苦行)이 있습니다. 일반 사람들이야 잘 먹고 잘 자는 것이 좋고 무엇 때문에 쓸데없이 몸을 괴롭히냐고 생각하기 쉽습니다. 그러나 그것은 그저 우리 평범한 중생들의 이야기입니다. 우리는 고행이 쓸데없는 일이라고 쉽게 생각하기 전에, 왜 성자들이 괜히 그런 고생을 사서 하는지 깊이 생각해볼 필요가 있습니다.

예수님께서도 40일이나 금식기도를 했습니다. 평범한 사람들이야 밥 한 끼도 굶기 어려운 것인데, 40일 동안이나 금식을 하셨습니다. 직접 단식을 해보면 우리 몸이라는 것이 꼭 지금 우리가 먹는 만큼의 칼로리를 먹어야만 유지되는 게 아니라는 것을 알게 됩니다.

월남의 메디콩 스님이라는 분은 반체제(反體制)에 저항하던 중 정부로부터 구속당해서 옥중에서 100일 동안 단식을 했습니다. 옥중에서 물만 먹고 100일 동안 살았는데, 그것도 그냥 아무것도 하지 않고 지내는 것이 아니라 아침저녁으로 두 시간씩, 하루 네 시간 동안 염불을 했습니다. 옥중에서야 몰래 무엇을 먹을 수도 없는 일이니 거짓말이 아니겠지요.

저도 40대의 나이에 광주 동광사에 지도법사로 일주일에 두 번씩 가서 법문을 했습니다. 그렇게 몇 개월 다녔습니다. 지도법사로 가서 법문을 할 동안 보름 동안 단식을 했는데, 법문에 가려고 하면 주변에서 만류를 합니다. 보름동안 단식을 하고 가서 쓰러져버리면 어떻게 하려고 그러냐고 합니다. 하지만 그런 적은 한 번도 없습니다. 제가 평소에 말더듬이였습니다만, 보름동안 단식을 하고 나서는 말 한 번 더듬지 않고 제 평생에 처음으로 말을 참 잘했습니다.

그래도 몸과 마음이 분리된 것이 아니라 하나이기 때문에 몸이 즉 마음이요, 마음이 즉 몸입니다. 몸이 건전하면 마음도 건전하고 몸이 취약하면 마음도 취약합니다. 몸은 마음을 따라서 이루어졌습니다. 눈썹 하나, 치아 하나 모두가 그렇습니다. 관상을 보는 사람들은 치아의 모습만 보고도 성품을 압니다. 따로 수행하지 않은 사람이라고 해도 머리 색깔을 보면 그 사람의 성품을 압니다. 그렇게 몸과 마음은 둘이 아닙니다.

다만 우리 생명은 우리 마음인 식(識)에 있습니다. 몸뚱이는 보조에 불과하고, 몸뚱이를 유지하고 있는 영양도 보조에 불과합니다. 모두가 단식을 하라는 말은 아닙니다. 다만 생명의 본질은 마음에 있는 것이지 육체에 있는 것이 아니라는 점을 알아야 한다는 뜻입니다.

마음은 우주의 본바탕이자 우리 인생의 본바탕이고, 몸이라는 것은 우리의 마음에 따라 50년이고 80년이고 인연 따라서 쓰이는 것입니다. 그렇기 때문에 몸뚱이를 귀하게 여겨 봉사할 필요는 없습니다.

몸을 너무 귀하게 여기면 문제가 생깁니다. 자기 몸만 귀하게 여기다 보면 남의 몸뚱이는 별것이 아닌 것 같습니다. 내 것은 다 좋아 보이니 자기 아내나 남편이나 자식의 몸뚱이도 좋다고 생각합니다. 이렇게 생각하면 인생은 그야말로 싸움의 바탕이 되고 마는 것입니다.

몸은 마음의 종에 불과한 것입니다. 몸은 소리에 따르는 메아리, 형체에 따르는 그림자에 불과합니다. 이러한 사실을 분명히 알아야만 자기 몸뚱이에 대해 집착을 버릴 수 있습니다. 그리고 몸에 지나치게 집착하지 말라는 것이 불교의 이른바 고행생활(苦行生活)입니다.

따라서 불가의 수행자는 무얼 많이 먹는 것을 좋게 생각하지 않습니다. 세상에서야 좋은 옷 걸치고 좋은 음식 먹고 다니는 사람, 즉 자기 몸을 높이는 사람이 높은 사람이지만, 불가에서는 제일 좋은 옷을 입은 사람이 제일 높은 스님이 아닙니다. 될수록 골라서 누더기를 입는 것이 더 좋습니다. 가장 못 먹고, 가장 못 입고, 가장 못 살면서도 정신적인 면으로는 최고로 생활하는 것이 출가 수행자의 본분인 것입니다.

부처님 당시에는 공덕이 높은 사람들은 네 가지 행동에 의지한다[行四依]고 했습니다. 첫째가 분소의(糞掃衣)입니다. 똥 밑씻개나 할 만한 누더기를 주어다가 깨끗이 빨아 누벼서 옷을 해 입는 것입니다. 두 번째가 수하좌(樹下座)입니다. 편안하니 집 가운데서 자지 말고 항상 나무 밑이나 돌 위에서 자라는 것입니다. 세 번째가 상걸식(常乞食)입니다. 먹을 것은 얻어서 먹고, 얻어서 먹더라도 많이 먹지 말고 주먹밥으로 하나 정도만 먹습니다. 네 번째는 부란약(腐爛藥)입니다. 병이 생겼을 때는 길거리의 소똥을 발효시켜서 만든 약만 먹으라는 것입니다. 이것이 부처님 당시 수행자의 표본입니다. 이와 같이 청빈하게 살라는 것입니다.

그러나 지금 수행자들은 그때의 사람들과 근기(根機)가 같지 않기도 하거니와 다 같이 모여서 공부할 필요가 있기 때문에 절이 생기고 했습니다. 그러나 그때의 기본 정신은 항상 마음에 두고 있어야 참 수행자로서 청빈하고 경건한 생활을 할 수 있습니다.

마음은 우주의 본체

우리의 마음은 하나의 우주 본체이고, 비록 우리 몸이 이렇게 생겨먹었다 하더라도 불성 자체는 조금도 변함이 없습니다.

우리 마음의 불성이 그때그때 연(緣)을 따라서 오른쪽으로 선회하면 전자가 되고, 왼쪽으로 선회하면 양자가 되지만 전자면 전자, 양자면 양자 그대로 굳어버리는 것이 아닙니다. 불성이 전자가 되거나 양자가 되고 중성자가 되었다 하더라도 불성은 조금도 훼손이 없습니다.

불성이 선회하여 변하는 것은 단지 에너지의 파동이고 이 파동은 한순간도 가만히 있지 않고 움직이지만, 에너지 자체, 불성 차원에서는 조금도 변질이 없습니다. 순금을 녹여 반지를 만드나 목걸이를 만드나 순금의 성품 자체는 조금도 변질이 없듯이, 불성 이것이 산소가 되든 수소가 되든 또는 어떤 성분이 되어 우리 몸을 구성한다고 해도 불성 차원에서는 변질이 없습니다.

인연 따라서 천차만별로 모든 것이 됩니다. 사람도 예쁜 사람이 있고 미운 사람이 있지만 불성은 조금도 변함이 없습니다. 따라서 불성을 볼 수 있는 명확한 안목이 있다면 겉으로 보이는 모습과는 상관없이 그때는 다 하나의 불성으로 보입니다. 사람이 돼도 불성은 변함이 없고, 무쇠가 돼도 불성은 변함이 없으며, 아주 더러운 똥이 된다고 해도 불성은 변함이 없습니다.

그래서 어느 스님이 운문스님에게 "무엇이 부처입니까?[如何是佛]"라고 물었을 때, 운문스님이 "똥 마른 막대기다![乾屎橛]"라고 대답을 했던 것입니다. 부처가 무엇이냐고 물은 스님은 그야말로 무언가 초월적이고 존귀하고 대단한 것이라고 생각하고 물었을 것입니다. 그러나 운문스님이 보았을 때는 부처라는 존귀한 대상이 따로 있는 것이 아니라, 똥이나 걸레짝이나 사람이나, 모두가 다 부처이고 불성이니까 똥 마른 막대기라고 탁 내쏘아버렸단 말입니다.

　그런 대답을 들으면 부처라는 것은 아주 위대한 것인데, 저 사람은 왜 똥 마른 막대기라고 했는지 의심하기 시작합니다. 그리고 이것을 화두로 삼아 계속 의심하는 가운데 마음이 모아집니다. 마음이 모아지면 집중이 돼서 마음이 트입니다. 마음이 트이고 더욱 집중하면 또 마음이 모아지고 더 깊이 파고 들어가면 불성까지 단번에 확 트입니다. 그러면 그때는 깨닫습니다.

　그때는 불성이 훤히 보이니까, 똥이나 먼지나 모두가 불성이라는 것이 훤히 보이니까 부처를 똥 마른 막대기라고 말한 뜻을 확연히 알게 되는 것입니다.

　천지우주(天地宇宙), 산하대지(山河大地), 두두물물(頭頭物物), 준동함령(蠢動含靈)의 일체중생(一切衆生) 모두가 다 불성 아님이 없다는 것을 알게 됩니다.

　이것을 보고 '타성일편(打成一片)'이라고 합니다. 우주를 오직 하나의 것으로 통일시켜버린다는 말입니다. 이렇게 되면 마음이 편한 것입니다.

　전자는 무엇이고, 양자는 무엇이고, 소립자는 무엇이고, 너무나 정보가 많으니까 복잡해서 뭐가 뭔지 모르는 지경인데, 모두 다 하나로 모아서 만법귀일(萬法歸一)이라, 하나의 것으로 통일시켜버리면 참으로 마음이 편한 것입니다. 하나로 통일을 시키는데 그것도 가장 좋은 불성으로 통일을 시키니 참 좋습니다.

불성, 그것은 그렇게 행복도 충만하고, 진여(眞如), 법성(法性), 실상(實相), 보리(菩提), 도(道), 열반(涅槃), 극락(極樂), 중도(中道), 각(覺), 주인공…, 부르는 이름은 각양각색이어도 모두가 다 완전무결한 하나의 불성으로 통일이 되는 것입니다.

부정관, 자비관, 인연관

우리가 지금 수행을 하고 있지만, 부처님 당시와 비교하면 벌써 2500년의 세월이 흘러갔습니다. 부처님 당시의 인도 지방은 문맹도 많고 노예도 많고 배우지 못한 사람도 많았습니다. 그렇기 때문에 그때는 높은 경지의 어려운 법문(法門)은 할 수가 없었습니다. 제법공(諸法空)이라든가, 일체만유(一切萬有)가 꿈이요, 허깨비요, 그림자라고 말을 해도 사람들이 알아듣지를 못했던 것입니다.

지금도 사람들이 자기 몸뚱이는 좋게 보여서 좋은 것 먹고 좋은 것 입는 것을 좋아하는데, 그런 사람들에게 눈에 보이는 것이 다 헛된 것이라고 말을 한다고 해서 얼마나 이해가 되겠습니까. 부처님 당시에는 더더구나 무식한 시절이라 알 수가 없었던 것입니다.

그렇기 때문에 부처님의 초기 법문은 쉽습니다. 선도 있고 악도 있고, 내가 있고 네가 있고 하니까 될수록 나쁜 짓 하지 말고 좋은 일을 하라고 가르쳤습니다. 즉 중생의 차원에서 받아들이기 쉬운 윤리적인 면을 주로 말씀하신 것입니다.

처음에는 부정관(不淨觀)으로 수행을 시켰습니다. 사람 몸에서 나오는 것은 눈물이고 콧물이고 오줌이고 침이고 모두가 더러운 것뿐이라는 이야깁니다. 아무리 미인이라고 하더라도 껍질 하나 벗겨 놓고 보면 미인이 될 수가 없습니다. 껍질을 둘렀으니 예쁘게 보이는 것이지, 껍질을 벗겨 놓으면 살덩어리에 선지피만 흐르는 것입니다. 이렇게 적나라하게 보면 인간의 몸뚱이라는 것은 더러운 것뿐라는 것이 부정관입니다.

살아있을 때야 우리 몸을 애지중지하겠지만 죽고 나면 자기 식구들조차도 보기 싫어합니다. 죽고 나면 결국 썩어서 가는 것이고, 또 불로 태우면 재만 남는 이 몸뚱이는 처음부터 끝까지 오염된 것뿐입니다. 어머니의 태(胎) 안에서는 뱃속의 더러운 것들 속에서 지냈고, 또 태어나면서 그것들을 지니고 태어납니다. 태어날 때부터 죽은 뒤까지 인간의 몸이란 사뭇 더러운 것뿐입니다.

초기에 부정관으로 수행을 시킨 이유는 사람들이 너무나 자기 몸뚱이만 사랑해서 죄를 지었기 때문입니다. 그런데 부정관을 하다 보면 나중에는 '이 몸뚱이에 집착할 필요가 없구나! 이것 때문에 내 생명을 낭비할 필요가 없구나!' 라고 깨닫게 되고, 이렇게 부정관 공부가 익어지고 차츰차츰 마음이 깊이 들어가면 욕심도 줄어드는 것입니다.

우리 마음이 불성 쪽으로 다가가면 갈수록 자기 몸에 대한 집착은 점점 희미해집니다. 몸에 대한 집착이 희미해지면 그만큼 법을 더 아는 것입니다. 그래서 부처님 당시는 탐심(貪心)이 많은 사람에게는 몸이 더럽다는 부정관을 가르쳤던 것입니다.

그리고 또 자비관(慈悲觀)이 있습니다. 자비관은 진심(瞋心)이 많아서 조금만 기분이 나쁘면 금세 핏대를 올리고 남을 증오하는 사람들에게 시켰습니다.

자비관은 내 주변의 좋아하는 사람을 생각하는 것입니다. 화가 나고 기분이 나쁠 때라도 좋아하는 사람을 생각하면 기분이 좋아지고 웃음이 나옵니다. 그래서 가까운 사람을 항상 생각합니다. 친근하고 좋은 사람들을 항시 생각하다 보면, 그때는 좋아하는 마음이 잠재의식에 박혀서 점점 좋아하는 마음이 다른 사람들에게도 퍼져갑니다. 자비관은 진심이 많은 사람들에게 가까운 사람부터 생각하도록 하여 자비심을 더욱 확장시키는 공부입니다.

그리고 또 인연관(因緣觀)이 있습니다. 중생들은 보통 어떤 일이 일어난 원인은 생각하지 않고 결과만 보고 일의 이치를 따집니다. 무슨 사태가 일어나면 그 결과만 보고 선악을 판단하고 타인을 경계하고 심판합니다. 그러나 원인을 생각해보면 그렇게 할 수가 없는 것입니다. 원인과 결과, 즉 인과(因果)를 가려서 생각하다 보면 차근차근 마음이 트여 갑니다.

부처님 법은 인과를 따지는 것입니다. 인과를 따져 올라가다가 가장 시초의 원인은 무엇인가, 이른바 제일 원인이 무엇인가를 자꾸 따져 올라가는 것입니다. 제일 원인은 바로 불성입니다. 인과를 거슬러 올라가고 올라가고, 물질도 분석하고 알갱이를 나누고 나누다 보면 결국 모두 텅 비어버립니다. 그 텅 빈 에너지가 바로 불성이기 때문에 인과를 따지다 보면 불성이 되어버립니다.

어느 면으로 보나, 하나의 티끌로 보나 하나의 물로 보나 또는 다른 무엇으로 보나 결국은 모두가 다 원자로 구성되어 있습니다. 그 원자의 근본 뿌리가 불성이기 때문에, 끝까지 분석해 들어가면 결국에 가서는 다 불성이 되어버립니다. 사람의 의식도 집중하면 할수록 제 7 말나식, 제 8 아뢰야식, 제 9 암마라식 이렇게 깊어져서 결국 부처가 되어버립니다.

그와 같이 인과를 가리는 것이 인연관입니다. 우리 중생들은 무명(無明), 즉 잘못 보고 있습니다. 밝게 보면, 불성광명(佛性光明)이 훤히 천지를 다 비춥니다. 이런 것을 확신해야 합니다. 비록 지금은 무명에 가리어 밝게 보지 못하더라도, 공부가 깊어지면 내 인간성의 본광명이 우주를 훤히 비춘다는 확신이 서는 것입니다.

그렇게 공부가 잘 되어 가면 천안통(天眼通)을 얻습니다. 시공을 초월하여 일체의 사물을 속속들이 들여다볼 수 있는 것입니다. 금타 대화상의 천문학은 천안통을 통해야 납득할 수 있습니다. 천안통을 했으므로 지구의 내면이며, 화성의 내면, 수성의 내면, 또 각 성수(星宿)의 질량이나, 열량을 전부 다 수치로 나타낼 수 있습니다.

인간의 마음은 그렇게 소중하고 위대한 것입니다. 우리는 이런 사실을 깊이 느껴야 합니다. 이렇게 소중한 마음을 우리는 눈에 보이는 몸뚱이에 집착해 멀리합니다. 그래서 인도에서는 이 몸뚱이의 더러운 것을 생각하면 워낙 괴로우니까 자기 스스로 칼로 찔러서 죽기도 했습니다. 나중에 부처님께서 그래서는 안 된다고 하여 자살은 하지 않도록 했습니다. 자기 몸 더러운 것만 생각하면 짜증도 나고 당장에 죽고 싶은 마음이 들기도 할 것입니다. 사람 사는 도리라 하는 양심이나 도덕도 사실 중요한 것이 아닙니다. 높은 경지에서 보면 그저 번뇌일 따름이겠지요.

그렇다 하더라도 본바탕은 부처이므로 한 생각 바꾸면 그야말로 무한한 세계를 볼 수 있습니다. 인간에게는 천안통도 하고 천지우주를 다 삼킬 수 있는 지혜가 있습니다. 누구나 가지고 있는데 계발을 못하는 것뿐이니, 깨달음에 목표를 두고 살면 몸 더러운 것을 생각하더라도 살맛이 생깁니다.

이와 같이 부처님 초기에는 눈으로 보이는 것을 두고 수행 방법을 삼았습니다.

염불도 부처님을 찾고자 해서 하는 것이므로 이름을 부르는 것도 하기 쉽습니다. 똥 마른 막대기라는 화두를 들고서도 마음을 통일시킬 수가 있는 것인데 하물며 나무아미타불이나 관세음보살을 부르는 일이 마음을 집중시키지 못할 까닭이 없습니다.

이 세상의 개념 가운데서 가장 소중한 이름이 부처님 명호입니다. 공부를 열심히 하시는 어떤 젊은 불자님이 "제 평생 나무아미타불 관세음보살만 불러도 너무나 짧습니다"라고 말했습니다. 자기 한 평생 아무것도 안하고 나무아미타불 또는 관세음보살만 해도 너무나 짧다고 합니다. 참 귀한 말씀입니다.

방편설, 진실설

방편설(方便說)이라는 수행법이 있습니다. 본질 그대로 불성을 말하지 못하고, 현상적인 문제에 의지해서 불성 쪽으로 가는 방법입니다. 중생들이야 눈에 보이지 않는 것을 쉽게 받아들이지 못하기 때문에 중생들의 수준에 맞춰 이런저런 쉬운 방법을 끌어다가 수행을 시키는 것입니다.

그러나 방편을 넘어서면 진실설(眞實說)이 있습니다. 이론도 있고 교양도 있고 또 본체를 이야기해도 알아들을 정도가 되면, 그때는 본체성(體性), 즉 불성을 바로 집어서 이야기합니다. 바로 마음을 딱 집어서 이야기하는 것입니다. 이것이 불교 말로 교외별전(敎外別傳)이고 직지인심(直指人心)입니다.

학식도 있고 여러 이론도 배우고 있고 또 몸도 있지만, 바로 그대의 마음이 부처라는 즉심시불(卽心是佛)입니다. 내가 지금 남을 미워하기도 하고 좋아하기도 하면서 그렇게 분별을 하는 마음이 바로 부처라는 것입니다. 곧 직(直)자에 가리킬 지(指), 사람 인(人), 마음 심(心)입니다. 사람의 마음을 딱 집어서 그냥 그대로 '이 마음 바로 부처다!' 라는 법문이 가장 고등한 법문입니다.

자비관이니 부정관이니 방편설이니 하는 여러 가지 수행법이 있습니다. 이론적으로 여러 가지 체계가 많이 있지만, 이런 것을 통해 눈에 보이는 것들의 허망함과 마음의 중요성을 깨우치면 이제 '그대 마음이 바로 부처요' 라고 합니다.

천지우주가 지금 풀도 있고 산도 있고, 누런 것도 있고 푸른 것도 있습니다. 그러나 누렇고 푸른 것은 중생이 보아서 누렇고 푸른 것이지, 그것도 바로 보면 불성이고 부처입니다. 이런 것을 당체여시(當體如是)라고 합니다. 산이면 산, 물이면 물, 티끌이면 티끌 모두가 그대로 부처라는 말입니다. 중생은 제대로 보지 못하지만 성자는 당체 그대로를 부처로 봅니다. 그리고 이렇게 하는 법문이 가장 높은 차원의 수행법인 것입니다.

마하지관과 보리방편문

보리방편문(菩提方便門)은 우리 마음이 바로 부처인 것을 조금의 군더더기도 없이 여실히 밝힌 법문입니다. 그 연원(淵源)은 제2의 석가라고 하는 용수보살에게 올라갑니다. 금타대화상이 깊은 선정(禪定), 즉 삼매에 들어 있는 중에 과거의 용수성자로부터 감응을 받아 전수받은 현대에 가장 알맞은 고도한 수행법이 바로 보리방편문입니다.

도인들이 깊은 선정에 들면 과거와 현재와 미래를 모두 보게 됩니다. 지금 세상으로 말하자면 최첨단 수신기로 라디오나 텔레비전의 전파가 와서 닿는 것이나 같습니다. 그래서 도인들이 삼매에 들면 몇천 년 전이든 몇 만 년 뒤의 일이든 시공에 구애받지 않고 알 수 있게 되는 것입니다.

사실 이러한 가능성은 누구나 갖추고 있습니다. '분명히 부처님은 모두를 다 알고 모두를 다 할 수 있다.' 이렇게 믿어야 진실한 불교 신앙인입니다. 그리고 원래 우리 인간성이 바로 그런 것입니다. 그리고 또 마하지관(摩訶止觀)이라는 것이 있습니다. 마하라는 것은 인도 말로 위대하다는 뜻입니다. 그치다는 뜻의 지(止)는 산란한 마음을 딱 그치게 하여 마음을 고요히 한다는 말입니다. 본다는 뜻의 관(觀) 은 우리의 본성을 비추어 본다는 것입니다. 지금은 비록 무명(無明) 에 가려 바로 보지 못하는 우리의 본성을 부처님 말씀에 따라서 비추 어 보는 것입니다. 마하지관은 20권으로 이루어졌으며, 중국의 천태 지의스님이 낸 것입니다.

불성은 불생불멸, 낳지 않고 죽지 않고 영생하는 것입니다. 불성 가운데는 물질적인 질료는 아무것도 없고 또 불성은 시간성과 공간 성을 초월해서 존재합니다. 그리고 일체 존재의 모든 가능성을 갖춘 하나의 광명입니다. 부처님께서 이렇게 말씀을 했으니 우리 중생이 야 그저 부처님 말씀을 따라서 믿고 비춰 봅니다.

마음공부는 선정(禪定)과 지혜(智慧)를 같이 닦는 것입니다. 불교는 아주 어렵거니와 관련된 이론과 체계도 많습니다. 참선공부는 인류 문화사 가운데 가장 고도한 수행법이기도 합니다. 그런 어렵고 고차원적인 수행법을 단 몇 시간 동안 이해하고 윤곽을 잡으려는 것은 어려운 일입니다.

그래도 현대는 다행히 과학이 발달한 시대라, 물리학적인 지식을 동원시키면 중생의 의식으로도 어느 정도 납득이 갑니다. 항상 학교에서 배운 물리학적인 지식을 상기하면 좋습니다. 불교 공부를 하다 보면 물리학과 수학이 철학을 공부할 때도 중요하다는 것을 알 수 있습니다. 저는 원래 수학을 못해서 철학 서적을 읽다 보면 막혀서 이따금 답답할 때가 있습니다. 물리학적인 소양은 지금 현대를 살아가는 우리에게 매우 중요한 것입니다. 현대는 이론과 실험과학의 체계 위에 서 있기 때문에, 지금 시대는 물리학을 모르면 아주 불편합니다.

지금 물리학을 보면 일체 물질이 파괴된 후에는 에너지라는 광명만이 남는다는 것을 증명하고 있습니다. 전자(電子)라는 것을 극소화시키면 광량자(光量子), 즉 광입자(光粒子)가 됩니다. 전자라는 아주 미세한 알맹이를 분해해보면 결국은 하나의 광자(光子)라는 것입니다. 하나의 광명체(光明體)입니다. 현대 물리학으로 봐도 우주에는 지금 이러한 광자가 가득 차 있는 것입니다.

부처님께서 온 우주가 불성이고 광명이고 부처님뿐이라고 하신 말씀을 현대 물리학으로 비추어 본다 하더라도 맞는 말이라는 것을 알 수가 있습니다.

근원적인 것은 하나의 생명의 성역으로 돌아가는 것입니다. 마하지관은 우리의 산란한 마음, 좋다 궂다 분별하는 마음이 허망한 것들이므로, 이 허망한 것을 우리가 부정하지 않으면 참다운 것이 못 나온다는 것을 일깨워줍니다.

그렇기에 부처님 경전 가운데서 양적으로 가장 비중이 많은 것이 공(空) 사상, 제법공(諸法空)입니다. 이른바 금강경 도리를 부처님이 22년이나 말씀하셨습니다. 사람도 허망하고 꿈이요, 허깨비라는 것을 또 말씀하시고 또 말씀하셨습니다. 좋은 말도 여러 번 들으면 싫증이 나는 것인데, 이 소중한 내가 허망한 존재라는 말을 듣는 것이 무엇이 좋겠습니까. 그래도 그렇게 반복해서 말하지 않으면 중생들이 잘 알아듣지 못하니까 그렇게 말할 수밖에 없는 것입니다.

그 당시에 현대 물리학의 원소 이론이 있을 리가 없습니다. 이 몸뚱이는 이와 같이 생긴대로 고유하게 있다고 생각을 합니다. 단 한 순간도 이 몸뚱이가 그대로 있는 것이 아니건만, 중생들은 그런 것을 모르기 때문에 부처님이 아무리 이야기해도 통하지가 않는 것입니다. 그래서 부처님은 우리 중생들이 보고 있는 현상계(現象界)가 허망하고 메아리요, 그림자라는 것을 22년간 줄기차게 말씀하셨던 것입니다.

「육조단경(六組檀經)」에도 본래무일물(本來無一物)이라고 하여 본래 한 물건도 없다고 했습니다. 사람들이 보기에는 천지 우주가 물질로 꽉 차 있는데 본래 한 물건도 없다고 합니다.

어째서 없는 것인가? 이것도 역시 물리학을 아는 분들은 그냥 이해가 됩니다. 물질은 에너지의 파동일 뿐입니다. 개별적으로 고정된 물질도 아니고 질료도 없습니다. 공간성도 없는 에너지의 진동, 즉 파동이 우리 눈에는 물질로 보이는 것뿐입니다.

횃불을 동그랗게 빙빙 돌리면 우리 눈에는 불 동그라미가 있는 것처럼 보입니다. 그러나 그 불 동그라미는 실제로 있는 것이 아니라 시각의 잔상에 의한 착각 때문에 그와 같이 있어 보이는 것입니다. 사람의 몸도 마찬가지입니다. 세포들이 합해서 모여 있으니까 사람 몸뚱이로 보이는 것이지, 세포도 역시 보다 미세한 것들에 의해 파동만 있는 것이지 실제로는 공간성이 없다는 말입니다.

가장 미세한 원자를 놓고 생각해 보아도 그렇습니다. 원자는 원자핵을 중심으로 주위에 전자들이 돌고 있습니다. 어떠한 존재나 모두가 다 원자로 이루어지지 않은 것이 없는데, 우리가 분석해놓고 보면 원자란 핵을 중심으로 삼아 전자들이 돌고 있는 것입니다. 핵 주위로 전자가 몇 개나 도는가에 따라서 산소, 수소, 질소라는 차이가 있을 뿐입니다.

그런데 그 원자핵과 그 주위를 도는 전자와의 사이는 텅 비어 있습니다. 원자핵과 전자 사이는 마치 태양과 지구와의 사이같이 텅 비어 있습니다. 태양과 지구와의 사이가 비어 있는 것처럼, 모든 물질의 근원이 되는 원자 자체의 속은 텅 비어 있다는 것입니다. 물론 원자와 다른 원자 사이도 텅텅 비어 있습니다.

그런 비어 있는 것들이 모여서 우리 몸도 구성하고 물질도 구성하고 있습니다. 그래서 부처님께서는 우리 몸을 가리켜서 공취(空聚)라고 했습니다. 텅 빈 하나의 무더기라는 말입니다. 텅 빈 공(空)이 모여서 우리의 세포를 이루고 있습니다.

모든 물질의 근본이 되는 원자는 비어 있는 것입니다. 그러면 원자핵이란 무엇인가. 핵도 에너지가 진동해서 돌고 있는 파동에 불과합니다. 전자 역시 에너지의 파동에 불과합니다. 그렇기 때문에 그러한 것들이 물질화돼서 물질이 되었다 하더라도 그 근본에서 보면 에너지뿐입니다. 중생이 되고 무엇이 되고 했다 하더라도, 근본 본질에서 볼 때는 모두가 부처뿐입니다.

우리 몸이라는 것은 이렇게 텅 빈 것인데 그 사실 하나를 중생이 받아들이지 못하니까 부처님께서 22년 동안이나 반야(般若) 공(空) 사상을 이야기하신 것입니다.

「금강경(金剛經)」에서는 아상(我相), 인상(人相), 중생상(衆生相), 수자상(壽者相)이 없다고 했습니다. 상(相)이란 결국 현상(現象)입니다. 잘났고 못났고 내가 있고 네가 있고 개도 있고 소도 있고…. 그런 것이 모두 상인데, 금강경에서는 상이 있다는 것을 처부수기 위해서 그런 말을 한 것입니다. 상이 없으면 불(佛)이요, 도(道)요, 성자(聖者)요, 부처님이 되는 것입니다. 상이 있으면 범부고 중생입니다. 이렇게 간단한 것입니다. 상이 없으면 성자고 부처요, 상이 있으면 범부요, 중생입니다.

따라서 우리가 관조(觀照)를 할 때 초기에는 태양도 보라 하고, 서산(西山)에 뉘엿뉘엿 지는 황혼도 보라 하고, 영롱한 물도 보라 했습니다. 장엄한 태양을 보면 마음이 텅 비어 오고, 영롱한 물을 자주 보면 혼탁한 마음이 맑아 옵니다. 초기에는 눈에 보이는 상대적인 것과 인연을 짓게 해서 우리 마음을 관조해서 통일시키는 법을 썼습니다. 초기 불경에도 그러한 법이 많이 있습니다. 그렇게 조금 올라가면 법당에 있는 거룩하신 부처님을 애쓰고 봅니다. 마리아 상을 보고, 부처님 상을 보고 그러면 우리 마음이 그만큼 모아집니다.

초기에는 이렇게 형상을 보고 관조하는 법이 있었지만, 형상은 허망한 것이고 참다운 실상은 모양이 없습니다. 가장 고도한 형상은 모양이 없는 순수한 생명입니다. 이렇게 순수한 생명을 인정할 정도가 되면 그때는 이관(理觀)이라, 마음의 원리를 보게 합니다.

마하지관에서 마음을 고요히 하는 것이 지(止)고, 마음을 어떤 경계에다 놓고 비추어 보는 것은 관(觀)입니다. 가장 위대하기 때문에 마하지관이라 합니다. 따라서 그때는 에누리가 없이 불성 그 자리에 마음을 딱 붙여 버립니다. 마하지관은 천태지의선사가 부처님의 일대시교(一代時敎)를 다 모아서 한 체계로 묶어 제일 지혜가 수승한 사람한테 제시한 가장 고도한 수행법입니다.

마하지관은 어렵다고 해서 사람들이 잘 보려고 하지 않지만, 마하지관 수행법과 보리방편문 수행법은 비슷비슷합니다. 마하지관은 마음을 공(空), 가(假), 중(中)으로 봅니다. 공은 우리가 보는 모든 인식이 텅 비었다는 것입니다. 누누이 말씀드렸다시피, 중생의 인식은 실존을 보지 못합니다. 물자체를 못 본다는 것입니다.

그렇기 때문에 우리가 보는 것은 물자체가 아니고 결국 모두가 사실이 아닌 거짓, 즉 가(假)입니다. 모든 것이 다 비었다는 것이 공이고, 따라서 모두가 거짓이라는 가입니다. 그러나 텅 비었다고 하더라도 아무것도 없는 공이 아닙니다. 그 공 가운데에는 무엇인가 일체 존재가 이루어질 수 있는 모든 가능성을 다 포함하고 있습니다.

그 다음은 중(中)입니다. 중은 공과 가를 다 포함하고 있습니다. 공도 아니고 가도 아니고, 공도 아니고 색도 아니고, 그와 같이 다 통하기 때문에 중도(中道)입니다. 이것이 천태지관에서 보는 시각입니다.

보리방편문은 마하지관과 약간 비슷합니다만, 천태지의선사의 공

가중(空假中)은 불성을 논리화시켜서 보았기 때문에 생명적인 역동성이 잘 느껴지지 않습니다. 그러나 보리방편문은 생명을 화석화(化石化)시키지 않고 생명 그대로를 공부하는 법입니다. 그래서 저는 마하지관보다는 보리방편문이 더 우수하다고 봅니다.

보리방편문의 핵심, 심즉시불

보리방편문을 보면, 여기 지금 내 마음 심(心)이 바로 부처님임을 설파한 것입니다. 불교를 심종(心宗)이라 하는 까닭과, 불교의 대요(大要)인 심즉시불(心卽是佛)이 이렇게 간명하게 말씀이 됩니다. 부처님 법문 가운데서 가장 고도한 법문은 대체로 심즉시불이라, 즉 마음이 바로 부처라는 말씀을 다 하고 있습니다.

우리 중생들은 '이렇게 못나고 좁은 마음이 어떻게 부처일 것인가?' 이렇게 회의를 품습니다만, 이것은 우리 마음의 표면에 불과하고, 우리가 쓰는 나요, 너요, 좋다, 궂다 하는 그 마음은 빙산의 일각에 불과합니다.

우리 마음의 저변은 무한대로 우주를 감싸 있습니다. 김가 마음도 천지우주를 감싸 안고, 박가 마음도 역시 천지우주를 다 감싸 있습니다. 이것은 시공을 초월한 무장무애(無障無碍)한 마음, 즉 영체(靈體)라서 그때는 중복이 돼도 하등의 장애가 없습니다. 무장무애라, 박가 마음이나, 김가 마음이나 모두가 똑같이 천지우주를 다 감싸 있습니다.

그런데 범부들은 마음을 겉에 뜬 표면의식만 사용합니다. 우리가 쓰고 있는 마음이라는 것은 빙산의 일각일 뿐입니다. 우리의 마음은 몸뚱이에 꽉 가려서 이 몸뚱이의 한계를 넘어서지 못하는 것입니다. 그러나 부처님 법문이라는 것은 '나'라는 것에 갇혀 있는 마음을 해방시켜서 본래의 마음자리로 돌아오게 하는 것입니다. 이것이 바로 불교입니다.

따라서 지금 우리가 사용하고 있는, 몸에 가려서 제 심성을 다 발휘하지 못하는 마음이라 할지라도 알고 보면 다 부처입니다. 지금 이 마음이 비록 부처가 다 된 마음이 아니지만 그래도 다 부처입니다. 마하지관도 있고 천태학(天台學)도 보다 보면 논쟁이 많이 있습니다. 심즉시불이라고 하면, '보통 심(心)이 아니라 도인(道人)의 심을 말하는 것이다'라는 분이 있고, '도인의 마음이 아니라 우리 중생심(衆生心)을 가리키는 것이다'라고도 합니다. 이와 같은 입장이 마음이 바로 부처라는 심즉시불의 논쟁입니다.

한쪽에서는 도인의 마음이 바로 부처인 것이지 별 볼일 없는 중생의 마음이 부처는 아니라고 주장한 분도 있고, 중생 마음의 본바탕이 결국 부처이기 때문에 중생 마음이 그대로 부처라고 해도 틀린 것이

청정법신비로자나불　청공심계　타
清淨法身毘盧遮那佛 … 淸空心界 … 陀

원만보신로사나불　원만성해　미
圓滿報身盧舍那佛 … 淨滿性海 … 彌

천백억화신석가모니불　구상중생　아
千百億化身釋迦牟尼佛 … 溫相衆生 … 阿

心

佛

※ 중생
衆生
無色衆生 (무색중생)
無情衆生 (무정중생)
有情衆生 (유정중생)
一切衆生 (일체중생)

真如
如來藏涅槃菩提
真如涅槃
如來藏菩提
道中法法界相我我
真主人公
本來面目
真第一義諦
甚麼物
一物

清淨法身毘盧遮那佛 … 淸空心界 … 法身(陀)

圓滿報身盧舍那佛 … 淨滿性海 … 報身(彌)

千百億化身釋迦牟尼佛 … 溫相衆生 … 化身(阿)

心
(唯心)

佛

如性性相道提槃來公
真佛法實中菩涅如主

없다고 주장하는 분도 있습니다.

이렇게 두 파가 생겨서 논란이 많았는데, 결국은 중생 마음도 부처라는 논법이 이겼습니다.

삼신불(三身佛)을 비유로 말하면 태양(太陽)의 체(體)는 청정법신(淸淨法身) 비로자나불(毘盧遮那佛)에 해당하고, 태양광명(太陽光明)은 원만보신(圓滿報身) 노사나불(盧舍那佛)에 해당하고, 태양광선의 그림자는 천백억화신(千百億化身) 석가모니불(釋迦牟尼佛)에 해당합니다.

청정법신 비로자나불은 물질이 아니고 우주 가운데 텅 비어 있으니 공(空)이라 하고, 그 공 가운데는 일체 존재를 일으킬 수 있는 본성품 원만보신 노사나불이 충만해 있으니 성(性)이라 하고, 또 이 자리에서 천백억화신 석가모니불인 일체현상이 나오므로 상(相)이라 합니다.

앞서 천태지의스님이 말한 공(空), 가(假), 중(中)을 배대하면 정확히는 좀 문제가 있으나, 이것은 중도(中道)의 중(中)에 해당하고, 이것은 가(假)에 해당하고, 이것은 공(空)에 해당합니다. 깊이 생각할 필요는 없습니다. 우선 배대했을 뿐입니다.

그렇게 해서 청정법신 비로자나불 자리는 아미타불의 타(陀)에 배대하고, 원만보신 노사나불은 아미타불의 미(彌)에 배대하고, 일체존재 일체만유를 아미타불의 아(阿)에 배대를 시켰습니다.

따라서 천백억화신 아(阿)만 따로 있는 것이 아니고, 청정법신 공(空)만 따로 있지 않습니다. 우리가 하나의 불빛을 볼 때, 겉으로 보이는 것은 아(阿)인 불빛이지만 그 안에는 결국 성(性)과 공(空)이 다들어 있습니다. 또 그 반대로 공 가운데도 공만 따로 있는 것이 아니라 동시에 성과 상이 다 있습니다. 소위 삼위일체(三位一體)란 말입니다. 또 삼신 즉 법신·보신·화신이 있다 하더라도 결국 하나의 부처님입니다. 셋으로 나누어져 있는 것이 아닙니다. 그렇기 때문에 삼신일불(三身一佛) 아미타불(阿彌陀佛)이라는 말이 나온 것입니다.

사람들이 알아듣기 쉬우라고 아미타불은 저 서방정토(西方淨土)의 극락세계에 계신다고 말을 하는 것이지, 방편을 떠나서 직접적으로 말하자면 아미타불은 저 멀리 어디에 있는 것이 아니라, 우리가 살고 있는 천지우주가 바로 아미타불입니다.

그러면 관세음보살은 무엇인가? 관세음보살은 천지우주인 아미타불의 자비의 상징입니다. 또 문수보살은 무엇인가? 천지우주 아미타불의 지혜가 바로 문수보살입니다. 그렇게 부처님 이름이 많지만 모두가 다 뿔뿔이 있지가 않습니다. 부처님 공덕이 하도 많으니까 하나의 개념으로는 표현을 잘 못하는 것입니다.

그래서 공덕 따라서 그때그때 이름이 붙습니다. 중생의 병고(病苦)

를 다스릴 때는 약사여래라, 또 하늘에 있는 각 성수들, 별들을 가리킬 때는 치성광여래, 칠성여래입니다. 그와 같이 돌멩이나 티끌이나 모두가 다 부처님의 화신입니다.

이와 같이 마음이 바로 부처인 것인데, 마음 그것은 무엇인가. 달마대사의 관심론(觀心論)을 보면 마음을 맨 처음부터 풀이한 것이 있습니다. 인간성이나 마음은 기묘한 것입니다. 우리 마음이라는 것이 별것도 아닌 것인데, 마음만 파고 들어가면 의식, 말나식, 아뢰야식, 암마라식이고, 결국은 부처가 되어버립니다.

사실 어떠한 것이나 결국은 들어가면 다 부처가 되어버립니다. 산이고 냇물이고 티끌이고 원소이고 소립자도 모두 파고 들어가면 마음이 되어버립니다. 마음은 우주의 순수 생명 에너지입니다. 따라서 어떠한 것에도 모두 똑같이 다 포함되어 있습니다.

그래서 「화엄경(華嚴經)」을 보면 우주라는 것은 종횡으로 얽히고설켜서 하나로 묶여 있습니다. 우주는 하나의 생명 덩어리입니다. 그래서 우리가 천지 우주의 도리에 맞게 살면 되는 것인데, 나만 잘 살고 남이 못 살면 균형이 깨집니다. 균형이 깨지면 틀림없이 그때는 무슨 소리가 나옵니다.

우리 중생은 앞서 말한 것과 같이 겉만 봅니다. 본래 하나인 것을 본다고 생각하면 균형 있게 살 수가 있을 것인데, 속은 못 보고 겉만 봅니다. 그래서 불경에서는 그때그때 중생의 근기에 따라서 부처님을 여러 가지로 말씀을 합니다. 보리(菩提), 도(道), 열반(涅槃), 법성(法性), 실상(實相), 여래(如來)…, 이것이 원래 우리 주인공입니다.

본래면목(本來面目), 진여(眞如), 극락(極樂)은 모두가 다 결국 부처라는 하나의 별명에 불과합니다. 이름은 다르지만 뜻은 모두 같습니다. 불경을 볼 때 이렇게도 나오고 저렇게도 나오고 하면 무엇이 무엇인지 잘 모르는 분들이 많습니다만, 결국은 다 불성을 말하고 있는 것입니다.

불교는 어떤 때는 현상만 가지고, 상(相)만 말하는 법문도 있고, 어떤 법문은 성(性)만 말하는 법문도 있고, 어떤 법문은 체(體)만 말한 법문도 있습니다. 그러므로 중생이 상만 말한 법문을 보면 성과 체는 잘 모르게 됩니다.

옛날에는 상만 말하는 법문만 가지고도 다 통할 수가 있었지만 현대는 다릅니다. 요즘 사람들은 일반 철학은 물론 헤겔(Georg Wilhelm Friedrich Hegel; 1770~1831) 철학이나 스피노자(Baruch de Spinoza; 1632~1677)의 철학까지도 다 배웠기 때문에 한쪽에 치우친 불교해설을 하면 잘 통하지 않습니다. 스피노자는 특히 불교도 많이 공부를 해서 스피노자의 책을 보면 마치 부처님 말씀

같다는 생각이 날 때도 있습니다.

원래 부처님의 뜻도 어느 하나만 가지고 이해하라는 것이 아닙니다. 다만 부처님은 그때그때 시대에 따라서 법문을 다르게 했던 것이고, 지금 같은 시대에는 이것저것 다 종합적으로 하지 않으면 안 되는 때입니다.

따라서 같은 수행법이라도 몸이라는 것은 더럽다고 하는 부정관(不淨觀)이나 모든 것이 다 비었다고 보는 것만 공부해서는 불교 공부를 한다고 볼 수 없습니다. 도인들이 보면 빈 가운데 다만 비어 있지 않고서 불성광명(佛性光明)이 충만한 자리, 모두를 찬란한 불성으로 봅니다. 그 자리가 바로 실상입니다. 그런데 실상을 생각하지 않고 모든 것이 텅 비었다고만 생각하면 허무를 느낍니다.

우리 마음의 저변은 부처이기 때문에, 우리가 부처님 가르침 같은 고도한 법문이 아니면 우리 마음은 항상 불안합니다. 무엇이 있으나 없으나 전부가 다 부처라고 해야 그것이 본래 성품이기 때문에 마음이 풍요합니다.

따라서 우리 마음이 가장 풍요해지는 행법, 현상이나 실상이나 모두를 종합적으로 수렴한 법문이 천태지의선사의 법문이요, 또 금타 대화상의 보리방편문입니다. 이 법문은 우주만유를 하나의 도리로 딱 통달시킵니다. 이렇게 되면 우리가 비록 체험은 못한다 하더라도 마음 자체는 개운한 것입니다.

내가 죽어도 내 불성은 죽지 않고, 어디가 아파도 불성은 아프지 않습니다. 아파도 말똥말똥 불성을 생각하면 그렇게 아프지도 않습니다. 그래서 불성 자리에 마음을 두고 사는 것이 참 불교인의 생활인 것입니다.

염불도 결국 부처하고 하나가 되기 위해서 하는 것입니다. 한시라도 부처를 떠나지 않기 위해 항시 부처를 염하는 것입니다. 우리가 본래 부처이기 때문입니다. 앞을 보나 뒤를 보나 위를 보나 아래를 보나, 결국은 부처뿐인 것이니까 부처를 안 떠나기 위해서 우리가 염불을 하는 것입니다.

옛날 방편염불은 쉽게 이해시키기 위해 저만큼 밖에서 우리가 부처님을 부르면 부처님이 우리한테 와서 우리를 돕고 우리를 지켜준다고 했습니다. 그러나 원래의 염불은 그런 것이 아닙니다. 앞을 보나 뒤를 보나 이것을 보나 저것을 보나 모두가 부처라는 마음으로 하는 것이 참다운 염불입니다.

보리방편문의 해석

✿ 심(心)은 허공(虛空)과 등(等)할새

우리 마음은 허공과 같습니다. 허공은 막힘이 없고 거침이 없는 것입니다. 우리 마음도 허공과 같이 막힘이 없는 것인데, 우리 중생은 '나'라는 장애, '너'라는 장애에 걸려 있습니다. 즉 상(相)에 막혀 있는 것입니다. 따라서 우리는 우리 마음에 걸려 있는 것을 '마음은 허공과 등할새'라는, 실존 그대로 말하는 법문을 받아들여 탁 털어버려야 합니다.

큰스님 친필 법문

菩 提 方 便 門

心은 虛空과 等할새, 片雲隻影이 無한 廣大無邊한 虛空的心界를 觀하면서 淸淨法身인달하여 毘盧遮那佛을 念하고, 此虛空的心界에 超日月의 金色光明을 帶한 無垢의 淨水가 充滿한 海象的性海를 觀하면서 圓滿報身인달하여 盧舍那佛을 念하고, 內로 念起念滅의 無色衆生과 外로 日月星宿山河大地森羅萬象의 無情衆生과 人畜乃至 蠢動含靈의 有情衆生과의 一切衆生을 性海無風金波自涌인 海中漚로 觀하면서 千百億化身인달하여 釋迦牟尼佛을 念하고, 다시 彼無量無邊의 淸空心界와 淨滿性海와 漚相衆生을 空·性·相一如의 一合相으로 通觀하면서 三身一佛인달하여 阿(化)·彌(報)·陀(法) 佛을 常念하고, 內外生滅相인 無數衆生의 無常諸行을 心隨萬境轉인달하여 彌陀의 一大行相으로 思惟觀察할지니라.

〰️ 편운척영(片雲隻影)이 무(無)한 광대무변(廣大無邊)한 허공적 심계(虛空的心界)를 관(觀)하면서

조각구름이나 조그마한 그림자도 없는, 넓고 크고 끝이 없는 허공과 같은 마음의 세계를 관찰합니다. 우리 마음의 본바탕은 끝도 없는 광대무변한 허공 같은 세계입니다. 우리 마음은 아무것도 없는 허무한 것이 아니라, 하나의 커다란 생명입니다.

〰️ 청정법신(淸淨法身)인달하여 비로자나불(毘盧遮那佛)을 염(念)하고

우리의 마음은 이와 같이 끝도 없는 생명이기 때문에 청정법신(淸淨法身)입니다. 오염도 없고 한없이 맑고 깨끗한 청정법신 비로자나불입니다. 끝도 없이 훤히 비어 있는 생명, 즉 우리의 마음이 바로 비로자나불입니다. 끝도 갓도 없이 훤히 트여 있는 광대무변한 하나의 생명체, 이것이 이제 청정법신 비로자나불이라는 것입니다. '인달하여'는 옛날에 쓰이던 접속사입니다. '청정법신인달하여'라고 표현한 것은 '청정법신인' 것과 같습니다.

〰️ 차(此) 허공적심계(虛空的心界)에 초일월(超日月)의 금색광명(金色光明)을 대(帶)한

이와 같이 끝도 갓도 없는 청정법신 비로자나불인 마음세계는 다만 허무하게 비어 있는 것이 아니라 생명으로 가득 차 있습니다.

이러한 우리 마음의 세계는 달이나 해보다도 훨씬 더 찬란하고 초월적인 금색광명 세계입니다. 달이나 해의 빛을 초월하는 빛이란 우리가 물리적으로 보는 광명이 아닙니다. 그 빛은 물질이 아닌, 질료가 아닌 순수한 적광(寂光), 정광(淨光)을 말합니다.

무구(無垢)의 정수(淨水)가 충만(充滿)한 해상적(海象的) 성해(性海)를 관(觀)하면서

조금도 때묻지 않은 정수(淨水), 즉 청정한 하나의 생명수가 충만한 바다와 같은 성해(性海)를 관찰한다는 것입니다. 끝도 없는 광명의 바다도 하나의 물리적인 현상이 아닌 광대한 생명입니다. 그래서 부처님 이름을 붙인 것이 원만보신 노사나불입니다.

원만보신(圓滿報身)인달하여 노사나불(盧舍那佛)을 염(念)하고

모든 가능성과 모든 생명을 생성하고 이끌고 다스리는 힘이 거기에 원만히 갖추어져 있기 때문에 원만보신 노사나불입니다. 부처님은 신비부사의하고 전지전능하신 살아계시는 실존의 초월적 생명체입니다. 그러한 원만보신인 노사나불을 생각한다는 뜻입니다.

〰️ 내(內)로 염기염멸(念起念滅)의 무색중생(無色衆生)과

자기 마음속에서 일어나고 사라지는 온갖 생각들은 무색중생입니다. 무색중생이라 한 까닭은 우리 마음에서 일어나는 생각이 형체[色]가 없다는 것을 표현하기 위한 것입니다. 좋다, 궂다, 밉다, 예쁘다고 하는 추상관념은 형체가 없는 것입니다.

〰️ 외(外)로 일월성수(日月星宿) 산하대지(山河大地) 삼라만상(森羅萬象)의 무정중생(無情衆生)과

밖으로 보이는 해나 달이나 별이나 산이나 강과 땅을 비롯한 모든 만상(萬象)은 무정중생입니다. 무정중생은 아직 의식이 발달하지 못한 중생을 말합니다.

〰️ 인축내지준동함령(人畜乃至蠢動含靈)의 유정중생(有情衆生)과의 일체중생(一切衆生)을

사람이나 동물 등 꾸물거리는 식(識)이 있는 유정중생입니다. 일체중생은 앞에서 말한 대로 우리 관념으로 이루어진 무색중생과, 우리가 '무생물'이라고 하는 무정중생과, 동물인 유정중생을 모두 더해 가리키는 말입니다.

성해무풍(性海無風) 금파자용(金波自涌)인

바람도 없는 바다 위에서 금빛 파도가 스스로 뛴다는 말입니다. 바람도 없는 바다란 원만보신 노사나불이라는 광명의 생명의 바다를 말합니다. 일체중생은 그 무한한 바다에서 솟아나는 것입니다. 해와 달과 별, 사람과 동물, 삼라만상의 모든 것은 무량무변(無量無邊)한 천지우주에 금색광명이 가득한 가운데서 인연 따라서 이렇게 저렇게 생성되어 나온다는 것입니다.

해중구(海中漚)로 관(觀)하면서

바다 가운데 있는 거품으로 본다는 뜻입니다. 일체중생은 광대무변한 생명의 바다에서 스스로 뛰노는 물거품 같다는 것입니다. 창해일속(滄海一粟)입니다. 끝도 없는 바다에 한 톨의 좁쌀이라는 뜻입니다. 바다나 산이나 강처럼 우리 눈에 크게 보이는 것들도 별자리나 은하계나 보다 더 큰 성운(星雲)같은 것에 비교하면 하나의 점만도 못한 것입니다. 그야말로 망망대해에 좁쌀 한 알만도 못한 존재에 불과합니다.

'나' 라는 것은 마음으로만 보면 파스칼의 말과 같이 천지를 다 감싸고 있지만, 존재적인 의미만 보면 먼지 하나 만큼도 못한 것입니다. 사람 수, 동물 수, 무생물들의 수, 두두물물 산이요, 강이요, 들이요, 별 같은 것을 모두 무수한 거품으로 보는 것입니다.

〜𝕊 천백억화신(千百億化身)인달하여 석가모니불(釋迦牟尼佛)을 념(念)하고

바다에 뛰노는 금색 파도의 거품 같은 것들이 숫자가 너무나 많기 때문에 천백억화신(千百億化身)이라. 이런 것이 모두가 원래 부처님한테서 나온 것입니다. 따라서 모양은 사람이고 동물이고 들이고 산으로 천차만별 구분된다 하더라도 전부가 부처한테서 나왔으므로 근본 성품은 조금도 변질이 없습니다.

다만 중생이 잘못 보는 것뿐입니다. 바로 보면 아무리 산이 되고 사람이 된다 하더라도 조금도 변질이 없는 것입니다. 석가모니불을 좁게 생각하면 인도에서 난 역사적인 석존(釋尊)이시고, 넓게 생각할 때는 천지우주의 모든 존재가 다 석가모니불입니다.

〜𝕊 다시 피(彼) 무량무변(無量無邊)의 청공심계(淸空心界)와 정만성해(淨滿性海)와 구상중생(漚相衆生)을

맨 처음의 비로자나불을 말한 텅 비어 있는 마음의 세계와, 다음으로 노사나불을 말한 청정한 생명수가 충만한 바다와 같은 성해와, 마

지막으로 석가모니불을 말한 금색 바다에서 일어나는 무수한 거품 같은 일체중생입니다.

ㅤ

🌀 공(空)·성(性)·상(相) 일여(一如)의 일합상(一合相)으로 통관(通觀)하면서

청공심계(淸空心界)의 공(空), 정만성해(淨滿性海)의 성(性), 구상중생(相衆生)의 상(相), 이 세 가지를 결국 하나로 통합해서 종합적으로 본다는 뜻입니다.

ㅤ

🌀 삼신일불(三身一佛)인달하여 아(阿, 化)·미(彌, 報)·타(陀, 法)불(佛)을 상념(常念)하고

청정법신(淸淨法身), 원만보신(圓滿報身), 천백억화신(千百億化身)의 삼신(三身)이 결국은 하나의 부처님입니다. 하나의 부처인 아미타불(阿彌陀佛)의 아(阿)는 화신(化身)을 의미하고, 미(彌)는 보신(報身)을 의미하고, 타(陀)는 법신(法身)을 의미합니다. 이러한 아미타불을 항상 생각하는 것입니다.

ㅤ

🌀 내외생멸상(內外生滅相)인 무수중생(無數衆生)의 무상제행(無常諸行)을

내(內)는 자기 마음으로 생각하는 관념입니다. 외(外)는 밖으로 보이는 여러 가지 현상적인 것입니다. 이러한 내외는 나고 죽습니다. 일체 존재라는 것은 모두가 다 생사를 거듭하는 것입니다. 생사를 거듭하는 무수한 중생들의 무상한 모든 행(行)입니다.

무상(無常)이라는 뜻을 깊이 새겨야 합니다. 무상이라는 말은 그야말로 어떤 것이나 고유한 존재가 없다는 말입니다. 어떠한 존재나 어느 순간도 그대로 머물러 있는 것이 없습니다. 내 몸을 구성하는 세포나, 내가 생각하는 관념이나 모두가 변덕스럽게 움직이는 경망하기 짝이 없는 원숭이와 같습니다.

심수만경전(心隨萬境轉)인달하여

마음이 만 가지 경계로 뒹구는 것입니다. 사람이니 별이니 산이니 강이니 하는 모든 것은 마음이라고 하는 생명체가 인과율(因果律)에 따라서 만 가지 경계로 굴러가는 것입니다. 모든 혼란스러운 것들도 사실 마음이라고 하는 우리들의 불성 기운이 인과법을 따라서 흘러가는 것입니다. 우리 모두가 혼란의 씨앗을 심었기 때문에 다 같이 받게 되는 것입니다.

미타(彌陀)의 일대행상(一大行相)으로 사유관찰(思惟觀察)할

지니라

　미타의 미(彌)는 원만보신 노사나불, 타(陀)는 청정법신 비로자나불입니다. 법신과 보신입니다. 현상적으로 제아무리 잘되고 못되고 하는 것도, 천지가 모두 파괴돼서 텅텅 비어버리고 또 생성되고 하는 것도 모두가 미타의 일대행위(一大行爲)입니다. 이와 같은 모든 것을 미타의 행위로 생각하고 관찰해야 합니다.

우주를 하나의 생명체로 보라

　보리방편문은 우주의 모든 역사를 하나의 체계로 확실하게 묶은 것입니다. 따라서 계속 읽어보고 생각해볼수록 하나의 아미타 부처님으로 통일돼 갑니다.

　우리 마음이 산란한 것은 이렇게 저렇게 자꾸 시비분별하기 때문입니다. 즉 우주의 도리가 하나의 진리로 통일이 안 될 때는 마음이 산란한 것입니다. 중생은 미처 못 보지만 공자나 석가나 예수 같은 성자는 분명히 하나로 통일시켜서 보고 있습니다. 우리도 마음을 모아 계속 집중하면 부처님이라는 하나의 것으로 통일되어 갑니다.

　따라서 우주라는 것은 하나님뿐인 것이고 부처님뿐인 것입니다. 우리 중생은 그걸 못 보지만 성자는 항상 하나님하고 같이 살고 있으므로 예수도 '내가 말하는 것이 아니라 하나님이 말씀하신다' 라고 합니다. 성경을 보면 그렇게 항상 말씀하고 있습니다. 따라서 우리 일반 중생들도 비록 자기가 판단할 때라도 '부처님 차원에서는 어떻게 보일 것인가?' 라는 생각을 가지고 말도 하고 행동도 해야 하는 것입니다.

파스칼(Blaise Pascal; 1623~1662) 같은 철학자는 우리 불교 철학과 굉장히 비슷한 말을 많이 했습니다. 파스칼의 철학서를 보면 마치 불경(佛經)을 보는 기분입니다. 파스칼의 말 가운데 '영원의 상(像) 위에서 현실을 관찰하라' 는 말이 있습니다. 유한한 인간의 차원이 아니라, 영원의 차원에서 현실을 보라는 말입니다. 그렇게 하면 우리의 마음은 순간순간 영원에 참여하는 것입니다.

영원의 차원에서 현실을 관찰하면 결국 너와 나의 구분이 없어집니다. 우리가 땅에 붙어서 주변을 보면 시야가 좁습니다. 그래도 산 중턱에 올라가면 시야가 더 넓어지고, 산봉우리까지 올라가면 사방을 다 볼 수 있습니다. 그와 같이 영원의 차원, 부처님의 차원, 하나님의 차원에서 모두를 관찰하는 것입니다.

이렇게 생각하면 세상 만물을 함부로 대할 수가 없습니다. 요즘처럼 공해가 심할 때는 내가 편하자고 아무데나 휴지를 버릴 수 없는 것이고, 환경을 오염시킬 수가 없습니다. 모두 살아 있기 때문입니다. 산도 살아 있고 물도 살아 있고 나무도 살아 있고, 다 살아서 보고 있습니다.

그러나 중생들은 겉만 봅니다. 나무가 있으면 목신(木神)이 있고, 산이 있으면 산신(山神)이 있고, 물이 있으면 용왕(龍王)이 있는 것인데, 우리 중생은 나무나 산이나 물이나 겉만 보니까 내면의 생명은 보지 못합니다.

풍수지리학을 공부하는 분들은 산이나 물을 보면서도 그 속에 용이 꿈틀대며 살아 있다고 봅니다. 그리스 시절이나 로마 때나 또는 동양의 고대라든가 바라문교(婆羅門敎; Brahmanism)나 모두 일체만유(一切萬有), 즉 모든 것에 다 신이 들어 있고 모두가 다 하나의 생명체라고 말하고 있습니다. 이러한 것들이 시대나 지역에 따라 조금씩 표현만 다를 뿐이지 사실은 모두 하나의 생명체를 말하고 있는 것입니다.

우리가 정말로 마음을 열고 보면 공자나 예수나 노자나 석가나 소크라테스 같은 분들은 다 같은 내용을 말했습니다. 과거에는 서로 문호를 세우고 벽을 높이 세우고 서로 싸웠지만, 지금 세상은 그렇게 하면 나도 괴롭고 우리 민족도 괴롭고 서로의 아집에 갇혀 마음도 항상 괴롭습니다.

타성일편(打成一片)이라는 말을 꼭 기억해야 합니다. 우주를 하나의 도리로 통일시켜버린다는 말입니다. 이런 이론도 있고 저런 논리도 있지만 모든 것을 하나의 체계로 통일시키면 마음이 대단히 편한 것입니다. 화두에도 '무(無)' 자가 있고 '이 뭣꼬'가 있고 다양하게 많이 있지만, 결국 모두를 하나의 체계로 묶어버리기 위한 방편일 뿐입니다. 하나의 체계로 묶어버리면 우리 마음이 텅 비어서 시원스레 가벼워집니다. 하나의 체계로 묶은 다음에 진정 하나가 되기 위해서 열심히 공부하는 것입니다.

보리방편문을 잘 외우셔야 합니다. 한 번 외면 한 번 왼 만큼 '내 마음이 부처구나! 내 마음 속에는 이와 같이 무량의 공덕이 있구나!' 하는 생각이 절로 들 것입니다. 그렇게 하면 조그맣고 답답한 '나'라는 것에 옹색하게 폐쇄된 마음이 해방됩니다.

결국 불교는 자성(自性) 해탈(解脫)입니다. 해탈은 자기 마음을 해방시키는 것입니다. 물질에 얽매이고 자기에게 얽매이고 특정 관념에 얽매이고, 그러한 것을 다 파헤치고서 시원하게 풀어버리는 것이 바로 해탈입니다. 진리 속에 참다운 해방이 있습니다. 물질의 해방은 참다운 해방이 아닙니다.

돈이 많아서 이것저것 다 할 수 있는 해방은 참다운 해방이 못되는 것입니다. 그것은 도리어 물질에 얽매이는 것입니다. 다 털어버려야 합니다. 물질도 관념도 마음도, 결국 다 털어버려야만 참다운 행복과

해탈이 있습니다.

타성일편이라는 것이 그래서 중요합니다. 천지우주는 오직 마음뿐이다, 부처뿐이다, 하나의 진리로 다 되어 있다, 이런 생각을 끊이지 않게 해야 합니다. 이런 것은 모두 부처님의 말씀이고, 무수한 도인들이 다 증명하신 말씀입니다. 눈에는 보이지 않는다고 하더라도 불교는 진실불허(眞實不虛)입니다.

거짓이 있을 리가 없고, 또 무수한 성자들이 증명했던 일입니다. 확신을 갖고 믿으면 그로 인해 우리의 마음이 그만큼 승화가 되는 것입니다. '내 마음이 부처님뿐이다' '내 본생명은 한도 끝도 없다' '내 본생명은 모든 가능을 갖춘다' 이렇게 한 번 정말로 믿으면 그 마음이 우리를 정화시킵니다.

그러나 우리가 이렇게 이론으로는 알았다 하더라도 이론으로만 알면 실감이 잘 나지 않습니다. 실존적으로 우주의 생명과 하나가 되기 위해서는 체험을 해야 합니다. 그렇게 하기 위해서는 출가 수행자가 되는 것도 좋은 방법입니다.

이렇게 확신을 갖고 믿으면서 그냥 부처가 되어버리면 좋겠지만, 그렇게 하기가 쉽지 않습니다. 중생들은 금생에 나와서 잘못 듣고 잘못 배우고 잘못 생각한 것들이 잠재의식에 꽉 차 있습니다. '모든 것은 물질뿐이고, 또 그것들을 물리적으로 풀이할 수 있고 현상적으로 증명할 수 있어야 믿을 수 있다.' 고 생각합니다.

부처님 말씀으로는 모두가 하나의 진리라고 하지만, 이제까지 자기가 배운 지식과 고정관념이 깨달음을 가로막고 있습니다. 성자의 말이나 글을 많이 듣고 읽는다 하더라도 잘 이해가 되지 않는 것이고, 그렇다 보니 확실히는 못 믿게 되는 것입니다.

그러나 자꾸만 읽어보고 읽어보면 기존의 지식과 고정관념들이 하나씩 깨집니다. 그렇게 차근차근 다 깨부수어 완전히 법문 내용하고 하나가 되어버리면 그때는 깨닫습니다. 진실하게 공부해가다 보면 확 트여서 인후개통(咽喉開通) 획감로미(獲甘露味)입니다. 목구멍이 시원하게 확 트여서 지극히 달고 상쾌한 맛을 얻는다는 뜻입니다. 물론 도통하기까지는 아직 길이 멀지만 우선 자기 몸이나 마음이 확 트여서 막힘도 얽힘도 없게 됩니다.

처음에 공부를 하면 답답하고 꽉꽉 막히는 것이 느껴집니다만, 공부가 진전될수록 머리카락부터서 발끝까지 툭 트여 옵니다. 그런 관념은 굉장히 소중한 것입니다. 그런 관념만 가지고도 가슴이 시원하고 머리도 시원하고 눈도 시원한 것입니다. 그때는 머리가 무거워지는 일도 없고 밤새도록 눈을 뜨고 있어도 눈이 피로하지 않습니다. 인간의 생명이란 그렇게 쓰면 쓸수록 더욱 무시무시한 힘을 내는 것입니다.

그러나 우리가 안 쓰면 차근차근 무디어져서 물질에 딱 얽매여 버립니다. 물질에 얽매이면 얽매일수록 이 몸뚱이는 무거워집니다. 천근만근 무거워지니 애지중지 아끼고 치장할 수밖에 없는 것입니다. 닦아서 마음이 맑아지면 몸도 차근차근 가벼워 옵니다. 나중에는 이 몸뚱이가 어디에 있는지 없는지 분간조차 할 수 없습니다. 마치 공중에 둥둥 뜬 기분이 되는 것입니다. 정말로 번뇌의 뿌리가 뽑히면 몸이 하늘을 나는 것입니다.

석가모니 부처님 당시에나 혹은 위대한 도인들은 비행자재(飛行自在)라고, 마음대로 날아다닌다는 것입니다. 이런 말을 단순히 신화로만 들을 것이 아닙니다. 별것도 아닌 원자력 가지고도 별별 재주와 위력을 다 부리지 않습니까. 그런데 원자력보다도 더 고성능의 것이, 무한성능의 것이 불성인데 고작 날아다니는 것을 못할 리가 없습니다. 무한성능인 불성과 하나가 되었을 때는 못할 것이 없는 것이고, 이것이 부처님의 지혜입니다.

다만 갑작스럽게 되는 것은 아닙니다. 금생에 나와서 잘못 배우고 잘못 듣고 잘못 생각한 것들로 꽉 막혀 있기 때문에 하나하나 가닥을 풀어야 합니다. 나의 지식과 고정관념을 하나하나 깨부수는 단계, 이것이 곧 수행의 단계인 것이고, 수도(修道)의 위차(位次)입니다.

범부중생의 정진

　중생들이 금생 번뇌뿐만이 아니라 과거 무수생의 번뇌를 지니고 있기 때문에 그에 맞는 여러 가지 수행법이 있습니다. 그 단계가 워낙 복잡해서 「능엄경(楞嚴經)」을 처음 보는 사람들은 무엇이 무엇인지 갈피를 잡지 못할 정도입니다.

　그러나 그 가운데서 가장 쉬운 것이 '유식(唯識) 5위(位)'입니다. 유식, 즉 오로지 식뿐이라는 것은 유심(唯心), 즉 오직 마음뿐이라는 말과 같은 뜻입니다. 우주는 오직 마음, 식뿐입니다. 중생은 겉만 보니까 마음을 보지 못하고 물질만을 보지만, 물질 그것은 사실 있지가 않은 것입니다.

　색즉공(色卽空)이라는 것을 자꾸 생각해야 합니다. 물질이 바로 공이라는 것을 화두로 삼아 물질이 공이라는 것을 깨우쳐야 합니다. 물질은 바로 공입니다. 분석한 뒤에 공이 아니라, 그냥 바로 공입니다. 우리가 물질을 쪼개고 쪼개서 공이 아니라 바로 공인데 이런 것을 잘 보지 못합니다. 사실 물질은 없는 것입니다. 마음이 움직이고 진동해서 모양만 보일 뿐입니다. 횃불을 돌리면 잔상이 남아 둥그렇게 불바퀴가 보이듯이 물질도 그와 마찬가지입니다.

자량위

노자(老子)가 말한 바와 같이 우리의 인생은 결국 머나먼 나그네길입니다. 우리는 지금 성불이라고 하는 멀고 먼 고향 길을 가기 위해여행을 하고 있는 것입니다. 가는 중간에야 미끄러지고 넘어지기도하겠지만 결국 성불을 향해 나아가야 합니다.

그런데 우리가 마음의 고향인 성불로 가려면 그에 해당하는 준비가 필요합니다. 성불의 준비를 하는 단계가 바로 자량위(資糧位)입니다. 다시 말하자면 여러 가지 자량, 즉 성불에 이르는 재료를 준비한다는 말입니다.

참선도 해보고, 염불도 해보고, 경(經)도 읽고, 고행도 해보고, 단식도 해보면서 성불에 이르는 여러 가지 방법 중 자기한테 맞는 행법을 찾아 공부합니다. 부처님 법문을 확실히 믿고 그렇게 되고자 애써야 합니다. 정말로 '나'라는 것도 허망하고, '너'라는 것도 허망하고, 물질도 허망하고…, 허망하다는 것을 자꾸만 생각하면서 책도 읽고, 명상도 하고, 염불도 애쓰고 해야 합니다.

이렇게 하다 보면 같은 사람이지만 범부(凡夫)보다는 좀 앞서 나가게 됩니다. 그때는 삼현위(三賢位)에 이릅니다. 현자(賢者)의 자리입니다. 성자(聖者)는 굳이 억제하려고 하지 않아도 자기가 하는 모든행동이 법도에 딱 맞는 것입니다. 그에 비해 현자(賢者)는 자신의 행동이 법도에 맞도록 애쓰고 법도를 지키려고 합니다.

현자는 욕심(慾心)도 누를 수가 있고, 진심(瞋心)도 누를 수가 있습니다. 나쁜 마음도 억눌러서 나쁜 짓을 하지 않고, 비록 성자는 못 된다 하더라도 죄를 범하지 않으려 애쓰고 행하는 것입니다. 범부(凡夫)는 욕심이 나면 나는 대로, 화가 나면 나는 대로 억제를 못합니다.

✨ 가행위

'내가 이래서는 안 되겠구나, 내가 집에서만 공부를 해서는 잘 안되겠구나. 사흘이고 일주일이고 오로지 공부만 해야 되겠다.' 라고 결심하고 오로지 공부만 하는 것이 가행위(加行位)입니다. 가행정진(加行精進)이라고도 합니다.

이때는 법문도 확실히 알고, 천지우주는 본래 청정한 눈으로 보면 모두가 하나의 불성[打成一片]이라는 확신이 섭니다. 그러면 그때는 결단을 하게 됩니다. 사흘이고 일주일이고 삼칠일[21일]이고 공부에만 애쓰고 오로지 밀어붙이는 것입니다.

하다 말다 하다 말다 하는 것은 그저 일상생활밖에 못됩니다. 이렇게 쉬엄쉬엄 공부하면 우리가 본래 부처지만 불심(佛心)하고 하나가 되지 못합니다. 이따금씩 불심을 생각하면 어디론가 간 곳 없이 사라져 버립니다. 이따금씩 떠오르는 불심을 잘 붙들어 매기 위해서는 오로지 공부를 해야 합니다. 보통은 사흘, 일주일 또는 삼칠일 또는 49일 동안 그렇게 공부만 합니다.

출가 수행자는 1년 동안에 두 번, 3개월씩 그렇게 공부를 합니다. 더 하는 사람들은 3년 동안 산문(山門) 밖을 안 나가고 정진만 합니다. 그렇게 하다보면 아무리 둔한 사람도 부처님과 가까워질 수밖에 없습니다. 매일같이 며칠이고 몇 개월이고 몇 년이고 부처님을 생각하는데 가까워지지 않고는 배겨낼 수가 없습니다.

이렇게 오로지 공부만 하다 보면 몸과 마음이 시원해집니다. 마치 전류에 감전된 것같이 전신이 시원해지는 것입니다. 이런 것을 알게 되면 우리 몸이 좀 피곤해도 부처님 생각만 하면 피로가 순식간에 싹 가시게 됩니다.

여기서 더 공부를 하면 가행위 중의 첫 번째 단계인 난법(煖法)에 이릅니다. 이런 지경은 공부를 했다 말았다 하면 이르지 못합니다. 오랫동안 정진을 해야 합니다. 출가해서 승복을 입었다 하더라도 정진하는 정도가 미치지 못한다거나 업장관계(業障關係)가 복잡하다든가 환경이 나쁘다거나 하면 몇 년 동안 공부를 계속한다 하더라도 이런 경계를 맛보지 못하는 사람도 간혹 있습니다.

그런데 거기서도 쉬지 않고 더욱 정진하면 가행위의 두 번째 단계인 정위(頂位)에 이릅니다. 이때는 욕심이 차근차근 줄어옵니다. 욕계(欲界)에서는 꼭대기까지 올라온 것입니다. 욕심의 꼭대기가 아니라, 욕심을 떠나는 마지막 끄트머리 단계에 다다른 것입니다. 이때는 누가 좋은 물건을 사용해도 별로 갖고 싶지 않고, 음식도 먹으나 마나 배가 고프다는 것을 잘 모릅니다. 몸도 시원하고 마음도 시원하게 트여오기 때문에 물질이나 음식이 별로 생각나지 않습니다.

이러한 때는 몸과 마음이 시원해 옴과 동시에 어렴풋이 광명이 비춰옵니다. 아주 맑은 달[心月]이 커졌다가 작아지고 하는 느낌입니다. 그러면 마치 천지우주의 모든 기운이 자기 몸을 향해서 오는듯한 기분이 듭니다. 그러면 원래 자기가 쓰던 힘을 훨씬 넘어서서 쓸 수 있게 되어 남이 보기에는 갑자기 힘이 늘어난 것처럼 보이기도 합니다.

여기서 쉬지 않고 더 나아가면 인법(忍法)이라, 가행위의 세 번째 단계에 이릅니다. 인법까지 올라오면 공부를 잠시 놓아도 큰 후퇴가 없습니다. 정법까지는 애쓰고 하던 참선이나 기도를 놓아버리면 공부가 후퇴해버리지만, 인법의 단계에 이르면 이미 공부를 너무나 많이 해보았기 때문에 공부가 습관이 되어 잠시 공부를 놓아도 별로 후퇴가 없습니다.

인법의 경지에 들어서면 정법에서 보았던 맑은 달의 광명기운이 더 커지고 줄어들고를 반복하면서 우주에 꽉 들어차버리는 기분이 생깁니다. 여기에서 또 쉬지 않고 나아가면 그때는 하나의 달빛, 즉 심월광명(心月光明)이 점점 커져 그야말로 금색광명(金色光明)이 트여 오는 것 같습니다.

그런 광명을 보게 되는 단계를 가리켜서 세제일법(世第一法)이라고 합니다. 가행위 중에서는 가장 높은 경지로, 아직 성자(聖者)는 되지 못했다 하더라도 인간 세상에서는 가장 높은 경지입니다. 공자나 맹자같은 분들이 이런 단계에 올라 있습니다. 현자(賢者) 중의 현자인 셈입니다.

이 모든 단계를 넘어서 우주가 확 열려서 천지우주가 부처님의 광명으로 가득 차버려야 진정한 견성오도(見性悟道)입니다. 교만한 사람들은 마음이 조금 열리면 거짓말로 견성오도를 했다고 하는 분도 있습니다. 그러나 정말로 견성오도 자리라고 하면 천지우주의 광명이 느껴지고 별이고 달이고 할 것 없이 천지우주가 광명 속으로 다 들어가버리는 것입니다[光呑萬象].

이렇게 되는 것이 결국 성자가 가는 길입니다. 우리 인간은 여기에까지 가야 비로소 '내 고향에 왔구나' 하는 마음으로 안심입명(安心立命)이 되는 것입니다. 여기까지 오지 않고서는 항상 마음이 불안스러운 것입니다. 난위(煖位), 정위(頂位), 인위(忍位), 세제일위(世第一

位)의 네 가지가 일반 범부중생으로써 도달할 수 있는 경지, 즉 사가행범부위(四加行凡夫位)입니다.

참다운 인격의 완성
 통달위

사가행범부위를 지나서도 계율을 지키고 음식도 함부로 먹지 않는 등 공부를 계속 잡고 나아가면 그때는 순간 찰나에 천지우주가 광명으로 뒤덮이며 통달위(通達位)에 이릅니다. 이때는 실제로 경(經)은 별로 배우지 않았더라도 경을 보면 거침없이 쭉쭉 다 알아버리게 됩니다. 이런 단계가 말하자면 견성오도입니다.

천지우주가 오직 불성뿐이라는 것을 깨우치고, 불성뿐인 그 자리에 딱 안주(安住)해서, 불성을 확실히 보는 것입니다. 이때는 광탄만상(光呑萬象)이라, 불성광명이 온 우주를 다 삼켜버립니다. 그러나 여기까지 왔다고 하더라도 공부가 끝나는 것은 아닙니다.

여기까지 와서도 아직 인간의 번뇌와 습기(習氣)의 뿌리가 남아 있습니다. 금생의 습기, 즉 금생에 잘못 듣고, 잘못 배우고, 잘못 생각하고, 잘못 느낀 것은 다 사라져버렸다 하더라도, 아직 과거 전생에 지은 업이 남아 있습니다.

인간은 과거에 낳고 죽고 낳고 죽고 무수한 삶과 죽음을 반복해서 금생에 이른 것입니다. 과거 전생에 사람을 죽이기도 하고, 남을 배신하기도 하고, 동물을 도륙하기도 했던 모든 것들이 잠재의식에는 다 들어 있습니다. 석가모니 같은 분도 과거 전생에는 배신도 하고 살생도 많이 했습니다. 전생에는 누구나 개도 되었다가 소도 되었다가 하면서 지내왔습니다.

우리가 금생에 나와서 지은 번뇌는 견성오도와 더불어서 다 사라진다 하더라도, 과거 전생에 지은 번뇌는 아직 남아 있습니다. 그것을 차근차근 빼내야 합니다. 그 뿌리를 빼내지 못하면 우리가 원래 갖추고 있는 불성의 공덕을 온전히 발휘할 수가 없습니다.

우리 불성에는 시공을 초월하여 일체의 사물을 속속들이 들여다볼 수 있는 천안통(天眼通)도 할 수 있고, 하늘을 날 수도 있는 온갖 재주가 다 들어 있지만, 번뇌의 종자가 남아 있으면 그런 재주를 못 부립니다. 번뇌의 뿌리 때문에 불성에 들어 있는 무한한 공덕을 발휘하지 못하는 것입니다.

불경을 보면 우리한테 있는 욕심의 뿌리만 다 뽑아도 우리 몸이 하늘을 날 수가 있다고 했습니다. 이러한 말을 신화로만 알아서는 안 됩니다. 우리 몸은 원래 무게가 없습니다. 공부를 해보면 몸과 마음이 차근차근 가벼워집니다. 이것만 본다 하더라도 정말로 견성오도

하여 욕심의 뿌리가 뽑혀지면 육신 그대로 등천(登天)할 수 있는 것입니다. 인력이니 중력이니 하는 것은 중생 차원에서 있다고 보는 것이지, 영원적인 순수 생명 에너지 차원에서는 이런 것이 존재하지 않습니다.

수습위

번뇌의 종자를 뽑아버리는 단계가 수습위(修習位)입니다. 통달위에서 차근차근 더 닦아 가면 그때는 불성이 직접 보이니까 불성만 뚫어지게 보고 있으면 됩니다. 아미타불이나 관세음보살이나 특별히 무엇을 잡고 있지 않다고 해도 불성이 보이니까 그저 그 자리만 보고 있어도 공부가 나아가는 것입니다.

이렇게 해서 오랫동안 있으면 마치 흐린 물이 시간이 지나면서 앙금이 가라앉고 투명하게 바닥이 보이듯이, 무수생(無數生)에 걸친 혼탁한 숙업(宿業)들이 모두 녹아갑니다. 견성오도를 한 다음에는 가만히 정(定)에만 들어가도 전생의 업이 사라져가는 것입니다.

이렇게 해서 올라가기 시작하면 2지(地), 3지(地), 4지(地)…, 그렇게 하여 10지(地)에 올라가면 그야말로 불지(佛地)입니다. 올라가서 전생의 번뇌가 모두 소진되어버리면 그야말로 석가모니 같은 성불이 됩니다. 원효스님 같은 분은 견성오도한 뒤에 8지까지 올라갔다고 하고, 서산스님 같은 분은 4지까지 올라갔다고 합니다. 일본의 공해 스님 같은 분은 3지에 올라갔다는 말도 있습니다.

견성오도도 중요하지만 보임수행(保任修行)도 중요합니다. 견성오 도를 한 후에 견성오도한 그 자리를 소중히 지켜내는 것도 중요하다 는 말입니다.

불성을 봤다고 해서 함부로 행동하면 더 앞으로 못 나아갑니다. 교 만이라는 것이 대단히 큰 장애물입니다. 사람은 조금 알게 되면 마치 다 아는 양 그걸 좀 풀어먹으려 하고, 견성오도의 경지에서 확 트여 서 환희심이 충만해지는 것을 느끼면 우쭐해버립니다.

이렇게 되면 공부는 거기에서 더 나아가지 못하는 것입니다. 부처 님에 비하면 아직도 멀었는데, 신통묘지(神通妙智)를 다해야만 참다 운 깨달음인데, 광명은 약간 봤다고 하더라도 아직은 참된 광명 기운 을 못 쓰는 것입니다. 불성이 갖추고 있는 무한한 힘을 못 쓴다는 말 입니다.

교만심도 문제지만 주변에서 도인들을 가만히 놔두지 않습니다. 자꾸만 사람 만나고 얘기하면 힘이 빠져버리고 이제 시간이 더 없어 못 나가고 마는 것입니다. 그러니까 공부에 깊이 들어간 스님들이 인 연을 자꾸 피합니다. 중봉스님은 배에 가서 피하고 산에 가서 피하곤 했습니다.

이렇게 해서 견성오도한 뒤에도 그 자리를 잘 지키려고 노력해야 합니다. 먹는 것도 계속 조심하고 행동도 조심하면서 계행(戒行)도 더 잘 지켜야 합니다. 깨달음을 얻은 도인(道人)이라고 해서 함부로 먹고 함부로 행동하면 결국 깊은 삼매(三昧)에는 못 들어갑니다. 그러면 번뇌의 뿌리 깊은 종자를 차근차근 녹여갈 수가 없습니다.

그리고 자비심이 많은 분들은 중생들을 교화하려는 마음에 자기 공부를 더 못 잡습니다. 견성한 도인도 자비심이 너무 많으면 중생들을 가르치기 위해 더 못 올라가는 것입니다. 그러나 성정이 굳고 지혜가 수승한 사람들은 '중생이 겉으로 보아서나 중생이지 바로 보면 부처가 아닌가. 내 공부가 더 올라가야 하겠구나.' 이렇게 생각하고 자기 공부를 더 갈고 닦습니다.

구경위

수습위에서 더 올라가면 구경위(究竟位)입니다. 그때는 금생에 지은 번뇌 또는 과거 전생으로부터 법문(法門)과 더불어 잠재의식에 묻어온 번뇌를 다 뿌리 뽑아서 참 우주의 본바탕인 불성과 하나로 일치됩니다. 그러면 그것이 정각성불(正覺成佛)입니다. 이것이 바로 인격의 완성입니다.

이렇게 해서 범부가 인격의 가장 최고봉까지 가는, 성불에 이르는 수행의 모든 단계를 말한 것입니다. 요가법을 보나 바라문 경을 보나 요한 복음서를 보나 마태 복음서를 보나 또는 공자의 논어를 보나 노자의 도덕경을 보나, 또 어떤 다른 경전을 보나, 우리 중생이 우주와 하나로 해서 구경지(究竟地)까지 인격 완성의 절차를 완벽한 체계로 말한 법문은 없습니다. 수도의 위차를 명확히 밝힌 법문은 없다는 말입니다.

그러므로 이 수도의 위차를 외워두면 금생에서는 이루기 어렵다고 해도 목표만은 뚜렷이 세울 수가 있습니다. 목표를 세워 놓으면 그만큼 인생이라는 고해(苦海)를 건너기가 쉽습니다. 마치 프로메테우스 (Prometheus)가 코카사스(Caucasus) 바위 위에 혼자 있다 하더라도 하느님을 믿으므로 희망을 얻을 수 있듯, 인간이 제아무리 어려운 구렁에 든다 하더라도 죽지 않는 불성, 오염되지 않는 불성, 때묻지 않는 불성을 생각하면 자기 위안이 생기고 행복의 미소를 지을 수가 있는 것입니다.

아홉 단계의 근본선정[九次第定]

정각성불에 이르는 참선의 과정을 이야기하는 것도 여러 가지 학설이 많이 있습니다. 그러나 석가모니 부처님께서 보리수 밑에서 몸소

수도修道의 위치位置

유식오위 唯識五位 (유식론唯識論)	해탈십육지 解脫十六地 (금강심론金剛心論)	구차제정 九次第定 (지도론智度論)	오십육위사만성불위 五十六位四滿成佛位 (수능엄경首楞嚴經)	보살승십지 菩薩乘十地 (화엄경華嚴經)
一. 자량위資糧位 [십주十住 / 십행十行 / 십회향十廻向]	初. 삼귀지三歸地 二. 신원지信願地			
	三. 습인지習忍地	황촉천지몽상黃昏天地夢想(牛毛塵) 칠색현전七色現前(羊毛塵)		
二. 가행위加行位	四. 가행지加行地	명득정明得定 一식광변식발현現(兔毛塵) 명증정明增定 一심월현전心月現前(水塵) 인순정印順定 一심월광협자재心月廣狹自在(水塵) 무간정無間定 一심일현전心日現前(金塵)	난위煖位 ┐ 정위頂位 │ 인위忍位 │ 세제일위世第一位 ┘ 사四 가加 행行 범凡 부夫 위位	

범부위 凡夫位

位階	地 (地位)	禪定	三賢位 · 六聖位 (廻向)	十地
	五.금강지金剛地	①초선初禪	初.신·주·행·지·회향 信·住·行·地·廻向 〔삼현위三賢位〕	初.환희지歡喜地
	六.희락지喜樂地	②이선二禪		
		③삼선三禪		
三.통달위通達位	七.이구지離坵地	④사선四禪	二.信住行地廻向	二.이구지離垢地
四.수습위修習位 (十地)		⑤공무변처정 空無邊處定		
		⑥식무변처정 識無邊處定		
		⑦무소유처정 無所有處定		
		⑧비상비비상처정 非想非非想處定		
	八.발광지發光地	⑨멸진정滅盡定 (수음멸진수진 受陰滅盡)	三.信住行地廻向	三.발광지發光地
	九.정진지精進地	(상음멸진상멸진 想陰滅盡)	四.信住行地廻向	四.염혜지焰慧地
성인위 聖人位	十.선정지禪定地	(행음멸진행멸진 行陰滅盡)	五.信住行地廻向	五.난승지難勝地
	十一.현전지現前地		六.信住行地廻向	六.현전지現前地
	十二.나한지羅漢地	(식음멸진식멸진 識陰滅盡)	七.信住行地廻向	七.원행지遠行地
	十三.지불지支佛地		八.信住行地廻向	八.부동지不動地
	十四.보살지菩薩地		九.信住行地廻向	九.선혜지善慧地
	十五.유여지有餘地		十.信住行地廻向 …입성위入聖位 〔육성위六聖位〕	十.법운지法雲地
五.구경위究竟位	十六.무여지無餘地		…등각等覺 · 묘각妙覺	

행하시고, 49년의 설법을 하신 후 열반에 드실 때 우리한테 보여주신 과정이 있습니다. 그리고 근본 경전인 「아함경(阿含經)」에서 몇 십 번 역설한 법문도 있습니다. 이에 따르면 참선의 단계는 아홉 가지로 나뉩니다. 이것이 바로 근본선(根本禪)인 구차제정(九次第定)입니다.

우선 초선정(初禪定)·이선정(二禪定)·삼선정(三禪定)·사선정(四禪定)이 있습니다. 사가행범부위의 가행위를 지나면 견성오도의 단계로 들어서게 됩니다. 이것을 선정(禪定)의 단계로 이야기하면 초선정입니다. 초선정에 들어가야 견성오도로 들어갈 수 있다는 것입니다. 초선정에서는 거추장스러운 분별이 다 끊어지고 세밀한 분별만 남습니다.

그 다음이 이선정입니다. 여기에 올라가면 세밀한 분별까지도 다 끊어지고 오직 하나의 마음자리만 지킵니다. 우리 중생은 몸도 다르고 몸 따라서 마음도 달라져 서로 의견이 다르다고 티격태격하지만 사실은 올라가면 올라갈수록 차근차근 같아지게 됩니다. 점점 올라갈수록 우리 중생의 몸이 아니라 광명신(光明身), 즉 광명몸이 됩니다. 몸 자체가 광명이기 때문에 그때는 몸뚱이 때문에 서로 싸울 필요가 없습니다.

음식도 먹고 싶으면 생각만 해도 배가 부르니까 서로 좋은 것 많이 먹겠다고 다툴 필요도 없습니다. 광명몸이라도 그 빛의 정도에는 차

92

이가 있습니다. 오로지 한 마음과 한 광명이 되는 때가 바로 삼선정입니다. 광도의 차이가 없이 순수광명인 동시에 마음도 같아집니다. 그러나 아직 부처의 지위에 오르지는 못하고 있습니다. 그러다가 사선정에 오르면 어떠한 경우에도 마음이 조금도 동요가 없습니다.

이렇게 되어 가다가 우주가 텅 비어서 하나의 순수 광명이 됩니다. 질료가 있는 광명이 아니라, 그야말로 참으로 텅 비어 있는 순수광명의 경지가 바로 공무변처정(空無邊處定)입니다. 그뿐만 아니라 이제 식(識)입니다. 하나의 마음이 우주에 충만해 보이는 경지인 식무변처정(識無邊處定)으로 갑니다. 온 우주에 식이 충만해 있는 것이고, 또한 동시에 무소유처정(無所有處定)입니다. 그때는 이것이고 저것이고 구분도 없고 구분할 수도 없습니다. 원융무애(圓融無碍)이고 혼연일체(渾然一體)라 구분할 수가 없습니다.

여기서 더 나아가면 비상비비상처(非想非非想處)입니다. 생각이 있을 것도 없고 또 없을 것도 없단 말입니다. 우리 중생이 느끼는 번뇌를 비롯한 각양각색의 생각이 조금도 없고, 아주 맑고 미세한 생각만 조금 있다는 것입니다.

이렇게 되어 가다가 멸진정(滅盡定)입니다. 번뇌의 찌꺼기를 다 녹여버리는 것입니다. 비상비비상처까지는 아직 번뇌의 찌꺼기가 조금 남아 있습니다만, 올라갈수록 차근차근 번뇌가 녹아져서 저 위에 가면 그때는 이생위(離生位)라, 너와 나의 차이, 또는 사물과 나와의 차이가 전혀 없이, 일체 존재 모두가 다 하나의 불성으로 해서 완전히 통일이 되어버리는 것입니다. 이렇게 되어야 비로소 참다운 정각성불이 되는 것입니다.

하나의 진리

불교는 경전이나 법문이 대단히 많습니다. 그렇다보니 경(經)에 따라서 참선하는 방법들도 매우 다양합니다. 그래도 이 중에서 가장 중요한 것을 꼽는다면 보조국사 어록에도 나오는 돈오점수(頓悟漸修)와 정혜쌍수(定慧雙修)입니다.

돈오(頓悟)는 문득 깨닫는다는 것입니다. 문득 무엇을 깨달을 것인가. 천지우주가 하나의 진리로 통일되어 있다는 것을 깨닫는 것입니다. 중생의 입장에서 '본다'고 생각할 때는 천 갈래, 만 갈래 구분이 있겠지만, 모두가 하나의 진리로 통일이 되어 있습니다. 이것을 가리켜서 돈오라고 하는 것입니다.

그중에는 돈오를 이보다 더 높은 차원으로 보는 분도 있고, 그 논쟁도 심합니다. 그래도 우선 역사적으로 보면 보조국사가 말한 것은 체(體)와 용(用), 성(性)과 상(相)이 둘이 아니고, 색즉공(色卽空) 공즉색(空卽色)이라는 것입니다. 천지우주 모두를 하나의 진리와 하나의 체계로 묶어버리는 것입니다.

점수(漸修)는 그와 같은 진리를 체험하기 위해 차츰 수행하여 올라가는 것을 뜻합니다. 하나의 진리를 깨우쳤다 하더라도 이론적으로 된 것이지 아직 체험을 했다고 볼 수는 없으므로, 그 같은 진리의 실체를 체험하기 위해 수행을 계속하는 것이 점수입니다.

돈오점수를 하는 것도 몇 가지 방법이 있습니다. 우선 마음자리를 고요히 묵조(默照)하는 방법과, 관조(觀照)를 주로 하는 관법(觀法)이 있습니다. 관조를 하는 선법(禪法)은 조계종(曹溪宗)이나 임제종(臨濟宗)에서 주로 합니다. 원불교(圓佛敎)나 일본의 조동종(曹洞宗)에서는 묵조선(默照禪)을 합니다.

묵조선은 잠자코 무념무상으로 비추어보는 것입니다. '모두가 본래 부처인데 새삼스럽게 의심할 필요가 있는가. 천지우주가 부처인 줄을 알았으면 그 자리를 지키고 가만히 묵조하면 되는 것이지, 새삼스럽게 의심할 것인가. 가만히 있으면 흐린 물의 탁한 것이 밑으로 가라앉아 맑아지듯이, 그렇게 조용히 묵조하면 부처가 될 것인데, 의심을 하면 괜히 마음만 흐트러뜨려 더욱 귀찮은 일이 아닌가.'라고 생각하는 것입니다. 우리가 본래 부처이거니, 가만히 있으면 부처가 되어 간다는 것입니다.

중국의 송나라 때도 문제를 들고 의심을 하는 화두 선법이 있었고, 그와 대립하여 묵조 하는 선법도 같이 있었습니다. 이렇듯 깨우치는 방법에는 여러 갈래가 있는 것인데, 많은 사람들이 자기 문중에서 하는 선법이 더 좋은 것이라고 주장합니다.

행법(行法)이라는 것이 결국은 모두 성불하기 위한 법이기 때문에, 자기가 어떤 행법을 하면 어떤 식으로든 거기에서 즐거움을 느끼게 됩니다. 화두도 하다보면 마음이 모아지고 개운해지면서 공부가 되고 재미가 붙습니다. 여기까지라면 별 상관이 없겠지만, 자기가 하는 수행법에 재미가 붙으면 자기 공부만 맞는 것이고 다른 방법은 별것이 아니라고 폄하기가 쉽습니다.

일본 조동종은 묵조라, 잠자코 무념무상하는 종파입니다. 조동종은 묵조만 하는데도 그 규모가 굉장히 큽니다. 종파는 하나지만 불교대학이 몇 개나 있습니다.

그리고 또 한 종파는 화두를 하되 우리 생활과 상관이 없는 엉뚱한 말이나 또 옛날에 그때그때 쏘아버린 말로 화두를 할 것이 아니라, 기왕이면 부처님 명호를 가지고 화두를 합니다. 이렇게 아미타불이나 관세음보살 같은 부처님 명호를 화두로 하는 종파를 염불참선이라고 합니다. 한국도 서산대사, 사명대사, 진묵대사, 태고대사, 나옹대사, 연기대사 같은 분들은 화두보다 염불을 더 많이 말씀했습니다.

그런데 이거나 저거나, 부처님이나 도인들이 말씀하신 법문들은 모두 성불하는 법이기 때문에 어떤 것이든 하나를 잡아서 애쓰고 하면 공부가 됩니다. 그 방법이 주문이든 염불이든 다 공부가 되는 것인데, 자기가 한 가지만 열심히 하고는 그것만 옳다고 고집하면 하나의 종파가 생기게 됩니다.

역사적으로 위대한 도인들은 절대로 한 법에 치우치지 않았습니다. 천지우주가 다 불성이고 부처님 법이 모두가 다 성불하는 법이거니 어떻게 하나만 옳고 다른 것은 그르다고 하겠습니까.

참선이라는 것은 우리 마음을 본래의 자리, 본래 본체 자리에 머물게 하는 것입니다. 그런데 참선이라고 하면 왠지 고차원적인 수행을 하는 사람들 같고, 염불은 잘 모르는 사람들이 하는 것으로 생각하는 사람들이 있습니다. 그러나 절대 그렇지 않습니다. 참선이라고 한다 하더라도 괜히 현상적이고 상대적인 문제만 따지고 있으면 선(禪)이 될 수 없습니다. 본체를 떠나버리면 무슨 선이 되겠습니까.

선시불심(禪是佛心)이요, 교시불어(敎是佛語)라는 말이 있습니다. 선은 부처의 마음이요, 교는 부처의 말이라는 뜻입니다. 선가귀감(禪家龜鑑)이나 여러 경전에서 말하듯이 우리 마음이 진리를 갖추고 있는 본체 자리, 본래면목 자리를 여의지만 않으면 그때는 다 선이 되는 것입니다.

그러나 무(無)자 화두를 들든 '이 뭣꼬' 화두를 들든 본래면목 자리를 떠나버리면 그건 선이 아닙니다. 그때는 선이 될 수가 없습니다. 6조스님의 「육조단경」을 보면 바로 알 수 있습니다. 위대한 도인들은 절대로 한 법에 치우친 적이 없는데, 우리 중생은 한쪽 면만 보는 독선적인 안목을 가지고 꼭 자기 방식만 옳다고 합니다. 전부를 본다고 생각할 때는 그렇게 치우칠 필요가 없습니다.

서산대사도 참선에 대한 귀감으로 선가귀감을 내놓고, 또 도교에 대한 것을 적어 도가귀감도 내고, 유교에 대한 것도 유가귀감이라고 해서 내놓았습니다. 어떤 도인들이라도 그 시대의 종교나 철학을 다 통달해서 당시의 철학이고 종교를 모두 하나의 체계로 묶으려고 노력했습니다. 부처님 사상은 어느 누구나 무슨 주의나 모두가 근본에서 보면 하나라는 것입니다. 동일률(同一律) 동일철학((同一哲學)을 가져야만 하나로 묶을 수가 있습니다.

도량이 좁은 사람들이 꼭 자기가 하는 것만을 고집합니다. 우리 공부도 하나에만 치우쳐 놓으면 결국 이루지 못하고 소리만 요란한 것입니다. 서울에서 나무호랭게교의 여자 포교사들이 오신 적이 있었는데, 일연스님이 교주로 있습니다. 그 포고하는 분들은 일연스님을 석가모니 부처님보다도 더 앞서 있는 분이라고 믿고 있습니다. 석가모니뿐만이 아니라 그 뒤에 나온 도인들도 다 아무것도 아니고 일연대사만이 가장 위대하다는 것입니다. 일본에서는 일연종이 큰 세력을 잡고 있지만, 일연대사라고 하는 한 사람의 주장에 얽매여 있습니다. 우리 불교라는 것은 훨씬 더 광대무변한 것입니다.

8 · 15 해방 후에 우리 조계종도 보다 넓게 문호를 개방했으면 한국 불교의 종파가 20여 개나 될 리가 없습니다. 꼭 화두 아니면 선(禪)이 아니라는 식으로 자기 문중만 옳다고 꽉 막혀서 고집을 부리다 보니까 그 범주에 못 들어가는 사람들은 다른 종파를 세울 수밖에 없는 것입니다. 자기 고집 부리는 것만으로도 부족해서 자기들과 맞지 않으면 설사 부처님 말씀이라 하더라도 배격을 합니다.

현대사회는 자기 안에 갇혀 고집을 부릴 때가 아닙니다. 불법도 다 열어버려서 불교의 화합을 이루는 것도 중요하고, 다른 종교를 인정하는 것도 중요합니다. 지구상의 기독교도가 20억 인구입니다. 이슬람교도 거의 10억 인구입니다. 아무런 근거도 없는 것을 세계적으로 수십억의 인구가 믿는다고 생각할 수는 없는 것입니다. 길이 아니면 그 수많은 사람들이 믿을 수가 없습니다.

기독교를 비방하고 싶은 분들은 바이블도 한 번 연구를 해봐야 합니다. 저는 바이블을 여러 번 읽었습니다만, 요한복음서나 마태복음서나 누가복음서나, 중요한 대목을 놓고 보면 불교와 차이가 없습니다. 상징적인 비유에 차이가 있을 뿐, 근본정신은 비슷한 것입니다.

이웃을 사랑하고 원수를 사랑하라는 정신, 중생을 위해서 십자가에 못 박혀 희생한 정신은 모두가 다 같습니다.

어떤 누구도 남을 심판할 수는 없습니다. 우리는 다 같은 공업(共業) 중생입니다. 도둑이나 강도만 죄를 짓는 것이 아니라, 우리가 다 같이 짓고 있습니다. 중중무진(重重無盡)이라, 돌멩이 하나 움직이는 것도, 누가 어깨를 한 번 드는 것도, 내가 듣는 것이나 말하는 것 모두에 천지우주가 다 관여하는 것입니다. 모두가 하나의 관계로 얽혀 있습니다.

미운 사람 예쁜 사람이 따로 있는 것이 아니고, 죄 지은 사람과 결백한 사람이 따로 있는 것이 아닙니다. 우리의 말 하나, 행동 하나, 표정 하나가 진리에 맞지 않기 때문에, 그런 것들이 쌓여서 사회적으로 범죄도 늘어나고 전쟁도 일어나는 것입니다.

모든 사람을 부처로 보라

우리 생명의 길은, 우리가 가야할 길은, 우리 마음의 고향 길은 명명백백히 무수한 성자들이 다 증명한 길입니다. 이렇게 이 길을 향해서 일로매진(一路邁進)해야 합니다.

재가 불자님이라 하시더라도 무슨 일을 하시든지 주변 사람을 부처님처럼 대하면 일이 술술 잘 풀려나갑니다. 사업을 할 때도 직원들을 부처님같이 대해 보면 압니다. 얼마나 잘 따르고 일을 잘하는지 모릅니다. 6·25사변 때, 사람들이 서로 죽이고 죽고 할 때도 저는 애쓰고 부처같이 보려고 했습니다. 그래서인지 이상스럽게 위험한 고비를 잘 넘겼습니다.

난리를 넘는 가장 슬기로운 지혜가 무엇인가 하면, 모든 사람을 다 부처같이 보는 것입니다. 자비와 덕망이 난리를 이기는 가장 큰 보배입니다. 누군가를 간호하거나 도와줘야 한다고 하면 그 상대를 부처로 보아야 하는 것입니다. 그렇게 되면 보다 더 정성스럽게 보게 되는 것이고, 우리 식(識)의 파장이 우수하고 강력한 파장이 됩니다. '오, 부처님!' 이라고 생각하고 부르는 그때 우리 몸과 마음은 굉장히 정화가 되는 것입니다. 상대를 부처같이 간절히 보는 그 마음이 바로 나를 정화시키는 것이고, 동시에 상대편의 마음도 정화시키는 것입니다.

좋은 아버지, 좋은 어머니, 좋은 스승, 좋은 정치인이 되기 위해서라도 부처님 도리, 우주와 인생의 도리를 하나의 마음으로, 하나의 생명으로 믿어야 합니다. 일거수일투족 모두가 부처님을 지향하는 이것이 우리 시대의 지상명령입니다. 우리가 성불하는 것이 지상명령입니다. 모든 분들이 지상명령인 성불을 향해서 일로매진(一路邁進)하시기를 간절히 바라는 바입니다.

우리 중생들이 감로의 맛을 모르면 참다운 자유와 참다운 행복은 있을 수가 없습니다. 그것은 어째서 그러는 것인가? 그것은 감로의 맛을 모르면 우리한테 칭칭 감겨 있는 구속(拘束)을 풀 수가 없습니다. 그래서 모든 것을 다 풀어버리는 참다운 경계, 참다운 일체존재의 근본성품, 그런 자리를 완벽하니 깨닫고, 우리 중생들한테 깨닫는 감로수 같은 법문을 주시는 그 분이 부처님이기 때문에 부처님의 많은 그러한 명호 가운데서 감로왕여래(甘露王如來)라 하는 그런 명호가 있습니다.

그러면 우리가 어떻게 해서 그러한 감로수(甘露水) 같은 맛을 얻을 것인가? 감로수는 늙지 않고 죽지 않고 또는 이별도 없고 모든 지혜 자비 일체능력이 온전히 완전하게 갖춘 맛이 감로 맛입니다.

2

二 반야(般若)와 정견(正見)

 진리(眞理)와 더불어서만 참다운 자유(自由), 참다운 평등(平等), 참다운 해탈(解脫)이 있습니다.

　　　　　　　　　산승(山僧)이 법회(法會)를 하는 경우 보통 우리 보살(菩薩)님들이 3분의 2쯤 되십니다. 우리 거사(居士)님들이나 특히 젊은 불자님들은 별로 없으신데 오늘은 주로 젊은 불자님들이 이렇게 훨씬 많으시니 이제 보람을 느끼고 우리 불교(佛敎)의 전망도 마음 든든하게 생각합니다.

　부처님 가르침은 심수오묘(深수奧妙)해서 한말로 말씀드리기는 어려운 것입니다. 다 아시는 바와 같이 소승(小乘)도 있고, 대승(大乘)도 있고 또는 우리 중생(衆生)이 보는 차원(次元)에서 현교(顯敎)도 있고, 우리 중생이 볼 수 없는 차원의 밀교(密敎)도 있습니다. 이러한 소승과 대승과의 관계, 현교와 밀교와의 관계, 그러한 것을 우리가 바르게 알려고 한다면 굉장히 어려운 문제입니다.

그러나 우리 젊은 불자님들은 기초 교육이 튼튼한 분들이기 때문에 이런 문제 같은 것도 염두에 두고서 앞으로 정진(精進)을 하시면 잘 하실 것으로 생각합니다.

우리 불교는 심종(心宗)이라, 마음 심(心), 마루 종(宗), 우리 불교를 심종이라 합니다. 이렇게 제가 말씀드리면 물질(物質)도 있고, 눈에 보이는 모두가 다 현상적(現象的)인 두두물물(頭頭物物)이 존재하는 것인데, 불교는 어째서 마음뿐인 종교인가, 왜 마음의 종교라고만 하는가, 이렇게 거부반응을 느끼시기도 하실 것입니다.

이러한 중요한 문제를 우리 젊은 불자님들은 꼭 극복하셔야 합니다. 왜 불교는 하필이면 물질도 있고, 두두물물 모든 현상이 다 있는 것인데 심종(心宗)이라고만 하는가? 이 문제에 대해서 명확한 견해(見解)를 가지셔야 합니다.

그래야 이른바 반야사상(般若思想)이라, 반야의 지혜(智慧)가 나옵니다. 사실 마음뿐이기 때문에 '심종'이라고 하는 것입니다. 이렇게 말씀 드려도 '내 몸도 있고 귀중한 내 가족도 있고 하는데, 왜 마음뿐인가?' 그렇게 생각되더라도 사실은 마음뿐입니다.

어째서 마음뿐인가? 부처님의 사상에서 볼 때 절대물질(絶對物質)은 존재하지 않습니다. 시간성(時間性)도, 공간성(空間性)도 존재할 수 없는 것입니다. 물질이 분명히 내 눈앞에 있고, 물질이 있다고 생각할 때는 공간성이 있으므로 존재가 있고 또 시간도 있는데 왜 그러는 것인가?

왜냐하면 인연생(因緣生)이기 때문에, 인연(因緣)을 따라서 잠시 이루어졌기 때문에 시간성과 공간성이 없다는 것입니다. 시간성과 공간성이 없기 때문에 물질이 없습니다. 인연을 따라서 잠시 이루어졌다, 이 말은 모두가 조건부(條件附)라, 인연을 떠나서는 어느 것도 존재할 수가 없다는 것입니다.

여러분들은 불교의 기초를 다 아시기 때문에 새삼스럽게 말씀드릴 필요가 없습니다만 한 번 더 말씀드리겠습니다. 우선 자기(自己)라는 존재(存在)를 본다 하더라도 오온(五蘊)의 가화합(假和合)입니다. 오온은 색(色), 수(受), 상(想), 행(行), 식(識) 아닙니까.

오온이 잠시 가짜로 화합되었단 말입니다. 색은 이것은 물질이므로 산소, 수소, 질소 등 그런 각각의 원소의 결합체가 되겠지요. 수(受)와 상(想)과 행(行)과 식(識)은 이것들은 우리 관념(觀念)의 활동입니다.

내 몸뚱이를 비롯한 일체물질과 우리가 감수(感受)하고, 의혹(疑惑)

하고, 분별시비(分別是非)하는 우리 정신활동(精神活動), 이러한 것이 본래에 없습니다. 본래에 있다고 한다면 오온개공(五蘊皆空)이라는 말이 그때는 거짓말이 되겠지요.

분석(分析)한 뒤에 공(空)이 아니라, 내 몸 구성(構成) 이대로 즉공(卽空)이라! 바로 공(空)입니다. 어느 사람들은 「반야심경(般若心經)」에서 나오는 색즉공(色卽空)의 색(色)을, 물질(物質)을 분석하면 공이 되지 않는가, 물질이라는 것은 끝에 가서 에너지가 되는 것이므로 공이지 않는가, 이렇게 분석적(分析的)으로, 해석학적(解釋學的)으로 생각합니다만 반야심경의 즉공은 그러한 것이 아닙니다.

즉공(卽空)은 '색 이대로 공이다', 물질 이대로 공이란 말입니다. 내 몸뚱이 이대로 공입니다. 다이아몬드 그대로 공입니다. 그것은 앞서 말씀드린 바와 같이 인연생(因緣生)이기 때문에 공입니다.

다이아몬드라 하더라도 내내야 탄소(炭素)의 결정체(結晶體)입니다. 우리가 그렇게 아끼는 금(金)이라 하더라도 귀에다 붙이고 목에 거는 금(金), 그것도 내내야 한 종류의 원소(元素)의 결합체입니다.

더 추궁해서 들어가면 각 원소라는 것은 결국 원자핵(原子核)과 그 주위를 회전하고 있는 전자(電子)가 몇 개 있는가, 양성자(陽性子), 중성자(中性子)가 몇 개 있는가, 거기에 따라서 각 원소의 구분이 있습니다. 따라서 양성자, 중성자, 전자 등 그런 소립자(素粒子)들을 떠나서 다른 것은 없습니다.

　저는 법문(法門)을 할 때마다 서투른 물리학(物理學) 풀이를 합니다. 왜냐하면 그 공(空)이라는 것을 알기가 쉽지 않기 때문입니다. 공(空)만 알아버리면 사실은 대승(大乘)으로 참답게 입문(入門)할 수 있는 것입니다. 공을 모르면 대승이 못 되는 것입니다.

　반야지혜(般若智慧)가 있는가, 없는가에 따라서 대승이 되고 못 되고 하는 것입니다. 반야지혜가 있어야 대승이 됩니다. 대승이 되어야 참다운 생사해탈(生死解脫)을 할 수 있는 부처님 법문입니다. 즉 방편설(方便說)을 떠난 진실(眞實)한 법문이 됩니다. 따라서 어렵더라도 과학적(科學的)으로 또는 다른 방법으로라도 이것저것 모두를 거기에 유추해서 인용하고 원용해서 공도리(空道理)를 우리가 알아야 합니다.

　저 같은 사람도 토굴(土窟) 생활을 무던히 했습니다. 한번은 백장암(百丈菴) 저 위쪽 1000미터 이상 되는 고지(高地)에다 조그마한 토굴을 마련해서 한 철을 지냈습니다. 삼동이 임박해서야 아무런 준비도 없이 겨우 들어갔습니다. 방은 사방 일곱 자 협소한 방인데도 추운 겨울을 따뜻하게 지내려면 장작을 하루에 여남은 개비를 때야 하는데 나무 준비를 안했습니다. 그래서 장작을 절약하기 위해서 하루에 세 개비씩 땠습니다.

그리고 이제 마음을 못 통하면 방에서 죽도록 나오지 않으려고 지붕도 천년만년 간다는 굴피참나무 껍질로 이었습니다. 참나무 껍질도 부족해서 촘촘히 올리지를 못했습니다. 그런데 마침 그 해 비가 억수로 쏟아져 그 사이로 빗물이 세어 들어오는 것을 우산이 없어 막을 길이 없었습니다. 그래 방바닥에는 물이 벙벙하고, 할 수 없이 나무토막을 놓고서 그 위에 앉아서 그 물을 퍼내어 그 빗물을 비웠습니다.

그때는 생식(生食)을 했습니다. 지리산 쪽이기 때문에 이곳보다 훨씬 추운 지방이라 계곡 물이 전부 얼어 붙어버렸습니다. 생식을 하므로 다스운 물은 필요 없으나, 그러나 찬물마저 얼어붙어서 물을 구할 수가 없었습니다. 그래서 얼음을 깨고서 양재기에 얼음을 넣고 불을 때서 녹여서 물을 좀 마셨습니다. 생식도 콩가루나 깻가루를 섞어서 하는 것이 아니라 쌀만 넣고 그냥 먹었습니다. 찬 물에다 쌀만 말아 먹었으니 소화가 잘 될 리 있겠습니까. 설사도 하고 여간한 고통이 아니었습니다.

그러한 가운데서도 무아(無我)라 하는, '내가 없다' 하는 소식을 잘 느끼지 못한단 말입니다. 그러한 가운데도 미운 사람은 밉고, 고운 사람은 곱단 말입니다. 나한테 좋게 한 사람은 분명히 보고 싶고, 나한테 짓궂게 대한 사람들은 또 밉단 말입니다.

내가 보란 듯이 무엇을 좀 해야 하겠구나, 그런 관념(觀念)을 떨쳐 버릴 수가 없단 말입니다. 이것저것 다 버리고 이 목숨 다 바치겠다는 그런 각오로 들어갔지만 그런 속에서도 나라는 관념을 떨치기가 쉽지가 않았습니다.

그런데 그 때가지만 하더라도 '모두가 비었다'는 내용의 「금강경(金剛經)」을 수 백 번 읽기도 했고, 「반야심경(般若心經)」은 중이 된 지 12년은 넘었으니 몇 천 번은 읽었겠지요. 그래도 제법공(諸法空) 도리가 절실하게 와 닿지 않는단 말입니다.

그래서 저는 우리 불자님들한테 모두가 공이다, 본래가 공이다, 본래가 마음뿐이다, 이런 말씀을 드릴 때도 아, 저 양반들이 지금 알아듣고 있는 것인가, 걱정이 됩니다.

그러나 여러분 세대는 지극히 총명한 세대입니다. 다행히도 그 물리학적으로 물질 자체가 종당(終當)에 가서는 에너지가 되어버린다, 이런 소식을 다 증명(證明)합니다. 이러한 때이므로 즉공(卽空)이라! 만사(萬事)가 모두 다 공(空)이라는 것을 알 듯 말 듯 할 때입니다.

우리 부처님의 일대시교(一代時敎)를 봅시다. 부처님 49년 설법(說法)에서 아함경(阿含經)을 12년 동안 설법하셨습니다. 아함경은 부처님의 근본교리(根本敎理)입니다. 아함경 대요는 선(善)도 있고, 악(惡)도 있고, 나도 있고, 너도 있고, 즉 우리 유루지(有漏智)의 차원, 우리 중생의 상식(常識) 차원에서 설해 있는 가르침이 많이 있습니다.

따라서 그때까지의 가르침은 이른바 유교(有敎)라, 있을 유(有), 유교입니다. 있고 없고 하는 것을 중심으로 해서 설법했습니다. 중생의 일상적인 상식 차원에서 하신 법문입니다.

그러나 부처님의 본뜻은 그것이 아닙니다. 부처님께서 보실 때는 그렇게 안보입니다. 모두가 다 비었다, 모두가 다 마음뿐이다, 이렇게 말씀을 하셔도 중생이 잘 못 알아듣습니다. 2천 5백년 전 그때 물리학이 있습니까, 무엇이 있습니까. 그래서 12년 동안이나 우리 중생들의 마음을 순숙(純熟)이라, 훈련을 시킵니다.

여러분들이 공부를 해보시면 짐작이 되십니다만 가령 우리가 업장(業障)이 많아 그 욕심(慾心)이 많고 자기밖에는 몰라도 백일(百日)이나 몇 백일이나 애쓰고 기도(祈禱)를 모셔 보면 차근차근 자기라는 아(我)가 떨어집니다. 차근차근 자기라는 모서리가 무뎌집니다. 그래서 공부가 순숙되면 그 때는 아(我)라는 것이 몽땅 빠져버립니다.

부처님께서 12년 동안이나 있다, 없다 하는 그런 소식을 말씀하셨고, 열두 해 동안 우리 중생 마음을 훈련시킨 다음에 '이만큼 되면 공도리를 알아듣겠구나'라고 생각했습니다. 업장(業障)이 가벼워지므로 알아듣습니다.

같은 법문도 업장이 무거운 때 듣는 것과 기도나 참선을 해서 업장이 가벼운 때 듣는 것은 차이가 있습니다. 참선도 한 철 공부할 때, 두 철 공부할 때 다르고, 같은 반야심경 풀이도 똑같은 사람이 하더라도 다릅니다.

12년이 지나서야 반야경(般若經) 공(空)도리를 22년동안 —부처님 설법 가운데 가장 고구정녕(苦口叮嚀)하게 22년동안— 말씀하셨습니다. 모두가 공이다, 사실 이 몸뚱이가 어떻게 있습니까.

여러분들, 12인연법(十二因緣法)도 다 배우셨지요.

과거 전생(前生)의 무명(無明)으로 해서, 무명 그것은 지금 무슨 자취가 있는 것이 아닙니다. 무명은 우리 의식(意識)에 있는 번뇌(煩惱)입니다. 무명은 사물을 바르게 못 보는 것입니다. 검으면 검다고 보고, 희면 희다고 보아야 하는 것인데 그렇게 못 보는 이것이 무명입니다.

성자(聖者)만이 무명이 없습니다. 성자는 사물을 사실 그대로 봅니다. 이른바 실상(實相)을 봅니다. 우리 중생은 가상(假相)밖에는 못 보는 것입니다. 따라서 과거 무명 때문에 행(行)이 있습니다.

우리 부모님도 무명 때문에 음욕(淫慾)의 행이 있었기에, 그리고 부동(浮動)하는 그런 영(靈)도 그런 식(識)도 역시 무명식(無明識)이기 때문에 부모님의 연(緣)을 따라서 거기에 끌려갑니다. 그래서 어머니의 태(胎) 속에 안착하여 컸습니다. 이렇게 소중한 몸뚱이입니다만 과거 전생에 이와 똑같은 몸뚱이는 없었지 않습니까. 과거 전생에는 없었습니다.

한동안 살다가 교통사고을 당해서 죽든 또는 80세에 죽든 어떻게 죽든 결국은 죽는 것인데 죽은 다음에는 이런 몸뚱이는 어디에 있겠습니까. 금생(今生)에 몇 십 년 동안 모양이 이렇게 존재합니다. 그러면 모양, 그것은 실존(實存)인가. 잠시 금생에 존재하는 모양도 실존이 아닙니다.

우리의 관념(觀念)은 중생 차원으로 보기 때문에 저 사람은 저렇게 잘 생겼다, 얘기하지만 잘생긴 사람이고 못생긴 사람이고 일초의 몇 억분의 일도 역시 같은 모습이 아니지 않습니까. 물리학적으로 보더라도 일초의 몇 억분의 일도 역시 그 찰나(刹那), 한순간도 같은 모습이 아닙니다.

10년간이나 20년간이나 있다가 만나면 젊은 사람이 제법 나이가 들어 보이지만 보통 매일 만나서는 잘 모릅니다. 분명히 변화하는 것인데 잘 모른단 말입니다. 일초 전과 일초 후의 우리 몸뚱이가 같지 않습니다. 신진대사(新陳代謝)로 보더라도 일초 전과 일초 후의 우리 몸이 같지가 않습니다. 이런 것을 자기라고 고집하는 것입니다.

일초 전의 자기와 일초 후의 자기, 또 일초의 몇 억분의 일의 전

(前)의 자기와 후(後)의 자기가 같지 않은데 우리가 같은 모습으로 존재한다고 보고 있습니다. 부처님 가르침은 철저하게 과학적입니다. 어느 순간도 같은 나는 존재하지 않습니다. 그러기에 무아(無我)입니다.

우리는 아무리 무아(無我)이지만 나를 구성하는 산소가 있고 수소가 있지 않은가? 또는 산소나 수소를 구성한 양자나 전자나 중성자가 있지 않는가? 그런 것은 도 가장 미세한 소립자(素粒子)로 쪼개지지만 그러나 그것도 역시 종당(終當)에 가서는 염파(念波)라, 마음의 파동(波動)에 불과한 것입니다. 마음의 파동에 불과합니다.

전자나 양성자나 중성자나 그런 것이 모두가 다 마음의 파동에 불과한 것입니다. 따라서 우주간(宇宙間)에 있는 어떠한 존재 물질도 태양계(太陽系)나 은하계(銀河系)나 그러한 존재도 모두가 다 마음의 파동에 불과합니다.

마음의 파동은 왜 일어나는 것인가? 마음의 파동은 좋아[貪]하고, 싫어[嗔]하는 그 마음[痴]에서, 무명심(無明心)에서 일어납니다. 무명(無明)이란 우리가 사태(事態)를 잘 못보는 것입니다. 바로 보면 모두가 다 진여불성(眞如佛性)인데, 일심진여(一心眞如)인데, 오직 청정무비(淸淨無比)한 마음뿐인 것인데, 우리가 잘못 보기 때문에 거기에서 아(我)가 생기는 것이고, 아(我)가 생기면 나한테 좋으면 탐심(貪

心), 나한테 싫으면 진심(嗔心)이 나타난단 말입니다.

따라서 무명심(無明心), 좋아하고 싫어하는 그 마음이 파동을 일으켜서 그 파동이 전자(電子) 되고 양성자(陽性子)가가 되고 중성자(中性子)가 되고 하는 것입니다. 그 마음이 전기(電氣)가 되고 자기(磁氣)가 되는 것입니다.

따라서 그렇게 보면 모두가 본래는 마음뿐입니다. 마음이 파동을 일으켜서 전자(電子)가 되고 무엇이 된다 하더라도 마음 자체는 조금도 변동이 없습니다. 금(金)으로 안경테를 만드나 금으로 시계 줄을 만드나 금의 순수도(純粹度)는 조금도 변질이 없듯이 진여불성(眞如佛性), 일심진여(一心眞如)의 그 마음자리의 순수도는 이렇게 변동하고 저렇게 변동해서 사람 같은 모양이 되나 별 같은 모양이 되나 또는 금 같은 모양이 되나 조금도 변질이 없습니다.

그렇기에 진여불성(眞如佛性)은 생사(生死)를 초월(超越)하고 어떠한 상황에서나 조금도 변화가 없는 것입니다. 그렇기에 우주(宇宙)는 한 말로 말씀드리면 모두가 다 어제도 오늘도 진여불성(眞如佛性)으로 충만해 있습니다.

이렇게 알아야 하는 것입니다. 이렇게 알아야 비로소 반야(般若)의 도리입니다. 따라서 우리가 보는 것은 다들 비어 있습니다. 반야심경(般若心經) 한 권만 가지고도, 반야심경 한편만 가지고도 성불(成佛)

이 되는 것입니다. 반야심경에 있지 않습니까. 원리전도몽상(遠離顚倒夢想)이라! 우리가 생각하는 꿈같은 견해, 우리가 지금 잠꼬대를 하는 것입니다. 우리는 지금 바로 못 보는 것입니다.

우리 젊은 불자님들이 불교운동(佛敎運動)하는 것은 굉장히 갸륵합니다. 갸륵하지만 정견(正見)에 입각해야 합니다. 팔정도(八正道) 가운데 정견이 허두입니다. 정견(正見)이 바로 서야 정사유(正思惟) 바른 사고, 정어(正語) 바른 말, 정업(正業) 바른 생활 바른 행동, 정명(正命), 정정진(正精進), 정념(正念), 정정(正定)을 하는 것입니다.

정견(正見)이 바로 서지 못하면 전부가 빗나가고 맙니다. 위 단추 하나를 잘못 끼우면 그 밑의 전체가 잘못 끼워지듯이 그와 똑같습니다. 정견(正見)은 무엇인가? 정견은 반야바라밀(般若波羅蜜)이 있어야 정견입니다. 사제법문(四諦法門)도 정견(正見)입니다.

사성제(四聖諦)는 고집멸도(苦集滅道)이지요. 고집멸의 멸(滅)이라는 것이 무엇인가? 멸(滅), 그것은 바로 불성(佛性)입니다. 불성 즉 진여불성(眞如佛性) 그것만이 사실인 것이고, 그것만이 검은 것을 검게 본다는 것이고, 흰 것은 희게 본다는 뜻입니다. 그런데 우리 중생들은 그렇게 안 보인단 말입니다. 왜 안 보이는 것인가? 무명심(無明心) 때문입니다.

지금 냉방시설도 안 되어서 이처럼 더운데 장황하게 말씀드리면 모처럼 기회이나 여러분들이 좀 난감하시겠지요. 그래서 이제 제 말씀을 될수록 간추려서 말씀드리고자 합니다.

아무튼 우리는 정견(正見)을 가지고 정견(正見)대로 행동(行動)하고 또는 정견(正見)에 입각해서 증명(證明)해야 합니다. 교행증(敎行證)이라! 교(敎)만 있고 행(行)이 없으면, 증(證)은 고사하고 수행(修行)이 따르지 못하면 그때는 말법(末法)인 것입니다.

정법(正法), 상법(像法), 말법(末法)이란 그런 법을 다 말하지 않습니까. 그 해석을 여러 가지로 하고 있으나, 그래도 전통적인 해석은 앞서 말씀드린 바와 같이 부처님 법은 꼭 정견(正見), 바른 이해와 바른 가르침과 거기에 따르는 바른 수행(修行)과 또 거기에서 바른 증명(證明)이, 이렇게 되어야 하는 것인데, 그래야 정법입니다.

부처님 당시는 분명히 그렇게 했습니다. 석가모니(釋迦牟尼) 부처님이 계시는 곳이고, 부처님과 과거 전생(前生)에 인연(因緣)이 깊은 훌륭한 도인(道人)들이 많이 나오셨기 때문에 그렇게 되었습니다. 지금도 부처님 같이 신통자재(神通自在)를 갖추어 타심통(他心通)을 통해서 우리 마음에 딱 알맞은 법문을 하신다고 하면 깨달은 도인이 많이 나올 것인데 그럴 수가 없단 말입니다.

그렇기 때문에 석존(釋尊)이 가신 뒤에는 또 상법 천년이라, 증명(證明)을 못하고 마음으로만 도인이 되어서 −더러는 있다 하더라도− 많이 깨닫지 못하고 그냥 가르침만 있고 행만 있단 말입니다.

오늘날 불교는 어떠한가? 오늘날 불교는 교(敎)와 수행(修行)과 증(證), 이 세 가지 가운데서 행(行)도, 증(證)도 별로 없지 않습니까. 행(行)도 증(證)도 별로 없고 교(敎)만 있습니다. 교(敎)도 바로 모르고 반야사상(般若思想)도 미처 모르고 불법(佛法)을 안다고 합니다.

무아(無我)의 증명(證明)은 고사하고, 무아(無我)의 도리(道理)도 모른단 말입니다. 그렇기 때문에 현대는 분명히 말법(末法)입니다. 말법으로 해서는 생사(生死)를 못 건너는 것입니다. 불교(佛敎)의 마지막 구제(救濟)는 내내야 생사해탈(生死解脫) 아닙니까.

가난한 사람을 도와주고 사회에 봉사하고 다 좋습니다. 다 좋으나 불법이 불법인 점은, 불법이 불법인 그런 소이(所以)는 어디에 있는가 하면, 내가 내 생명(生命)의 본질(本質)을 안다는 데 있습니다. 내 생명의 본질을 알고 모든 중생(衆生)과 더불어 우리 생명의 본질을 깨닫는단 말입니다.

설사 우리가 못 살아서 하루에 한 끼만 먹어도 좋습니다. 가장 중요한 것은 사람으로 기왕 태어났으면 내 생명의 본질을 알고, 우주만유(宇宙萬有)의 본바탕을 알아 모든 중생과 더불어 그렇게 되도록 한 단 말입니다. 그것이 불법입니다.

마땅히 우리가 하는 불교운동은 정법시대로 우리가 가져와야 합니다. 또는 정법시대가 안되면 행복(幸福)은 없습니다. 우리 단체의 행복도 없습니다. 바른 부모도 못되고 바른 스승도 못됩니다. 바른 정치인도 못됩니다. '나'라는 인간이 무엇인가, 자기 본래면목(本來面目)이 무엇인가를 모른단 말입니다. 인간은 대체로 어디서 와서 어디로 가는 것인가, 어떻게 살아야 할 것인가, 그런 의미도 모른단 말입니다. 또는 감투는 무엇인가, 내 몸뚱이는 무엇인가, 이런 것을 바로 알지 못하고서는 바른 생활을 할 수가 없습니다.

그렇기 때문에 우선은 명명백백(明明白白)하게 반야바라밀(般若波羅蜜)을 알아야 합니다. 제법공(諸法空)도리, 오온개공(五蘊皆空)도리, 즉 무색성향미촉법(無色聲香味觸法)이라. 모양도 공이요, 소리도 공이요, 향기도 공이요, 맛도 공이요, 촉감도 공이요, 다 공입니다.

그렇게 우리가 느끼지 못하는 것은 우리 업장(業障) 때문에 그렇습니다. 무명(無明) 때문에 그렇습니다. 그렇게 못 느끼는 사람이라 할지라도 정말로 기도(祈禱), 정말로 허심탄회(虛心坦懷)하게 명상(暝想)도 하고, 참선(參禪)도 하고 하면 틀림없이 그때는 그야말로 텅텅 비어오는 것입니다.

이 몸뚱이가 비어 옵니다. 내 몸뚱이 오십 몇 킬로그램, 육십 몇 킬로그램 된다고 하지만 무게가 본래 있는 것이 아닙니다. 저 자기권(磁氣圈)에 올라가면 거의 무게가 제로(zero)입니다. 위로 올라갈수록 가볍습니다. 이 대륙권(大陸圈) 내에서만 몇 십 킬로그램이라 하는 것이 의미가 있는 것이지 본래 고유한 무게가 있는 것은 아니란 말입니다. 이것은 물리학적인 사실이 아닙니까.

그래서 부처님 가르침을 간단히 말씀드리면, 있을 유(有) 유교(有敎)라, 상식(常識)차원에서 하는 부처님 가르침도 있고, 또 만법(萬法)이 모두 비었다 하는 빌 공(空), 공교(空敎)라, 다 비었다는 가르침도 있습니다. 그러나 다만 비었다고 하면 그것은 결국 이유(離有)이지요. 허무(虛無)란 말입니다.

우리 중생이 잘못 보아서 허망한 것이지, 본래 참말로 있는 것은 진여불성(眞如佛性)입니다. 따라서 우주라는 것은 진여불성 뿐입니다. 우주가 진여불성 뿐이라고 이와 같이 실상(實相)을 파악하는 가르침, 이것이 중도교(中道敎)입니다. 이것과 저것과의 중간(中間)이라는 뜻이 아닙니다. 우주라는 것은 중도(中道)만 존재하는 것입니다. 우주라는 것은 진여불성만 존재합니다.

따라서 우리는 상식적인 차원을 넘어야 합니다. 상식을 못 벗어나면 속물(俗物)입니다. 불교운동을 한다 하더라도 상식을 못 넘으면 그것은 속화운동(俗化運動)입니다. 불교를 속화(俗化)시키면 안 됩니다. 응당 대중화(大衆化)를 시킨다 하더라도 속화해서는 안 됩니다. 꼭 반야사상(般若思想)을 기조(基調)로 해야 합니다.

반야사상은 모든 철학(哲學)의 기조가 되어 있습니다. 무철학(無哲學)이라. 어려운 말로하면 무(無)의 자각적(自覺的) 한정(限定)이라. 모두가 원래 없던 것인데 인연(因緣)을 따라서 이렇게 보인단 말입니다. 이렇게 상(相)만 보이는 것입니다. 나라는 상(相), 너라는 상, 밉다는 상, 곱다는 상, 그런 상만 있을 뿐입니다.

상(相)은 본래(本來) 공(空)입니다. 즉공(卽空)입니다. 분석한 뒤에 공이 아닙니다. 성자(聖者)는 분명히 명명백백(明明白白) 이것 그대로 공(空)으로 보는 것입니다. 우리 중생(衆生)은 명명백백 있다고 봅니다. 이것이 전도몽상(顚倒夢想)입니다. 이와 같이 우리 중생이 거꾸로 보는 것입니다. 전도몽상을 타파하는 것이 반야(般若)가 아니겠습니까. 전도몽상을 타파하셔서 꼭 행(行)과 증(證)을 갖추어서 정법(正法)이 되어야 합니다.

정법이 되어야 남북통일(南北統一)도 그런 본질적인 의미에서 통일이 되어야 합니다. 공산주의가 무너졌으니 앞으로 자본주의가 되어야 할 것이 아닌가. 자유민주주의가 앞으로는 승리해야 할 것이 아닌가. 자유민주주의도 얼마나 흠이 많습니까. 공산주의의 대안이 아니란 말입니다. 무슨 이데올로기나 모두가 다 중생들이 이렇게 얽어매고 저렇게 얽어서 만든 것은 상대유한적(相對有限的)인 것입니다. 오직 부처님 가르침, 중도실상(中道實相)의 부처님 가르침만이 참답고 기본적인 해결책입니다.

부처님 공부는 출가(出家)한 스님들은 제법 할 수 있지만 재가불자(在家佛子)는 하기가 어렵지 않은가 하고 생각하시겠지만 절대로 그렇지 않습니다. 부처님 공부를 어렵게 생각하지 마십시오. 우리가 지금 별로 못 배우고 업장이 많아서 인생으로 태어났습니다. 그래도 역시 과거 전생에 무던히 오계(五戒) 정도를 지켜서 사람으로 태어났습니다.

사람으로 태어난 우리는 석가모니(釋迦牟尼)와 더불어 조금도 본성품에서 차이가 없습니다. 또는 내 앞에 있는 독사(毒蛇) 같이 징그러운 것도 역시 본성품은 석가모니와 더불어 조금도 호리불차(豪釐不差)의 차이가 없습니다. 상(相)만 차이가 있는 것이지 차이가 없습니다. 남을 죽인 강도(强盜)도 역시 겉만 어쩌다가 인연 따라서 강도짓을 한 것이지 그 사람도 우리와 더불어 조금도 차이가 없습니다.

성경에 보면 베드로가 예수한테 가서 "상대편이 잘못할 경우 일곱 번 쯤 용서하면 되겠습니까?" 이렇게 질문했단 말입니다. 그 때 예수 말씀이 "일곱 번씩 일곱 번도 더 용서해라."였습니다.

반야(般若)를 모른 사람들은 남을 용서할 수 없습니다. 반야를 모르는 사람들은 한번 미운 사람은 절대로 밉다고만 생각합니다. 우리의 번뇌(煩惱)가 멸(滅)하여 실상을 바로 보면 분명히 청정무비(淸淨無比)한 부처님의 광명(光明)으로 누구나 빛나 있습니다. 그런데 우리의 흐리멍텅한 눈으로는 바로 보지 못하기 때문에 미운 사람은 밉게 보이고 좋은 사람은 좋게 보입니다. 따라서 죄(罪)는 밉게 보는 '나' 한테 있는 것입니다.

왜 남을 용서 못합니까? 동체대비(同體大悲)라고 우리가 말은 다 하지 않습니까. 동체대비라는 말이 얼마나 좋은 말입니까. 동체(同體)라는 말은 본질에서는 모두가 다 부처라는 뜻입니다. 본성품에서는 부처라는 뜻입니다. 본성품에서는 다 부처라고 생각되기 때문에 대비(大悲)라 합니다. 그냥 약삭빠른 인정이 아닙니다.

팔정도(八正道)의 정견(正見)은 방금 제가 말씀드린 바와 같이 우주(宇宙)의 모두가 두두물물(頭頭物物) 자타시비(自他是非) 없이 일여평등(一如平等)한 진여불성(眞如佛性)입니다. 진여불성 아님이 없는 것입니다.

이렇게 보는 것이 정견(正見)이라, 이렇게 생각하는 것이 정사유(正思惟)라, 이렇게 생각하는 견해에서 말한다고 생각할 때에 남 듣기 싫은 말 하겠습니까. 누구한테 베풀어라, 말 바르게 해라, 남을 용

서하라, 우리가 정견만 굳건히 갖는다고 생각하면 그렇게 말할 필요
도 없습니다.

자동적으로 다 하는 것입니다. 그렇기에 약능요심(若能了心)하면
만행구비(萬行俱備)라. 만약 자기 마음의 본체(本體)를 깨닫는다면
만덕(萬德)이 다 갖추어온단 말입니다.

고기 잡는 그물코가 천 코, 만 코, 있다 하더라도 양쪽 걸이를 쭉
잡아당기면 모든 코가 따라 오듯이 우리가 내 마음이 무엇인가, 우주
(宇宙)라는 것은 모두가 다 청정무비(淸淨無比)한 마음뿐이다, 다른
것은 아무것도 없다, 이렇게 생각하면 저절로 모두가 이루어지는 것
입니다.

이러한 사상(思想) 밑에서 화두(話頭)를 들고 염불(念佛)을 하고, 주
문(呪文)을 해야 참다운 염불이고, 참다운 화두입니다. 어느 사람들
은 참선(參禪)이라 할 때 화두만 의심(疑心)하면 참선이고, 화두를 의
심하지 않으면 참선이 아니라고 합니다. 석가모니(釋迦牟尼)께서 말
씀하셨습니까, 달마(達磨)스님께서 그런 말씀을 하셨습니까?

화두 아니면 참선이 아니라는 소리는 이것은 중국(中國)에서도 저
북송(北宋) 때에 임제(臨濟) 일파(一派)에서 한 것이고, 또 우리나라
에서는 이조(李朝) 오백년 동안 불교가 중국에서 청신(淸新)한 그런
기풍이 못 들어 올 때에 그러했던 것입니다. 지금까지도 오히려 화두

를 의심하면 참선인 것이고, 화두를 의심하지 않으면 참선이 아니다, 이런 것은 전도몽상(顚倒夢想)입니다. 법집(法執)입니다.

대도무문(大道無門)이라. 부처님 법문(法門)은 주문으로 가는 문이나, 염불로 가는 문이나, 경(經)을 보는 문이나, 복숭아 꽃 보고 깨닫고, 길 가다가 맑은 물을 보고 깨닫곤 합니다. 그런데 염불이 참선이 아니고 경론(經論)은 참선이 아니겠습니까. 다만 우리 마음이 상대 유한적인 상에 걸리지 않고 앞서 말씀과 같이 정견을 갖는다고 생각할 때는 어떠한 공부나 다 참선입니다. 하나님 부르나, 알라를 부르나 다 참선입니다.

우리는 지금 그런 시대에 살고 있습니다. 종교는 앞으로 틀림없이 하나가 되어야 합니다. 진리(眞理)가 하나인데 종교가 하나가 안 될 수가 있습니까. 기독교 성경이나, 이슬람의 코란이나 여러분들이 허심탄회(虛心坦懷)한 마음으로 보시면, 다시 바꿔서 말씀드리면 불교의 반야바라밀(般若波羅蜜)로 조명(照明)한다고 생각할 때에 모두가 다 진리입니다.

마음을 활짝 열 때입니다. 재가불자(在家佛子)나 출가불자(出家佛子)나 마음을 열 때입니다. 마음을 연다는 것은 무슨 의미인가? 마음을 연다는 것은 상(相)에 걸리지 않는다는 것입니다. 아상(我相) '나'라는 상, 인상(人相) '너'라는 상, 수자상(壽者相) 시간이 짧고 길고 내 생명(生命)이 짧고 길고 또 중생상(衆生相) 나는 사람이고 저것은 개다, 저것은 풀이다, 저것은 자연이다, 이와 같이 구분하는 이런 상(相)이 없어야 합니다.

상(相)을 떠나면 자연히 공해(公害)도 있을 수가 없습니다. 물 한 방울도 우리가 오염(汚染)을 시킬 수가 없습니다. 땅도 살아 있고 돌멩이 하나도 모두가 다 살아 있습니다. 중중무진(重重無盡)이라, 법계(法界)라는 것은 모두가 다 부처님의 광명(光明)으로 충만(充滿)해 있는 것입니다. 부처님 생명(生命)입니다.

요즈음 한마음 운동(運動), 한 몸 운동을 많이 하지 않습니까. 카톨릭에서 한마음 운동을 합니다만 그네들은 아직 한마음을 모릅니다. 오랫동안 앞으로 두고두고 우리 불교인들이 제도(濟度)를 해야 한마음을 알 것입니다.

한 몸, 한마음은 불교의 대승(大乘)밖에는 모르는 것입니다. 정말로 우리가 진소위(眞所謂), 참말로 한 몸 운동, 한마음 운동을 해야 합니다. 그네들은 기껏해야 사람과 사람끼리만 한 몸으로 압니다. 부처님 가르침은 천지우주가 한 몸이란 말씀입니다.

앞서 말씀드린 바와 같이 참선 공부하기가 참 쉬운 것입니다. 천지우주의 도리에 따라서 하므로 쉽습니다. 부처님의 본원(本願)이라, 우주(宇宙)는 우주 자체의 목적(目的)이 있습니다. 우리 중생들이 모두 다 부처가 되게끔 하는 원(願)에 그 목적이 있습니다.

우리가 사홍서원(四弘誓願)을 외우지 않습니까. 모든 중생이 다 부처가 되게 하소서! 모든 중생이 무량법문(無量法門)을 다 알게 하소서! 그런 것이 우주의 뜻입니다. 우주의 목적입니다. 그것 보고 부처님의 본원이라 합니다. 우주는 바로 부처님입니다. 부처님 본원입니다.

따라서 우리는 우리가 싫든 좋든 간에 불교를 안 믿을 수가 없습니다. 우리가 현대과학을 안 믿을 수가 없듯이 불교는 진리(眞理)이기 때문에 싫든 좋든 간에, 미련한 사람들은 불교를 더디 믿겠지요. 금생에 못 믿을 수도 있겠지요. 그러나 총명한 사람들은 금생에 믿고 닦아서 성불하실 것입니다.

부처님 가르침은 우주의 도리에 따라서 있습니다. 절대로 과학적(科學的)이고 절대로 철학적(哲學的)입니다. 따라서 우리가 그대로 따르면 굉장히 쉬운 것입니다. 음식도 적게 먹으면 그렇게 좋고 말입니다. 또는 절약도 낭비 않고서 과소비 않고서 절약하면 그렇게 좋단 말입니다.

자기도 가볍고 생활도 좋고 남도 숭상하고 고기도 먹는 것보다도 아니 먹는 것이 훨씬 더 좋습니다. 고기 안 먹던 사람이 고기를 먹어보십시오. 얼마나 느끼한가 말입니다. 그런 것을 많이 먹고 허튼 살이 붙어 보았자 그것은 우리 생명에 아무런 보탬이 안 됩니다.

부처님 가르침 모두가 다 우주의 도리에 따르는 것입니다. 개나 소나 돼지나 우리가 먹는 고기도 역시 우리와 생명이 같단 말입니다. 우리가 먹으므로 해서 더 많이 죽여야 하겠지요. 우리가 많이 먹으므로 외국에서 수입을 해야 하겠지요.

내가 먹은 고기 한 점이 과거 어느 생(生)에 부모님 살[肉身]일 수가 있습니다. 또는 개나 소나 돼지나 그런 것은 우리보다 더 업장(業障)이 무겁지 않습니까. 과거세(過去世)에 오계(五戒)를 못 지켜서 사람이 못 된 것입니다. 업장이 무거운 그놈의 세포가 내 몸에 들어오면 내 몸 세포가 오염이 안 되겠습니까. 오염되기 때문에 그런 것을 많이 먹으면 현대 문명병(文明病)에 걸리기 마련입니다.

우리의 신앙(信仰)이라 하는 것은 철저히 해야 하는 것입니다. 매서운 결단이 있어야 합니다. '그냥 대중화(大衆化) 시키는 것이 불법(佛法)이다.' 이런 식으로 믿어서는 앞서도 말씀드린 바와 같이 말법(末法)이라 하는 상식차원(常識次元), 속물차원(俗物次元)에서 못 벗어납니다. 그러면 남을 움직일 수가 없습니다.

'세계(世界)를 움직이려면 자기(自己)를 먼저 움직여야 한다.' 라는 말처럼 자기(自己)부터 부처님의 정견(正見)을 바로 세워두고 바른 수행(修行)으로 증명(證明)해야 합니다. 증명만 해버리면 그때는 별

말하지 않더라도 벌써 향기(香氣)가 풍깁니다.

우리가 사향(麝香)을 가지고 있으면 사향 같은 향내가 훈감되는 것입니다. 그런 사향을 갖는다고 생각할 때는 우리 몸에 구태여 향(香)을 안 바르고 치장하지 않는다 하더라도 저절로 향기가 풍겨 나갑니다.

그래서 우리가 부처님 법을 믿고 법대로 수행하는 것을 보고, 향광장엄(香光莊嚴; 念佛三昧)이라 합니다. 부처님 이름 한번 외우고, 우리가 화두도 한번 참구(參究)하고 말입니다. 한 번 한 만큼 우리한테는 우리 생명(生命)에 향기(香氣)가 그만큼 플러스가 됩니다.

치장하지 않더라도 그만큼 빛나는 것입니다. 부처님의 후광(後光)을 보십시오. 본래(本來) 우리한테는 그런 광명(光明)이 있는 것입니다. 다만 우리가 잘못 살아서 그런 후광을 인멸시키는 것입니다.

우리는 다른 선택이 없습니다. 우리는 오직 외길로 천지우주의 진리인 부처님 길을 따라가는 그 길 외에 다른 선택이 없습니다. 다른 선택은 우리가 궤도(軌道)를 떠나는 것입니다. 그러면 우리한테는 불행이 기다리고 있습니다. 우리가 고(苦)의 인(因)을 지었기 때문에 고를 받는 것입니다.

만약 우리가 고의 인을 안 지었다고 생각하면 과거 전생에 탐심(貪心)도 없고, 진심(嗔心)도 없고, 무명(無明)도 없으면 인간으로 나올 필요가 없습니다. 극락(極樂)에서 영생(永生)을 구가(謳歌)합니다.

우리는 바꿔져야 합니다. 오늘 다르고, 내일 다르고, 부처님 법으로 바꿔져야 합니다. 영생의 길로 걸음걸음 나아가야 합니다. 나무아미타불이나, 관세음보살이나, '이 뭣꼬' 화두나, 무자 화두나 모두가 다 성불(成佛)의 공부입니다. 그러나 제가 말씀드린 정견(正見), 정견과 더불어서, 정견을 확고부동하게 마음에 두고서 해야 참선입니다. 그러면 다 참선입니다.

아버지를 부르나, 어머니를 부르나, 어떻게 부르나, 이름을 안 부르고 명상(瞑想)을 하나, 그냥 호흡법(呼吸法)을 하나, 호흡법도 그냥 호흡만 해서는 참선이 못되는 것입니다. 정견과 더불어서 해야 참선이 되는 것입니다.

정견을 한사코 가지고서 거기에 따르는 수행 -거기에 따르는 수행은 부처님 계행(戒行)을 지켜야 합니다- 정말로 적게 먹고, 적게 쓰셔야 합니다. 적게 먹고 적게 쓰는 것이 나그네 길에서 우리를 가볍게 하고, 공부를 쉽게 하는 것입니다.

태국(泰國) '잠렁' 시장, 그의 가르침을 알지 않습니까. 재가불자는 적어도 잠령시장 정도는 해야 합니다. 적게 먹고, 적게 쓰고, 부지런히 벌어서 남한테 베푼다, 그 정도는 되어야 재가불자의 본분입니다.

한 달에 −음력으로 8월 14일, 15일, 23일, 29일, 30일− 육재일(六齋日)이 있는데 육재일 정도는 꼭 출가 수행자같이 적게 먹고, 적게 쓰고, 청정한 생활을 하십시오. 그렇게 해서 우리가 오늘 내일 다르고 차근차근 맑아져야 합니다.

이 가운데 미니스커트를 입은 분이 있으면 대단히 죄만스럽습니다. 그러나 저는 저번에 수원(水原)가서 어느 신도(信徒)님이 구경을 시켜 주어서 자연 민속촌(民俗村) 구경을 했습니다. 그런데 그날따라 일본(日本)사람이 굉장히 많이 왔습니다. 관광객 가운데 그들이 3분의 2쯤 되었습니다. 그날 우리 노덕(老德)스님들도 동행 했습니다만, 일본의 어느 여자학교에서 온 여학생들이 유니폼을 입었는데 그렇게 선량(善良)하게 보인단 말입니다. 그 선생님들도 일률적으로 유니폼을 다 입었습니다. 그 여인들의 치마는 무릎 아래로 쑥 내려갔습니다. 미니 입은 사람이 한 분도 안보인단 말입니다.

그렇게 미니스커트 입은 것이 더 예쁘게 보이겠습니까. 저 같은 구닥다리는 도저히 이해를 못합니다. 그것이 무슨 필요인가. 건강에 좋은 것인가. 다른 사람이 더 예쁘게 볼 것인가. 우리네 어머니나 아버지들 좀 반성(反省)을 해야 합니다. 딸이나 누가 그러면 엄격하게 꾸중을 하셔야 합니다. 한 더위에도 우리 보십시오. 이렇게 다리도 묶고 있지 않습니까. 불교는 그렁저렁 하는 것이 아닙니다. 우리 생활을 부처님 법에 맞추어야 합니다. 가장 검소한 것이 부처님 생활입니다.

그러나 부끄러운 것은 우리 절(寺)도 낭비를 많이 합니다. 낭비를 많이 하므로 앞으로는 더욱더 검소하게 우리가 생활을 해야 합니다. 저희들 출가 불자나, 재가불자나 정말로 부처님 법대로 따르셔서 제가 말씀 드린 바와 같이 꼭 말법(末法)을 떠나고 상법(像法)을 떠나고 정법(正法)이 아니고서는 우리나라도 절대로 훌륭한 나라가 못 됩니다. 세계평화(世界平和)도 절대로 안 옵니다. 진리(眞理)와 더불어서만 참다운 자유(自由), 참다운 평등(平等), 참다운 해탈(解脫)이 있습니다.

부처님 교법(敎法)에 따라서 바른 수행(修行), 바른 수행에 따라서 증명(證明)을 꼭 하시기를 바랍니다. 증명해 들어가면 그렇게 몸도 마음도 가벼운 것입니다. 계행(戒行) 지키기가 제일 쉬운 것입니다. 욕을 하기보다 하지 않기가 더 쉽지 않습니까. 담배도 피우기보다 안 피우기가 더 쉽습니다. 술도 먹기보다 안 먹기가 더 쉽지 않습니까. 매서운 결단(決斷)을 하십시오. '부처님 법(法)이 아닌 것은 내가 단연코 안 한다.' 라는 마음을 먹어야 합니다.

'철학(哲學)은 결단의 가르침입니다.' 라는 하이데거의 말과 마찬가지로 종교는 더욱 그러한 것입니다. 종교를 믿음으로써 우리가 바뀌어야 합니다. 범부(凡夫)가 바뀌어 성자(聖者)가 되는 것이 종교(宗敎)입니다.

이런 정법(正法)의 방향으로 불교(佛敎)를 전환(轉換)시켜서 나가시기를 간절히 바라면서 오늘 산승(山僧)의 말씀을 마칩니다.

나무석가모니불(南無釋迦牟尼佛)! 나무마하반야바라밀(南無摩訶般若波羅蜜)!

三 일여평등(一如平等)

> 아미타불(阿彌陀佛)은 부처님의 총(總) 대명사(代名詞)입니다. 아
> 미타불(阿彌陀佛)은 본사(本師) 아미타불이라! 모든 부처님 이름
> 이 모두가 다 아미타불로 귀일(歸一)이 됩니다.

오늘 미타회(彌陀會)에 와서 제가 말씀드
리게 된 것을 충심(衷心)으로 의미 깊게 생각합니다. 이 세상에는 여
러 가지 숙어(熟語)도 많고, 또 학문적인 술어(述語)도 많고, 그러한
개념적(槪念的)인 표현(表現)이 많이 있습니다만, 아미타불(阿彌陀
佛)과 같이 우리한테 심심미묘(甚深微妙)한 감동을 주는 말은 없습
니다.

우리는 지금 다양(多樣)한 문화권(文化圈)에서 살고 있습니다. 그래
서 그 다양한 것을 우리가 어떻게 소화를 해야 할 것인가? 예술(藝術)

은 예술대로, 문학(文學)은 문학대로, 과학(科學)은 과학대로, 저마다 인간(人間)의 어려운 문제를 밝히고 있고, 인간의 행복(幸福)이 무엇인가? 하는 그런 문제를 말씀하고 있습니다. 그러나 그러한 것들이 어떻게 관계(關係)지어지는가? 또는 그런 다양한 문화현상(文化現象)을 어떻게 우리가 통합(統合)시킬 것인가?

그러한 문제는 불안(不安)한 시대에 사는 우리들로 해서는 지극히 중요한 문제입니다. 왜 그런가 하면 우리 마음이 이래저래 헛갈리고 있어 놓으면 우리 마음이 안정(安定)되지 않습니다. 우리 마음이 안정되지 않아서 불안한 상태로 해서는 우리 마음의 행복을 느낄 수가 없습니다. 그렇지 않아도 인생고(人生苦)나 생노병사(生老病死)만 두고 본다 하더라도 얼마나 어렵습니까.

행복은 느끼자마자 금방 불행이 닥쳐옵니다. 그렇게 행복스러운 사람이 갑자기 가족이 교통사고로 사망한 그런 것을 우리가 수 없이 보지 않습니까. 그 외에도 생각지도 않은 그런 불행한 일들이 우리한테 닥쳐오고 있습니다.

따라서 우리가 그러한 문제도 우리 중생들이 극복하기가 어려운데 하물며 그 문학이고, 예술이고, 과학이고, 기타 무슨 주의나 주장, 이러한 것들이 그야말로 그 헝클어진 실타래 같이 얽히고설키어 있는 것이 우리의 현실(現實) 아닙니까.

따라서 이런 때에 있어서는 이 모든 것을 용광로(鎔鑛爐)에다 집어 넣고 완전히 용해를 시켜서 하나의 생명체(生命體)로 해결을 해버려야 앞서 말씀드린 바와 같이 우리 불안의식(不安意識)을 해소시킬 수가 있습니다.

그런데 부처님 법(法) 자체에는 모든 법(法), 모든 종교(宗敎), 모든 철학(哲學), 모든 과학(科學)등 모든 것이 부처님 법(法)에는 다 들어 있습니다. 완벽하게 들어 있습니다.

가끔 말씀드린 기억이 납니다만 부처님의 연기법(緣起法)이라 하는 것은 가장 철저한 과학(科學)입니다. 또 그와 동시에 연기법의 근본(根本)은 무엇인가? 인연(因緣)을 따라서 이루어졌다가 인연을 따라서 소멸(消滅)이 된다 하는 인연법(因緣法)의 근원(根源)은 또 무엇인가?

인연법의 근원은 바로 법성(法性)이고, 법계(法界)고, 진여(眞如)고, 불성(佛性)입니다. 따라서 인연법의 근본을 이렇게 철저하게 해답을 내리는 것은 부처님 가르침밖에는 없습니다.

다시 말씀드리면 우리 인생(人生)이나 모든 우주(宇宙) 존재의 근본이 무엇인가? 근본 실상(實相)은 무엇인가? 이러한 것을 불교는 해결하고 있습니다. 철학(哲學)은 인생과 우주의 궁극적인 진리(眞理)가 무엇인가? 이러한 것을 깨닫는 것이 철학의 근본 목표(目標)가 되지 않습니까. 그런데 어떤 철학도 그러한 것에 관해서 완벽한 해답을 내리지 못하고 있습니다.

이러한 것을 부처님 가르침에서는 분명하게 모든 중생(衆生)들 모든 존재(存在)가 인연(因緣)을 따라서 이뤄졌다가 인연을 따라서 소멸된다고 밝히고 있습니다. 그리고 가장 기본적인 생명(生命)의 본질 우주의 근본 요인(要因), 이것이 바로 법계(法界)이고 법성(法性)이고 도(道)이고 불심(佛心)이고 부처(佛)라고 밝히고 있습니다.

그와 동시에 제 아무리 철학적(哲學的)으로 궁극적인 진리를 알고, 또 과학적(科學的)으로 이론적(理論的)인, 합리적(合理的)인 체계를 세운다 하더라도 '내 행복은 무엇안가?' 내 마음이 불안(不安)한데, 어떻게 하면 행복(幸福)할 수 있는 것인가?

이러한 때는 우리가 정말로 행복의 당체(當體)하고 하나가 되지 않고는 행복이 될 수가 없습니다. 앞서 말씀 같이 모든 존재의 근본이 '부처다, 불성이다' 이렇게 말은 한다 하더라도 불성(佛性)은 저기에 있고, 나는 여기에 있고, 나하고 불성하고 이처럼 대립적(對立的)으로 있다고 생각할 때는 '모든 것의 근본은 불성이다' 이렇게 알고 있다 하더라도 불성에 갖추고 있는 무한의 공덕(功德)이 우리 것으로는 안 됩니다.

우리는 인생(人生)과 우주(宇宙)의 근본 본질(本質)자리, 근본 생명

(生命)자리가 불성(佛性)인데, 불성공덕(佛性功德)이 그렁저렁한 공덕 같으면 우리한테 그것이 별로 요긴할 것이 없겠지요. 그러나 불성 자체는 우리 생명이 그 곳에서 이루어지고 또 그 곳으로 돌아가고, 그와 동시에 불성 가운데는 지혜(智慧), 자비(慈悲), 공덕(功德), 능력(能力)이 원만히 갖추어 있기 때문에 우리가 한사코 그 자리로 가고 싶어 하는 것입니다.

우리 인간 생명이나 모든 생명은 진여불성(眞如佛性)이 바로 본질적인 근본이기 때문에 우리가 더디 가고 빨리 가고 차이는 있다 하더라도 좋든 싫든 불성(佛性) 부처님이 될 수밖에는 없습니다.

자신이 지은바 행위(行爲)에 따라서 몇 천 번 윤회(輪廻)를 되풀이해서 지옥(地獄)이나 아귀(餓鬼)나 축생(畜生)이나 그런 데로 굴러 떨어진다 하더라도 본래 성품(性品)은 바로 부처님이기 때문에, 불성이기 때문에 우리는 자기도 모르는 가운데 우주의 도리(道理)에 따라서 지금 불성 쪽으로 한 걸음, 한 걸음 가고 있는 것입니다. 다시 말하면 우주의 모든 존재는 불성 쪽으로 궤도(軌道)를 지금 달리고 있습니다.

그러한 불성(佛性), 그러한 부처님의 이름이 너무나 많단 말입니다. 하도 많기 때문에 불교 말고도 다른 일들이 복잡한데, 지지리 애쓰고 부처님 법 가운데 들어 와서도 너무나도 복잡하므로 어떻게 공부를 하여야 할 것인가 망설입니다.

화두(話頭)를 의심해서 성불(成佛)한다, 또 염불(念佛)을 해서 성불한다, 또는 주문(呪文)을 외워서도 성불한다고 합니다. 또는 기도(祈禱)를 많이 모셔야 복(福)을 많이 받는다, 그런 이유로 해서 우리가 부처님 품안에 들어와서도 굉장히 복잡합니다.

다 아시는 바와 같이 보살님만 두고 본다 하더라도 지혜로운 것을 추구하는 사람들은 문수보살(文殊菩薩)님의 기도를 모시는 것이고, 또 마장(魔障)이 없이 빨리 통해 버리고 싶은 사람들은 나한도량(羅漢道場)에 가서 나한(羅漢)기도를 모신다고 합니다. 또 영혼(靈魂)들을 천도할 때는 지장(地藏)기도를 많이들 모십니다.

어느 분들은 하루에도 지장경(地藏經)을 몇 독(讀)씩 하고, 또 지장보살(地藏菩薩)이 좋아서 믿고 있는 사람들한테 관음보살(觀音菩薩)이 더 좋으니 그것은 그만두고 관세음보살님을 믿으라고 말하는 분이 있습니다. 보통 사람 같으면 모르지만 스님이나 공부를 많이 하신 거사님들이 그런 말씀을 할 때는 마음으로 의심을 품습니다. 지지리 몇 년씩, 몇 십 년씩 했는데 그 공부를 그만두고 다른 쪽으로 이름을 바꿔야 한단 말입니다. 이런 사례가 굉장히 많습니다.

그런데 보살, 부처도 석가여래불(釋迦如來佛), 약사여래불(藥師如來佛), 치성광여래불(熾盛光如來佛) 굉장히 많지 않습니까. 부처님 명호(名號)도 팔만 사천은 다 못되지만 부처님 불명경(佛名經) 보면 부처님 명호만 해도 몇 만(萬)이 됩니다.

옛날 저희들이 처음 중 될 때는 그 예불(禮佛)을 모실 때 부처님 앞에 꿇어앉아서 부처님 이름만 외워도 무슨 보살(菩薩), 무슨 불(佛), 몇 십분 씩 외웁니다. 지금은 그런 형식이 차근차근 간소하게 줄어 졌습니다만 이렇게 되면 불교가 굉장히 복잡한 것이 되지 않겠습니까.

그런데 그런저런 모든 부처님, 모든 보살님 이름을 두루뭉실로 하나로 묶어버린 이른바 총 대명사(代名詞)가 아미타불(阿彌陀佛)입니다. 본사(本師) 아미타불(阿彌陀佛)이라! 아미타불(阿彌陀佛)입니다.

아미타불(阿彌陀佛)을 또 간추리면 그때는 미타(彌陀)라고 합니다. 따라서 미타란 아미타의 간추린 부처님 명호입니다. 부처님께 귀의한다. 우리 몸과 마음을 다 바쳐서 의지한다. 그렇게 할 때는 나무(南無)를 붙여서 나무아미타불(南無阿彌陀佛)이 되지 않습니까. 나무아미타불이라 하나, 아미타라고 하나, 미타라고 하나 똑 같은 뜻이라는 것을 알아 두시기 바랍니다.

불법(佛法)은 우리가 이론적(理論的)으로 체계(體系)가 서지 않으면 앞서 말씀 드린 바와 같이 이렇게 불안한 시대에 갈래가 너무나 많아서 어디로 갈 것인가? 우리가 방황합니다. 이러한 시대에 있어서는 꼭 먼저 바른 견해로 해서 확고부동(確固不動)한 그런 부처님 체계, 이른바 바른 철학(哲學)이 서야 합니다.

현대(現代)에 있어서 우리가 무엇이 부족하다, 학문이 부족하다, 아직은 선진국(先進國)이 못되었기 때문에 물질이 부족하다, 기술도 부족하다, 이렇게 부족한 것을 많이 나열 시킵니다만 지금 우리에게 가장 절실하게 부족한 것은 철학의 빈곤(貧困)입니다. 바른 가치관(價値觀)의 확립이 안 되어 있습니다.

우리가 초등학교에서 어린애들을 가르친다 하더라도 그 스승 되는 분이 사람이라는 것이 대체로 무엇인가? 우리 인간성(人間性)은 무엇인가? 그것을 알아야 그 학생들을 바른 인간으로 지도(指導)할 수가 있겠지요. 바른 인간이 무엇인가, 인간은 대체로 어떻게 살아야 하는 것인가, 인간이 시초(始初)는 어떤 것이고, 인간은 어디로 갈 것인가? 아무리 어린애를 가르치는 스승이라 하더라도 이런 것을 알아야 합니다.

하물며 중학교로 올라가고 고등학교로 올라 갈수록 비판적(批判的)인 안목(眼目)이 생기고, 그러한 연령층(年齡層)에서는 더욱 의심(疑心)도 많이 갖습니다.

기독교(基督敎)가 무엇인가, 이슬람교가 무엇인가, 유교(儒敎)는 무엇인가, 벌써 중학생 때부터 그런 의단(疑團)을 갖습니다. 하나님이 더 옳은가? 부처님이 더 옳은가? 이러한 애들한테 명확히 바른 길을 가르쳐 주지 못하면 스승도 숭배를 못 받습니다.

자기 부모님한테도 이러한 문제의식(問題意識)을 가지고 물어보기도 하겠지요. 부모님도 이러한 문제를 해결시켜주지 못하면 우리 부모님도 별 볼일이 없구나. 이와 같이 자기 부모님한테도 불신(不信)을 갖습니다. 그런데 대학에 들어갈 때쯤이면 더욱 그럽니다.

요즈음 대학교의 졸업식(卒業式)을 보면 그 총장님이 그렇게 역설하고, 교수님들이 그렇게 단합된 모습을 보이도록 종용을 하는데도 졸업식에도 참여하지 않는 졸업생들이 굉장히 많다고 합니다. 이러한 것을 보면 스승을 스승답게 숭배하면 그렇게 되겠습니까.

이러한 것은 모두가 다 방금 제가 말씀 드린 바와 같이 스승으로 해서 인생은 대체로 어떤 것인가, 인생은 대체로 어떻게 살아야 할 것인가, 이러한 것을 분명히 우리한테 제시를 해 주고, 바른 철학을 우리한테 가르쳐 주고, 또 스승도 거기에 따라서 바르게 행동하고, 이렇게 하면 '나를 숭배하라', '나를 따르라' 그렇게 안한다 하더라도 아니 따를 수가 없습니다.

합리적(合理的)으로 그 길이 옳다고 생각할 때는 적어도 대학생 정도 되면 아니 따를 수 없습니다. 그 헝클어진 실타래 같이 얽히고설킨 것이 현대사회(現代社會)인데 그 불안(不安)한 원인(原因)이 여기에 있습니다.

그 불안(不安)하게 얽히고설킨 것을 풀어 가는 것이 부처님 가르침이고 참다운 철학입니다. 참다운 철학은 불교에서만 있습니다. 다른 종교에서도 어렴풋이 말씀은 했으나 불교와 같이 명명백백(明明白白)하게 분명하게 말씀한 것은 부처님 가르침밖에는 없습니다.

이렇게 말씀 드리면 우리는 지금 거창한 철학 같은 것이 문제가 아니라, 지금 우선 잘 살아야 하겠고, 우선 장사가 잘 되는 일, 아픈 사람이 낫는 일, 또 자녀들이 좋은 학교에 들어가는 일, 이러한 일들이 가장 초미의 급한 일들인데 그렇게 저 멀리 있는 철학이나 종교는 말할 필요가 없지 않은가? 이렇게 생각하시는 분들이 굉장히 많으실 것입니다.

그러나 그런 비근한 문제, 우리가 우선 복(福)을 더 받고, 우리 몸도 편하고, 집안도 편하고, 이렇게 하려면 근원적(根源的)인 뿌리부터서 다스려 놓아야 다른 가지나 이파리, 그런 작은 문제들이 술술 풀립니다. 지금은 근원적으로 문제를 해결하여야 할 그런 때입니다.

바른 국민이 되어야 한다. 남한테 베풀어주고, 남한테 덕(德)을 보이고, 존경받는 사람이 되어야 한다. 이렇게 하지 않고서는 지금 사회가 바로 설 수가 없다. 자기도 항시 괴롭다. 따라서 자기가 사회에 꼭 바른 공헌(貢獻)을 하고, 자식한테 대우를 받고, 친구들한테 대우

를 받고, 아내한테 남편한테 존경을 받는 사람이 되어야 하겠다. 또
는 국가(國家)적으로도 서로 신뢰(信賴)하는 국가가 되어야 하겠다.
이렇게 하고자 할 때 그냥 덮어 놓고서 '뿌리'도 모르면서 복(福)을
많이 짓고, 기도(祈禱)를 많이 모신다고 되는 것이 아닙니다.

꼭 지금 현대는 신앙(信仰)도 바른 철학과 더불어서 신앙을 가져야
합니다. 그렇지 않고서는 참다운 신앙이 못되는 것입니다.

아미타불(阿彌陀佛)은 부처님의 총(總) 대명사(代名詞)입니다. 아
미타불(阿彌陀佛)은 본사(本師) 아미타불이라! 모든 부처님 이름이
많이 있으나 모두가 다 아미타불로 귀일(歸一)이 됩니다. 아미타불
은 다시 더 부언(附言)해서 말씀을 드리면 부처님의 법신(法身), 보
신(報身), 화신(化身)을 다 종합적으로 통합(統合)한 이름입니다. 아
미타(阿彌陀)의 아(阿)는 화신을 의미하고, 미(彌)는 보신을 의미하
고, 타(陀)는 법신을 의미합니다. 법신, 보신, 화신의 뜻을 잘 모르
시는 분은 이 정도는 꼭 알아야 합니다. 왜 그런가 하면 기독교도
하나님이 있고, 성령(聖靈)이 있고, 또는 하나님 아들인 예수가 있지
않습니까.

이른바 삼위일체(三位一體)라, 기독교의 중요한 교리도 그렇습니
다. 기독교의 기본적인 가르침이나 우리 불교의 법신, 보신, 화신이
나 거의 비슷비슷 합니다. 그러나 부처님 법신, 보신, 화신 사상이 보

다 더 확실하고 명백한 진리(眞理)입니다.

기독교의 삼위일체도 부처님의 법신(法身)에서 갈라져 나왔다고 볼 수가 있습니다. 왜 그런고 하면 기독교 성전(聖典) 가운데서 진리(眞理)라고 주장하는 것은 대체로 부처님 경전(經典)에 다 들어 있습니다. 그러나 부처님 진리 가운데 방편(方便)을 떠난 참다운 도리(道理)는 기독교 성경 가운데 다 들어 있다고 볼 수가 없습니다.

아무튼 '천지우주와 나는 따로 있다' 우리가 소박하게 생각할 때는 보통 이렇게 생각합니다. 자연(自然)은 저기가 있고, 나는 여기가 있다. 우리가 자연은 마음대로 이용해도 좋다. 나무도 마음대로 베어서 집을 지으면 될 것 아닌가. 흙덩어리를 마음대로 파헤치고 비료나 농약을 잔뜩 많이 주어서 수확 많이 내면 될 것이 아닌가. 물 저것도 마음대로 써도 무방하지 않은가. '하이타이' 고 무엇이고 우리가 마음대로 사용해서 하천으로 흘러내도 무방하지 않겠는가.

이렇게 우리가 생각하는 것은 자연 그것은 죽은 것이므로, 우리 생명(生命)과는 상관이 없으므로 우리 마음대로 해도 무방하다, 이런 사고방식이 서양(西洋) 사람들의 생각입니다. 서양 사람들은 모든 문제를 둘로 봅니다. 하나님은 저기 높은 곳에 있고, 나는 여기 낮은 곳에 있고, 너는 너고 나는 나라고 봅니다.

그러나 부처님 가르침은 그렇게 보지 않습니다. 부처님 가르침은 똑바로 알아야 합니다. 똑바로 알아버리면 앞서 언급한 바와 같이 우리 건강하고도 굉장히 깊은 관계가 있습니다. 우리 건강이라는 것이 다른 이유도 있겠지만 보통은 욕심(慾心)을 지나치게 많이 부리고, 도는 필요 없이 성질(嗔心)을 냅니다. 성을 낼만한 이유가 있어가지고 성을 내는 것이 아니라 바로 보면 아무런 까닭 없이 성을 냅니다.

내가 저 사람은 밉다고 했을 때 그 밉다는 마음의 자취가 어디에 있습니까. 내가 미워하는 그 사람도 자기 아내와 남편은 좋아할 것입니다. 아무튼 그렇게 밉다, 곱다 하는 것도 모두가 다 인연(因緣)에 따르는 조건부(條件附)에 불과한 것이지 사실은 그러한 것들이 허망(虛妄)한 것입니다.

우리 중생(衆生)이나 자연(自然)이나, 나나 너나 이런 것은 모두가 다 하나입니다. '하나' 이므로 일여평등(一如平等)이라. 모두가 다 평등(平等)한 것입니다. 이런 말이 어렵다고 생각해서는 소중하게 우리가 사람 몸 받고 태어나서 그 부처님 가르침 가운데 핵심(核心)을 모르고 금생(今生)에 그냥저냥 눈에 보이는 현상적인 상(相)에만 걸려서 그렇게 고생(苦生)하다 소중한 인생(人生)을 다 보내버립니다. 정말로 사람 몸 받기가 어려운 것입니다. 어쩌다가 그래도 과거 전생(前生)에 우리가 무던히 살았기에 사람 몸을 받았습니다.

개나 소는 우리가 잡아먹어도 무방하지 않는가. 개나 소나 그런 것도 겉만 그러한 모양인 것이고, 우리 사람도 역시 겉만 사람 모양을 쓰고 있는 것은 마찬가지입니다. 과거에 잘못 살아서 지금 개나 소나 닭의 탈을 쓰고 있는 것이지 우리가 근본(根本)에서 생각하면 모두가 같습니다. 똑같은 것입니다.

우리 사람도 금생(今生)에 잘못 살면 내생(來生)에 개나 소나 돼지가 분명히 됩니다. 부처님 경전에 보십시오. 자기 집 개 한 마리가 전생(前生)의 자기 아버지가 와 있단 말입니다. 부처님과 같은 성자(聖者)의 눈으로 보면 자기 집에서 기르고 있는 고양이 한 마리, 개 한 마리, 자기가 지금 맛있게 먹고 있는 닭다리 하나가 과거 전생에 어버이요, 자기 친구요, 했던 것입니다. 우리는 이러한 인과(因果)의 도리(道理)를 절대로 무시하지 마십시오.

눈에 보이는 세계만 긍정(肯定)하는 사람들은 그런 것은 다 방편설(方便說)에 불과하지 않는 것인가. 부처님 말씀은 그와 같은 방편설은 없습니다. 인과필연(因果必然)이라! 그것은 조금도 거짓이 없습니다. 다만 천지우주(天地宇宙)가 모두가 다 가릴 것이 없이 본래에는 허망무상(虛妄無常)한 것이다. 본래에는 공(空)이다. 이렇다고 해서 개나 소나 돼지하고 나하고 관계가 없는 것이 아닙니다. 현상적인 모든 것이, 나무 하나, 풀 한 포기 모두 나하고 관계가 있습니다.

제법공(諸法空)도리, 근원적인 도리에서 보면 우리 중생 차원에서 보는 나요, 너요, 어버이요, 누구요, 이런 관계가 다 허망무상한 것입니다. 그러나 현상적인 차원에서 보면 소중한 부모, 소중한 아내, 소중한 남편, 소중한 친구입니다.

자연(自然)과 나와 둘이 아닌 일여평등(一如平等)이라. 일여평등이라는 말을 잘 외우십시오. 한 일(一), 같을 여(如), 다 하나로 평등(平等)하다는 말입니다.

바다에서 그 바람 따라서 천파만파(千波萬波) 파도(波濤)가 일어나도 다 똑같은 물입니다. 물이 100도에서 비등(沸騰)이 돼서 수증기(水蒸氣)가 되고, 또는 응고(凝固)가 되어서 구름이 되고, 비가 되어서 내려오나, 또는 0도 이하에서 얼어서 고체(固體)가 되어도 내내야 수분(水分)은 수분입니다.

그와 똑같이 부처님이라 하는 진여불성(眞如佛性)이라 하는 우주(宇宙)의 정기(精氣), 우주의 순수(純粹) 에너지 불성(佛性)이나 다 같은 뜻입니다. 우리가 그런 말 가지고 시비(是非)할 필요가 없습니다. 아무튼 공간성(空間性)과 시간성(時間性)을 떠난 우주의 본 생명(生

命), 우주의 실상(實相), 이 자리가 바로 부처이고, 순수 에너지고, 우주의 정기입니다. 이런 우주의 정기가 인연 따라서 이렇게 되고, 저렇게 되었습니다. 그렇다 하더라도 우주의 정기 그 자리는 조금도 변질(變質)이 없습니다. 모양만 바꿔지는 것이지 변질이 없습니다.

이러한 도리(道理)를 알아야, 그래야 인연(因緣)을 안다고, 인과(因果)의 도리를 안다고 할 수가 있습니다.

어려운 말로 하면 진여연기(眞如緣起) 또는 법계연기(法界緣起)입니다. 불성(佛性), 법성(法性)이 바로 진리(眞理)이기 때문에 참 진(眞), 같을 여(如), 진여(眞如)라 합니다. 불성(佛性), 법성(法性), 부처님[佛], 아미타(阿彌陀), 미타(彌陀), 진여(眞如), 다 똑같은 뜻입니다.

그런 불성, 그런 진여가 우주의 기운(氣運)입니다. 그런데 그 기운을 우리 중생은 그 애꿎은 탐욕심(貪慾心), 아무 쓸데없는 그 성내는 마음 그러한 것으로 오염시킵니다.

부처님 사상으로 보면 이 세상에 성낼 거리가 아무 것도 없습니다. 공연히 성질을 내서 자기 가슴도 상(傷)하고, 자기 몸 상(傷)하고, 옆에 사람도 상(傷)하게 합니다. 또 우주(宇宙)를 오염(汚染)시킵니다.

그러한 것이 우리 안목(眼目)을 가려서 우리 눈이 흐리멍덩합니다. 우리가 성날 때 거울을 놓고서 자기 눈을 좀 보십시오. 욕심(慾心) 부릴 때 자기 눈을 좀 보십시오. 분명히 흐리멍덩합니다. 흐리멍덩해서 우리 중생들은 모든 것의 본바탕인 성품(性品)을 못 봅니다.

허망(虛妄)한 겉모양만 봅니다. 실지로 있지도 않은 꿈같은 또는 메아리 같은 그런 것을 보고 사실대로 생각하고, 성내고, 남 미워하고, 탐욕심을 내곤 합니다.

기독교(基督敎)나 불교(佛敎)나 간에 우리가 바르게 공부하려면 먼저 참회(懺悔)를 해야 합니다. 나는 공부를 무던히 했는데 나는 제법 양심적(良心的)으로 살았는데 내가 무슨 참회를 할 것인가? 그러나 우리가 범부중생(凡夫衆生)인 한에는 다 참회를 해야 합니다. 나다, 너다 구분하는 그 자체가 죄(罪)입니다.

성자(聖者)가 보면 나와 남이 절대로 둘이 아닙니다. 예수가 원수를 사랑하라. 예수가 원수를 원수같이 보면서 원수를 사랑하라고 했겠습니까. 원수 같이 미우면 어떻게 사랑 하겠습니까. 원수가 본래 없기 때문에 사랑해야 합니다. 사랑 할 수 밖에 없는 것입니다. 원수가 본래 없거니 누구를 보나 —당장에 자기 아버지를 죽인 사람이라 하더라도— 사랑해야 합니다.

다만 인연(因緣)이 그 곁에 뜬 가상(假想)이 인연 따라서 우리가 잘못 지어서 그 사람이 내 아버지를 죽였겠지요. 어떠한 것도 우연(偶然)은 없습니다. 우리가 딱 지어서 받습니다. 우리는 좀 애매하게 당하면 그때그때 억울한 것을 호소도 하고, 남한테 보복(報復)을 하려고 합니다만 어떠한 억울한 일도 우리가 다 지어서 받습니다. 그것은 분명한 인과(因果)의 사실입니다.

금생(今生)에는 비록 애매하다 하더라도 과거 전생(前生)으로 올라가고 또 무수만생(無數萬生)까지 올라가서 생각하면 어느 땐가 우리가 함부로 한참 커나가는 감을 뚝 따기도 하고, 또는 한참 잘 무성하게 자라는 풀도 칼이나 낫으로 쓱싹 베어내기도 하고, 나무도 함부로 베기도 하고, 나무와 나, 풀과 나, 물과 나, 다 둘이 아닌 하나의 생명입니다.

우주(宇宙)는 하나의 생명(生命)입니다. 하나의 생명 위에서 지구(地球) 덩어리가 생기고 달(月)이 생기고, 별(星)이 생기고 풀이 생기고 '나'라는 것이 생겼습니다.

앞서 제가 말씀드린 불교의 궁극적인 인생관(人生觀), 철학관(哲學觀)이 무엇이냐면 천지우주(天地宇宙)가 일여평등(一如平等)입니다. '일여평등'이라는 말을 꼭 새기십시오. 그래야 미타회(彌陀會)에서 자기도 공부하고, 만중생(萬衆生)을 부처님이 되게끔 하는 그러한 명실상부(名實相符)한 이름과 내용이 걸맞은 참다운 회(會)가 됩니다.

미타회가 사회사업(社會事業)을 많이 한다, 다 좋습니다. 그러나 사회사업 가운데서 가장 중요한 사업은 무엇인가? 그것은 내 스스로 부처님을 바로 믿고 내 스스로 부처님이 되어 가면서 만 중생과 더불어서 만 중생을 부처님이 되도록 하는 것입니다.

부처님이 되도록 하려면 그 사람한테 나쁜 말을 해서도 안 되는 것이고, 자기만 부자가 되고 남이야 어떻게 살던 말든 그렇게 해도 아니 됩니다. 많은 사람들이 바른 가르침을 믿도록 하려면 그 사람한테 무엇인가 그 사람 마음을 내키게 해야 합니다. 베풀어 주고, 말도 부드럽게 하고, 겸허하게 대해서 아상(我相)도 부리지 않고 고압적으로 누굴 대해 보십시오. 좋아할 사람이 누가 있습니까?

우리 사람들은 본래가 부처이기 때문에 어떠한 누구나 자기가 제일(第一)입니다. 아무리 못난 사람도 자기가 제일입니다. 따라서 자기가 제일이라고 생각하는 것은 무엇인가? 본래가 부처이기 때문에, 다 부처가 되고 싶은 마음이 있기 때문입니다.

강도나 제 아무리 악독한 사람이라도 부처가 되고 싶은 마음은 다 있는 것입니다. 그것은 우리 본 성품이 부처이기 때문에 자기도 모르는 가운데 차근차근 부처가 되어 갑니다. 인간뿐만 아니라 천지우주의 만물(萬物)이 모두가 다 차근차근 부처가 되어 갑니다.

그래서 부처님의 본원(本願)이라. 근본 본(本), 원할 원(願)입니다. 부처님은 본원(本願), 근본(根本) 원(願)이 있습니다. 부처님은 바로 우주의 생명(生命)이 부처인데 근본 원이 있단 말입니다. 그 원(願)이 무슨 원(願)인가? 인간(人間)이, 동물(動物)이, 식물(植物)이, 광물(鑛

物)이 즉, 만 중생(衆生)이 모두 다 자신이 부처가 되고, 또 만 중생을 부처가 되도록 하고 싶은 원(願)이 있습니다. 그리고 부처님 법문(法門)이 끝도 갓도 없지만 모든 부처님 법문을 다 배워서 깨닫도록 하는 원(願), 그렇게 해서 종당에는 다 부처가 되는 것입니다. 부처한테서 와서 다시 부처로 돌아갑니다.

우리는 본래가 부처입니다. 그러나 삼독심(三毒心)에 가린 무지(無知)한 마음, 무명심(無明心) 때문에 허망한 모양에 집착하여 실상(實相) 그대로 보지 못합니다. 우리가 성인(聖人)같이 무지한 마음이 없으면 다 부처로 보입니다.

앞서 말씀같이 진여불성(眞如佛性)인 우주의 정기(精氣)가 운동(運動)해서 우주의 정기가 진동(振動)해서 이렇게 저렇게 모양을 내는 것이 우리가 보는 사람이요, 무엇이요 하는 것들입니다.

이 가운데는 물리학(物理學)을 공부하신 교수님들도 계시고, 또 고등학교 이상 나오신 분들이기 때문에 이런 말씀을 드리면 충분히 이해를 하실 것입니다. 우리가 보는 어떠한 것이나 몸뚱이나, 소중히 여기는 금(金)이나, 은(銀)이나 말입니다. 모두가 다 본래는 금이 있는 것도 아닌 것이고, 본래는 이런 몸이 있는 것이 아니지 않습니까.

우리가 부모님한테 의지해 태어날 때는 우리가 흔적이나 있었습니까. 흔적도 없는 그것이 어쩌다가 부모님이 연(緣)을 만나서 영양을 섭취해서 이와 같은 몸이 되었습니다. 죽은 다음에 이와 같은 몸이 흔적이나 있겠습니까. 이와 같이 공(空)에서 흔적도 없이 나왔습니다.

현대 천체물리학에서 본다면 텅텅 빈 자리에서 우주(宇宙)가 이루어집니다. 텅텅 비어 있는 자리에서 어떻게 우주가 이루어지는가? 이것도 역시 텅텅 빈 그 자리이지만 우주의 순수한 정기, 순수한 에너지는 물질세계가 텅텅 비어도 그대로 남아 있습니다. 에너지 불멸(不滅)이라, 우주의 본래 정기는 우주가 파괴(破壞)가 되든 말든 나 같은 몸뚱이 있든 없든 우주의 정기는 조금도 소멸이 없습니다. 낳지 않고 죽지 않고, 더하지 않고 덜하지 않고, 모두가 반야심경(般若心經) 도리 아닙니까.

우주 정기(精氣)인 부처님 기운은 낳지 않고 죽지 않고, 더하지 않고 덜하지 않습니다. 본래 오염돼지도 않았으니 또 다시 청정할 것도 없습니다. 이런 것이 우주의 도리입니다. 이러한 것이 인연(因緣) 따라서 우리가 미워도 하고, 좋아도 하고, 그런 것이 우주를 만드는 것입니다.

우리가 남을 미워하는 순간 자기 몸의 세포가 바뀌어지는 것입니다. 우리 마음먹은 그대로 우리 몸에 반영이 됩니다. 이것은 분명한 사실입니다. 우리가 가만히 명상(瞑想)하면서 우리 마음을 가라앉히면 우리 뇌파(腦波)도 차근차근 진동이 고요해집니다. 우리가 산란심(散亂心)을 일으켜서 남 미워하고, 너무 좋아하고, 집착하고 그러면 우리 뇌파도 차근차근 진동 사이클이 더 급해집니다. 크게 성내보십시오. 노여움이 극에 달하면 그때는 혈압(血壓)이 올라가서 쓰러집니다.

우리 마음의 본 성품(性品)이 바로 부처입니다. 우리 마음의 주인공(主人公)이 부처입니다. 우리 마음이 바로 주인공입니다. 마음 이것은 우주에 가득 찬 생명의 기운입니다.

우리는 부디 내 마음 따로 있고, 네 마음 따로 있고, 그렇게 생각하지 마십시오. 우리가 잘못 보아서 내 마음은 지금 내 몸뚱이에 들어 있겠지, 이것이 중생의 생각입니다. 마음이 물질과 같이 어디에 가 들어 있고 안 들어 있고 하겠습니까. 마음은 어디에가 들어 있고 안 들어 있고 하는 것이 아닙니다. 우주 전부가 마음인데 그 마음 위에 인연 따라서 이렇게 몸뚱이가 되어 놓으면 우리가 잘못 생각해서 이 몸이 나다, 저 사람은 내 남편이다, 저 사람은 내 아내다, 이렇게 집착(執着)이 됩니다.

내 남편만 중요하고, 내 아내만 중요하면 신부(神父)가 되고, 비구(比丘)가 되고, 비구니(比丘尼)가 되겠습니까. 물론 세속적(世俗的)인 차원에서 남편도 중요하고, 아내도 중요하고 다 중요합니다. 그러나 그런 중요한 것은 상대적(相對的)인 차원입니다.

제가 이런 말씀 드리면 저 분은 항상 원론적(原論的)인 그런 어려운 말씀만 하지 우리와 가까운 비근한 생활 말씀은 별로 안한다. 그러나 제 마음은 절대로 그렇지 않습니다. 저는 우선 우리 생활이 불안하지 않고, 우리 몸이 편안하고, 우리 가정이 편안하고, 부부(夫婦)도 보다 화합(和合)하기 위해서 이러한 말씀들을 드리는 것입니다.

아무튼 아미타불(阿彌陀佛) 이것은 우주(宇宙)의 대명사(代名詞)입니다. 동시에 나의 참 이름입니다. 김 아무개, 박 아무개, 그것은 이 몸뚱이 따라서 그때그때 가짜로 지어놓은 가명(假名)에 불과합니다. 가명(假名)에 속지를 마십시오. 내 참 이름, 내 생명(生命)의 이름인 동시에 우주의 이름은 바로 나무아미타불(南無阿彌陀佛), 아미타불(阿彌陀佛), 미타(彌陀)입니다.

우리가 어떻게 하면 그 아미타(阿彌陀)에게로 빨리 가고 또 만중생을 아미타 부처님 자리로 가게끔 할 것인가, 학문(學問)을 많이 배우고 여러 가지 공부를 많이 해야만 하는가, 그렇지도 않습니다.

신라(新羅) 경덕왕(景德王) 때, 욱면비(郁面婢), 이름이 욱면(郁面)이고 여자 종 비(婢)인데, 욱면비는 아간(俄間)이라는 높은 벼슬, 즉 정승(政丞)정도 되는 벼슬아치 아간귀진(阿干貴珍)이라는 집에서 사는 종이었습니다. 그런데 과거 전생에 업장(業障)이 가벼운 사람이었나 봅니다. 아간귀진 주인 집 옆에 미타사(彌陀寺)라는 절이 있었습니다. 자기 안주인이 미타사(彌陀寺)에 다니면서 불공(佛供)을 열심히 하고 불교를 믿는단 말입니다.

따라서 그것을 보니 자기도 불심(佛心)이 발동 되었습니다. 과거 전생에 업장이 무거운 사람들은 남이 바로 믿는 것을 보아도 그냥 범연히 넘깁니다만 과거 전생에 업장이 가벼운 분들은 남이 믿는 것만 보아도 그냥 자기도 모르게 감격(感激)을 느낍니다. 부처님 말씀 한 마디만 들어도 감격을 합니다.

그래서 욱면비는 자기 주인 따라서 자기 주인 마나님이 부처님 앞에 가서 기도(祈禱)를 드리면 그 뒤에 서서 시중을 들면서 같이 기도를 드립니다. 그런데 주인이 보니까 그 여종이 자기보다 더 신앙심(信仰心)이 독실하게 보인단 말입니다. 그리고 그 여종이 자기 주인을 모시고 다닐 때뿐만 아니라 틈만 생기면 미타사에 가서 기도를 드린단 말입니다.

그러므로 그 주인이 괘씸하게 생각해서 '저 놈이 집안일은 등한히 하고서 절에만 가는구나'라고 오해했습니다. 그래서 일을 잔뜩 시켰습니다. 하루에 벼를 두 섬씩 디딜방아로 찧도록 했단 말입니다. 아직 나이도 많지 않은 욱면비는 자기 몸무게가 별로 많지 않으므로 자기 등에다 돌을 짊어지고 땀을 흠뻑 흐르면서 디딜방아로 벼 두 섬을

혼자서 다 찧어 놓았단 말입니다.

다 찧어 놓고서 단박에 옷을 갈아입고 다시 미타사(彌陀寺)에 가서 염불(念佛)을 했습니다. 절 마당의 양쪽에 말뚝을 박고 줄을 걸어놓고 자기 손바닥을 꿰어 그 줄에 매어놓고 왔다 갔다 하면서 잠 잘 줄도 모르면서 9년간 염불(念佛)만 했습니다. 나무아미타불(南無阿彌陀佛) 염불을 그렇게 열심히 침식(寢食)을 잃을 정도로 그와 같이 열심히 했단 말입니다.

우리가 생각할 때는 어떻게 그렇게 할 것인가? 두 섬의 벼를 어떻게 찧을 것인가? 그렇게 찧어 놓고서 몸의 피로도 못 느끼고 절에 가서 염불을 할 것인가? 의심을 품을 것이지요.

그러나 우리 인간의 본래 성품은 부처님입니다. 부처님 자리는 무한(無限)의 공덕(功德)을 갖추고 있습니다. 따라서 정말로 사무치게 믿으면 천지우주에는 자기만 있는 것이 아니기 때문에 인간의 눈으로 안 보이는 귀신(鬼神)도, 신장(神將)도, 부처님 기운(氣運)도 꽉 차 있습니다.

하나의 풀 가운데도 관세음보살, 나무아미타불의 기운이 다 들어 있습니다. 하나의 흙 가운데도 다 들어 있습니다. 쌀 한 톨 가운데도, 벼 가운데도 부처님의 기운이 다 들어 있습니다. 따라서 정말로 사무치게 방아를 찧는다고 생각할 때는 자기도 모르는 가운데 보살이 돕고, 부처님이 돕습니다. 우리는 이러한 것은 신비로운 것이다. 지금 과학적(科學的)인 시대에 어떻게 그런 것이 가능할 것인가?

절대로 그렇게 생각 마십시오. 지금 과학이 신통(神通)을 얼마나 많이 합니까. 컴퓨터나 레이더나 우리가 그런 것을 보면 신통이 아니고 무엇이겠습니까. 과학이 신통을 다 하는 것입니다. 하물며 순수한 진여불성(眞如佛性)자리, 우리 불성(佛性)자리로 우리 마음이 다가서면 정말로 못하는 것이 없습니다. 그래도 몸은 피로하지 않겠는가? 몸 피로한 것도 그것은 별것도 아닌 것입니다. 우리 마음이 정말로 나만 생각하고, 자기 권속(眷屬)만 생각하고, 명예(名譽)만 생각하고, 그런 마음으로 해서는 초인적(超人的)인 힘이 나오지 않습니다.

하기는 욕심(慾心)만 내도 평소의 자기 이상의 힘은 나올 수가 있겠지요. 그러나 욕심을 떠나버린 무아(無我)의 그 자리에서 내는 힘은 정말로 한도 끝도 없는 것입니다.

우리는 신앙(信仰)의 힘을 그냥 무엇을 많이 외우고, 또는 불사(佛事)를 많이 하고, 이러한 것만 신앙의 보람이라고 생각을 마십시오. 그런 것도 다 공덕(功德)이 큽니다. 그러나 가장 중요한 것은 우리가 얼마만큼 사무치게 진여불성 쪽으로 부처님과 가까이 될 것인가. 내가 본래 부처인데 사람 몸 이대로 중생 이대로 그렁저렁 살다가 간다고 생각할 때에 얼마나 억울한 짓입니까. 부처가 될려면 될 수가 있는 것인데, 부처님 말씀대로 그대로만 따르면 몸도 마음도 편하면서 남한테 숭배를 받으면서 될 수가 있는 것인데, 그렁저렁 산다고 생각할 때에 그와 같이 큰 손해는 없습니다.

욱면비, 그 여자 종은 그렇게 해서 9년 세월 동안 밥을 먹으나 어디에 가서 일을 하나 부처님 생각이 조금도 안 떠났습니다. 부처님 공부하시는 분들이 부처님께 지향(志向)하는 마음이, 부처님께 지향하는 마음은 바로 내 생명(生命), 내가 되어지는 마음입니다. 또는 거기에서 얻는 행복(幸福)은 한도 끝도 없는 것입니다. 환희용약(歡喜踊躍)이라! 불경(佛經)을 보시면 뛰놀 듯이 행복(幸福)하다, 이것이 환희용약입니다. 환희용약이라는 것을 여러분들도 다 보셨습니다.

정말로 바로 믿고 우리가 정화(淨化)가 되면 항시 자기 몸뚱이 아무런 부담을 느끼지 않는 것입니다. 왜냐하면 우리 본 성품인 진여불성은 본래로 그런 힘을 다 갖추고 있습니다. 행복(幸福)도, 능력(能力)도, 지혜(智慧)도 온전히 다 갖추고 있습니다. 예수가 학자(學者)가 아니지 않습니까. 육조혜능(六祖慧能)스님이 학자가 아닙니다. 오직 자기가 본래로 타고나온 그 마음 깨달았단 말입니다. 따라서 우리는 절대로 우리 본 인간성(人間性)을 과소평가(過小評價)해서는 안 됩니다.

나는 지금 나이가 60이나 먹었는데 내 나이는 70이 넘어서 80이

가까운데 나야 이제 공부해서 무엇을 할 것인가, 자식들이 주는 그런 여러 가지 차담(茶啖)이나 받아서 잘 먹고 잘 살면 그만 아닌가 하고 생각할 수도 있습니다.

늙어서 많이 먹으면 소화도 안 되고 해롭습니다. 나이 많은 사람들 적게 자시고, 알맞게 자셔야 피가 맑습니다. 피가 맑아야, 그래야 비대하지도 않고 혈압도 높아지지 않습니다. 우리 부처님의 기운을 절대로 과소평가를 마십시오.

그렇게 해서 9년 되는 어느 날 육면비는 그냥 하늘로 육신등공(肉身登空)이라! 자기 몸체로 하늘로 올라가서 극락세계(極樂世界)로 가버렸습니다. 이러한 말씀도 미신(迷信)이나 신화(神話)같이 생각되시겠지요. 저는 조금도 의심을 않습니다.

우리 몸무게가 60킬로그램인데 어떻게 하늘로 뜰 것인가? 그러나 우리가 정말로 '우리 욕심의 뿌리가 완전히 뽑힌다' 하면 우리 몸의 무게는 없습니다. 우리 몸뚱이 이것은 욕심(慾心)과 진심(嗔心)의 뭉치입니다. 욕망(慾望)된 어리석은 마음과 분노(憤怒)하는 어리석은 마음과 이러한 독(毒)스러운 마음이 뭉쳐서 지금 내 몸이 되었습니다.

그렇게 되었다 하더라도 내 본 바탕은 부처입니다. 금(金)으로 해서 어떻게 무엇을 만들든, 필요 없는 귀걸이를 만들든, 금이라는 본질은 조금도 변질이 없지 않습니까. 그와 똑같이 진여불성(眞如佛性)

자리는 우리가 욕심(慾心)을 부리고 진심(瞋心)을 부리고 치심(痴心)을 부린다 하더라도 조금도 오염(汚染)되지 않습니다. 다만 우리 마음이 잠시 가려졌을 뿐입니다.

9년 동안 그렇게 주야불식(晝夜不息)하고 쉬지 않고 사무친 마음으로 해서, 그래서 하늘로 올라가서 극락세계(極樂世界), 인생(人生)의 본 고향(故鄕)으로 가버렸습니다.

우리 고향은 어느 누구나 바로 극락세계입니다. 극락세계란 삼독심(三毒心)이 가신 세계입니다. 삼독심만 없으면 탐욕심이나 분노하는 마음이나 어리석은 마음이나 그러한 마음이 없이 정말로 부드럽고 말입니다. 누구한테나 머리를 굽히고, 모든 사람을 부처같이 알고, 개나 소나 돼지나 모든 동물을 다 부처같이 알고, 이러한 사람들은 그냥 자기 얼굴도 훤히 빛나옵니다. 그래서 우리 몸뚱이도 녹용이나 인삼이나 그러한 것을 안 먹는다 하더라도 몸도 가뿐하고 부담이 없습니다.

신라(新羅)때 이야기를 하나 더 하겠습니다. 발징화상(發徵和尙; ?~796)도 경덕왕(景德王)때 강원도 건봉사 스님입니다. 지금도 건봉사 자취가 있습니다.

제가 왜 이 말씀을 드리는가 하면 앞으로 미타회(彌陀會)가 나아가야 할 방향을 설정하는 데 참고하시라고 이러한 말씀을 드리는 것입니다. 요즈음 카톨릭에서 한 몸 운동, 한 마음 운동을 합니다만 그네들은 한마음을 모릅니다. 그네들은 한 몸도 모릅니다. 그저 우리가 차별이 없이 평화스럽게 잘 지내자. 이렇게 한 몸, 한마음 그러는 것입니다. 부처님 가르침이 아니고서는 한 몸, 한마음을 알 수가 없습니다.

앞서 제가 말씀 드린 바와 같이 부처님 가르침은 천지우주, 즉 사람 뿐만이 아니라 다른 동물이나 자연이나 모두가 다 일여평등(一如平等)이라. 하나의 불성으로 같이 뭉쳐 있습니다. 따라서 우리가 자연도 함부로 할 수 없습니다. 흙한테 함부로 해도 벌을 받습니다. 물 가운데도, 흙 가운데도, 나무 가운데도 부처님 기운이 충만해 있습니다. 부처님 기운은 흙이 되고, 사람이 되고, 무엇이 되었다 하더라도 부처님의 순수 에너지는 조금도 훼손이 없습니다.

그 발징화상은 자기 도반(道伴)들과 더불어서 재가불자, 출가불자 합해서 미타만일회(彌陀萬日會)를 설치하여 지성으로 염불수행(念佛修行)을 하였습니다.

지금 태안사(泰安寺)에 가면 옛날 만일회(萬日會) 간판(看板)이 보관되어 있습니다. 천날(千日) 공부하기도 어렵고, 천날 기도하기도 어려운 것인데 만날(萬日)을 -만날이란 삼십년(三十年) 세월입니다- 기도하는, 옛날의 큰 본 사찰에 가면 만일동안 기도를 모시는 그런 만일회가 있었습니다. 만일회는 만날 아미타불(阿彌陀佛) 기도를 모시는 것입니다. 만일회는 삼십년 세월입니다. 삼십년 세월동안 그 재가불자, 출가불자 합해서 나무아미타불(南無阿彌陀佛)! 나무아미타불(南無阿彌陀佛)! 염불 수행을 했습니다.

나무아미타불은 우주의 이름인 동시에 바로 부처님, 하나님이 거기에 다 들어 있습니다. 내 이름인 동시에 바로 우주의 이름입니다. 나무아미타불을 삼십년 동안 해서 회향(回向)때 도반 31명과 더불어서 공중으로 올라가 버렸습니다.

지금 여러분들뿐만 아니라 우리 젊은 승려들도 이런 말씀을 하면 그것은 옛날 이야기라 가능한 것이 아닌가 하고 의심을 합니다.

부처님 법은 부사의(不思議)한 것입니다. 그렇게 이론적(理論的)으로 바싹바싹 마른 것이 아니란 말입니다. 바싹바싹 마른 지혜(智慧)보고는 간혜지(乾慧智)라, 마를 간(乾), 간혜지입니다. 부처님 법은 간혜지가 아닙니다. 닦을 때는 화두(話頭)를 참구(參究)해서 참선(參禪)을 하든 또는 염불(念佛)을 화두로 해서 참선을 하든 또는 가만히 명상(瞑想)을 하든 아무튼 우리 마음이 조금도 상(相)이 아닌 우주에 충만해 있는 부처님한테 우리 마음이 항상 가 있다고 생각할 때는 화두를 의심해도 좋고, 나무아미타불을 불러도 좋고, 관세음보살을 불러도 내내야 그 자리입니다.

보살님들 이름이나 부처님 이름은 다 그 하나의 자리에서 나왔습니다. 진여불성 자리에서 보살님 이름이 나오고, 보살님 자비(慈悲)가 나오고 지혜(智慧)가 나오고 다 나왔습니다. 따라서 우리는 어떻게 부르든 간에 그 자리에다 마음을 두어야 합니다.

우리 근본 주체(主體)는 바로 불성입니다. 요즈음 주체성이 없다 하지만 우리 중생들 마음이 불성에 가 있지 않으면 어느 누구나가 제 아무리 바른말 하고, 별소리를 한다 하더라도 주체성이 없는 것입니다. 나라도 주체가 없다. 이것도 역시 그 나라 자체가 참다운 진리 본질적인 우주의 원리인 진여불성(眞如佛性)에다, 부처님에다, 하느님에다 기본을 두지 않고 있기 때문입니다. 우리 마음을 진여불성(眞如佛性)에 두어야 합니다.

부처님에다 우리 마음을 안두는 것은 모두 다 허망무상한 것입니다. 실다운 것이 아닙니다. 따라서 그렇게 부처님한테 마음을 두면 학문을 배우지 않았다 하더라도 우리 마음이 염불 한번 하면 한만큼 정화가 됩니다. 그렇게 되어서 드디어는 발징화상의 도반 31명같이 정말로 하늘로 올라가는 것입니다. 하늘로 올라가는 것이 중요한 것이 아니라, 우리가 바른 깨달음을 얻어서 부처가 됩니다.

오늘 우리 미타회(彌陀會) 회원들도 다른 절 신도(信徒) 또는 금륜회(金輪會) 외의 신도라 하더라도 조금도 차별시비(差別是非)없이 다 받아들여야 합니다. 또 우리 금륜회 미타회라 하더라도 또 다른 절에서 회(會)가 있으면 같이 가셔서 동참을 해야 합니다. 우리는 내 절만 생각한다, 내 회만 생각한다, 이것은 참다운 불법의 도리가 아닙니다. 내 절만 생각해야지 남의 절 생각하면 어떻게 유지가 될 것인가. 그런 것은 문제가 아닙니다.

우리는 마음을 열고, 마음을 연다는 것은 나와 남의 벽을 허물어뜨리는 것입니다. 부처님 가르침 자체가 나와 남의 벽이 없습니다. 자연과 나와 벽이 없습니다. 따라서 나와 남의 벽을 허물고서 사심(私心)없이 우리가 무슨 수행(修行)을 할 때는 다 잘됩니다.

우리들이 하는 회가 잘 안 된다, 장애가 있다, 이러한 때는 나와 남의 벽을 두어서는 안 됩니다. 나와 남의 벽을 두고서는 잘 될 수가 없습니다. 우리 사람의 조작하는 힘으로 해서는 잠시 잘 될지 모르지만 오래는 못갑니다.

그러나 미타회원 스스로가 서로 어떠한 경우든지 양보하고, 다 우리가 부처이므로 선구적(先驅的)으로 먼저 부처가 되어야 하겠다는 마음으로 우리부터 부처님 행동을 바르게 해야 합니다. 어떻게 바르게 할 것인가?

바른 가치관(價値觀), 바른 철학(哲學)으로 해서 우리 미타회 회원도 모두가 다 하나의 생명이고, 일체중생이 무두가 다 하나의 생명이다, 이렇게 알고 정당한, 적당한 원심(願心)을 가지고, 또 어떠한 경우든지 진심(嗔心)을 내지 말고 이렇게 해야 참다운 진소위(眞所謂) 아미타불(阿彌陀佛)이라 하는 부처님의 총 대명사를 이름으로 하는 명실상부(名實相符)한 그러한 회(會)가 됩니다.

명호(名號) 부사의(不思議)입니다. 아미타불(阿彌陀佛)이 그렇게 소중합니다. 꼭 제 욕심 같으면 모든 보살, 부처님 명호가 다 소중하지만 그냥 아미타불(阿彌陀佛), 하나로만 합해서 '아미타불' 만 외웠으면 하겠습니다.

그러나 사람들 버릇이 그렇게 안 되어 있지 않습니까. 하나님이라고 해야 직성이 풀리는 분이 있는 것이고, 또 관음보살(觀音菩薩)을 했으면 또 '관음보살' 만 해야 직성이 풀립니다. 그러나 하나님을 외우든, 관세음보살을 외우든 그런 자리는 원융무애(圓融無碍)하게 모두가 하나다, 이렇게 알아야 합니다. 관음(觀音) 따로 있고, 지장(地藏) 따로 있고, 이렇게 생각하면 부처님의 도리하고는 거리가 멉니다.

부처님의 도리는 우주를 하나로 봅니다. 우리 불자님들 잘 새기십시오. 기독교나 다른 종교는 다른 과학이나 모두를 하나로 안봅니다.

현대는 물리학도 에너지라는 하나로 통일해서 나아가고 있습니다.

대상과 나와 둘이 아니라 천지우주(天地宇宙)는 하나인 것입니다. 하나의 생명(生命)으로 뭉쳐 있는 것인데 우리가 어리석어서 잘 보지 못합니다. 우리 마음이 어리석음이 없고, 탐욕심과 진심이 없으면 분명히 하나로 보여야 합니다. 성인(聖人)들은 하나로 보는 것입니다. 그렇게 못 보기 때문에 다른 사람들을 무시합니다. 부처님 공부를 해 가면 해 갈수록 사람이 차근차근 모서리가 떨어집니다.

유연선심(柔軟善心)이라. 부드러워지고, 모서리가 떨어져 갑니다. 사람들이 다 불쌍해지는 것입니다. 그렇게 되어서 앞서 말씀드린 바와 같이 우리 마음이 훤히 열리면 자기 몸이 아팠던 사람도 마음을 여는 그 순간 우리 몸도 웬만한 것은 다 풀립니다.

과거 전생에 업장(業障)이 많아서 두텁게 깔려 있으면 쉽지가 않지만, 그렇더라도 우리 업장을 녹이는 일이 우리 몸이나 집안에 있는 액운(厄運)이나 그런 것을 풀어가는 데 더 가까운 길은 없습니다. 집안에 있는 액운도 역시 과거 전생의 우리들의 그런 업장이 뭉친 것입니다. 인과응보(因果應報)라, 다 우리가 지어서 받습니다. 어느 것도 인과응보에서 벗어나는 것은 없습니다. 어느 것도 부처님 법을 벗어나는 것은 없습니다. 어떠한 경우도 허물을 자기한테 돌려야 합니다.

단체간(團體間)이나, 어느 지방(地方)이나, 우리 지방은 무던한데 괜시리 딴 사람들이 우리한테 불행을 주고, 우리를 핍박하고 하지 않는가, 다 그렇지 않습니다. 우리나라는 유사이래(有史以來) 구백(九百)번 이상 외침을 받고 있습니다.

임진왜란(壬辰倭亂)때도 엄청난 핍박을 받았지만 얼마 못가서 다시 병자호란(丙子胡亂)이 일어났습니다. 우리가 임진왜란 때 그와 같이 비참한 유린을 당하고서 각성을 했더라면 다시 병자호란 때 또 당했겠습니까.

모두가 다 우리가 지어서 받습니다. 우리는 그와 같이 자업자득(自業自得), 다 그렇습니다. 이렇다고 생각하면 남을 원망(怨望)하시지 말고, 우선 나부터가 몸이 아파도 나 참회(懺悔)하고, 남들이 나한테 배신(背信)해도 참회하고, 가까운 사람이 이별(離別)해서 간다 하더라도 참회하고, 이렇게 해야 업장이 녹아집니다.

이렇게 하셔서 정말로 명실상부한 나무아미타불(南無阿彌陀佛) 한 번 외우면 외운 만큼 업장이 녹습니다. 그냥 이름만 불러도 이름 자체에 있어서 어느 귀신이나, 어느 신장이나 나무아미타불은 가장 숭배합니다. 바로 우주의 이름이기 때문에 우주 에너지의 우주음(宇宙音)이기 때문에 '옴마니반메훔'이나 또는 진언(眞言)이나 또는 아미타불이나 관세음보살이나 그런 의미에서 우주의 음(音)입니다.

우주음(宇宙音)이기 때문에 우주의 순수 생명을 음으로 표현한 것이기 때문에 한번 외우면 외운 만큼 우리 업장도 녹아지고 또한 동시에 신장들도 다 굽어보는 것입니다. 정말로 부처님의 신비로운 힘을 믿으십시오, 부처님은 무한의 힘입니다. 지금 과학이 그런 무한의 힘을 차근차근 증명해 가고 있습니다.

그렇게 믿고서 자나 깨나, 앉으나 서나, 밥을 먹을 때나 나무아미타불! 나무아미타불! 나무아미타불! 그 나무아미타불을 끊어지지 않게 외우십시오. 금생에는 그렁저렁 아무것도 못 깨닫고 죽는다 하더라도 죽을 때는 금생 내내 나무아미타불, 나무아미타불 하신 분은 이 몸뚱이를 버릴 때는 번연히 깨달아서 나무아미타불 몇 마디에 극락세계로 가시는 것입니다.

깨달은 사람들은 이 세상 사바세계(娑婆世界)가 바로 극락세계(極樂世界)이고, 또는 동시에 달세계가 따로 있고 별세계가 따로 있고 또는 태양세계가 따로 있듯이 성자들만 사시는 그런 광명세계(光名世界)가 또 따로 있습니다.

이것은 정거천(淨居天)이라. 맑을 정(淨), 살 거(居), 성자만 사는 천상(天上)이 따로 있습니다. 그런 세계에 분명히 태어납니다. 천상도 삼계(三界) 28천(天) 천상세계가 다 있습니다. 우리 영혼(靈魂)이 얼마만큼 정화(淨化)가 되었는가. 우리 마음이 얼마만큼 순화 되었는

가. 거기에 따라서 업장이 무거우면 저 아래 천상에, 업장이 가벼우면 높은 천상에 태어납니다. 분명히 그러한 천상 세계가 있습니다.

극락세계는 그냥 부처님께서 우리한테 좋은 일 하라고 방편으로 하신 법문이 아닌가. 지옥도 없는 것인데, 아! 눈을 씻고 봐도 지옥이 안보이지 않는가? 그러나 지옥도 분명히 있습니다. 귀신세계도 분명히 있듯이, 또는 돼지나 소나 축생도 분명히 있듯이, 사람도 분명히 있듯이, 그렇지만 제법공(諸法空) 도리에서 보면 인간도 공(空)이고, 나도 공이고, 다 공이란 말입니다.

밝은 안목에서 보면 다 '에너지'의 파동(波動)뿐인 것인지, 에너지의 결합이 사람 같은 모양을 하고, 금 같은 모양을 한 것이지 본래로 사람이 있고, 본래로 금이 있지 않단 말입니다.

이렇게 해서 우리 미타회(彌陀會) 회원들 정말로 몇 백 명이 아니라 우리 한국 불교인들 전부가 금륜회원이 되고, 미타회원이 되어야 할 것입니다. 아미타불을 싫어할 사람이 누가 있겠습니까. 따라서 그 아미타불, 우주의 대명사, 나의 참 이름인 동시에 우주의 대명사 또는 극락세계의 교주 그런 이름을 가지고 나아간다고 생각할 때는 꼭 거기에 걸맞는 행동을 하셔야지 그렇지 않고 미타회원들이 나와 남을 가리고서 남을 차별한다거나 또는 괜시리 수입만 생각해서 무얼 억지로 할려고 하면 이렇게는 절대로 하지 마십시오.

순리(順理)에 따라서 우리가 바로만 살면 부처님이 굽어보고 신장 (神將)님이 굽어보고 다 지키시는 것입니다. 사람 마음도 본래 부처이기 때문에 저절로 사람들이 들어오는 것입니다. 이상하게 바로만 살면 다 우리를 숭배하고, 다 우리를 아끼고 좋아하는 것입니다.

아미타불(阿彌陀佛)이라는 것은 다시 말하면 무량광불(無量光佛)이라! 우주에 가득찬 광명의 부처란 뜻입니다. 무량수불(無量壽佛)이라! 생명(生命)이 멸하지 않는 영생해탈의 길, 과거나 현재나 미래나 영원히 죽지 않고 영원히 영생하는 부처란 뜻입니다. 청정광불(淸淨光佛)이라! 조금도 오염이나 번뇌도 없는 그런 부처님입니다. 청정광불 무대광불(無對光佛), 상대가 없이 우주에 끝도 갓도 없이 충만(充滿)해 있습니다. 우주라는 것은 본래 끝도 갓도 없습니다. 끝도 갓도 없는 세계에 가득 차 있는 것이 부처님의 광명(光明)입니다.

우리 몸은 이대로 부처님 광명이 충만해 있습니다. 아미타(阿彌陀) 부처님을 한번 부르면 부른 만큼 우리 몸도 마음도 정화가 되는 것입니다.

이렇게 하셔서 꼭 금생에, 우리가 본래로 갖추고 있는, 누구한테 빌려와서 심어놓은 것이 아니라 본래 갖추고 있는 불성입니다. 우리 마음만 잘 먹으면 부처가 되어갑니다. 좋은 아버지, 좋은 스승, 좋은 회사사장이 됩니다. 어떠한 의미로 보나 진리를 떠나서는 참답게 못

되는 것입니다.

아미타불 진여불성 안에서 꼭 무한의 행복을 누리시기를 간절히
바라면서 오늘 미타회(彌陀會) 법문(法門)을 마칩니다.

나무아미타불(南無阿彌陀佛)! 나무석가모니불(南無釋迦牟尼佛)!
나무마하반야바라밀(南無摩訶般若波羅蜜)!

四.현대불교(現代佛教)와 참선(參禪)

 나를 비우고 참선을 하면 용이 물을 얻어서 하늘로 올라가고, 호랑이가 언덕을 얻어서 천리만리 달려가는 것과 같습니다.

이 자리는 부처님 법(法)의 본 성품(性品)으로 말하면 자취도 없고 말도 끊어지고 어떻게 헤아릴 수가 없는 자리입니다. 그러나 인연(因緣)에 따른 상대적(相對的)인 차원에서는 가지가지의 그런 정도에 따라서 높은 법문(法門), 낮은 법문의 차이가 있습니다.

그것을 법화경(法華經) 말씀으로 옮기면 법설주(法說周)라. 법설설법(法說說法)은 조금도 방편(方便)을 거기에 곁들이지 않고서 실상(實相) 그대로, 법성(法性) 그대로 표현한 법문입니다.

다음에는 비유주(譬喩周)라. 법설설법으로는 일반 대중이 다 알아들을 수가 없으므로 비유담(譬喩談)으로 해서 하신 법문이 비유설법(譬喩說法)입니다.

그 다음에는 비유담도 못 알아듣고, 공부를 별로 안 한 소승(小乘)의 근기(根機)를 가진 사람들, 이러한 사람들에 대해서는 인연주(因緣周) 설법이라. 과거 전생의 인연이라든가 또는 금생에 자기가 지은 바 그러한 인연이라든가, 모두 인연을 밝혀서 하신 법문입니다.

오늘 산승(山僧)은 너무나 분수에 넘치는 원장스님의 소개 말씀을 받아서 대단히 송구스럽게 생각합니다. 또 정성어린 꽃다발을 받아서 감사하는 합장(合掌)을 드립니다. 그래서 지금 제 마음도 조금은 불안스럽습니다. 제가 어떻게 잘 보답을 해서 정말로 의의(意義) 있는 유익한 말씀을 해드려야 할 것인데, 저는 그러한 능력이 없는 사람이라서 제 마음은 조금 불안합니다.

우리는 지금 다 알고 있는 바와 같이 불안한 시대에 살고 있습니다. 고도 산업사회(産業社會), 이러한 사회는 필연적으로 복잡다단(複雜多端)해서 모든 조직이 많이 생깁니다. 따라서 갈수록 많은 조직체, 또는 구성적으로 보면 보다 규율적(規律的)인 그런 조직체, 이러한 데에 우리 현대인들은 함몰되어 있는 딱한 상황(狀況)이기 때문에 우리 마음은 한시도 편안할 때가 없습니다.

기계문명(機械文明)도 가면 갈수록 그 정밀도(精密度)가 더 깊어가고, 저 같은 구닥다리는 사실 그런 현대의 정밀문명(精密文明)을 다 향수(享受)할 수 있는 지식도 없습니다. 어떤 면으로 보나 우리는 그런 불안한 상황을 이기기가 곤란스럽습니다.

저는 오늘 아침 빗길에 왔습니다. 물안개가 끼어서 앞의 시계(視界)도 불투명하고 또 이미 지나온 그 뒤쪽도 어두워서 잘 안보인단 말입니다. 지금 우리들 앞에는 긴 다리가 하나 놓여 있는데, 그 다리의 뒤끝도 안보이고, 지금 나가고 있는 앞도 안보이고, 이렇다고 보면 굉장히 우리 마음이 불안할 것입니다. 우리 사바세계 중생들은 지금 그와 똑같습니다.

대체로 우리는 지금 어디로 가고 있는 것인가? 우리가 시초에 떠나온 곳은 어디인가? 이러한 것을 우리는 지금 확실히 모릅니다. 우리 불자님들이 아시는 바와 같이 일체 현상계(現象界)라 하는 것은 확실한 것은 아무것도 없습니다.

우리가 생각할 때는 내가 아는 지식(知識)은 확실하지 않은가. 이렇게 생각하실는지 모르겠지만 우리 중생이 알고 있는 것은 모두가 다 상대유한적(相對有限的)인 것이고, 엄격히 말씀드리면 어떠한 학자(學者)라 하더라도, 제아무리 정밀한 물리학자라 하더라도 머리카락 한 가닥도 확실히는 모르는 것입니다.

하이젠베르그의 불확정성원리(不確定性原理)라. 전자나 중성자나 양성자나 그런 차원의 것은 모든 물질의 근본적인 하나의 입자이기 때문에 그러한 것은 확실하지 않는가 하고 생각할수도 있겠으나 그러한 것도 확실한 것은 없습니다. 하이젠베르그의 불확정성의 원리에 있는 바와 같이 가사 조그마한 소립자의 위치를 측정하려고 하면 운동 속도를 알 수가 없고 또 진동하는 운동 속도를 측정하려고 하면 그 위치를 알 수가 없습니다.

이렇게 불확실한 것들 즉 전자나 양자나 중성자나 그들 위치는 어떤 것이고 또 운동은 어떻게 되어 있는가, 확실히 모르는 그러한 것들이 모여서 모든 물질의 원소인 산소나 수소나 그러한 것이 되었습니다. 또 그런 불확실한 원소들이 결합되어서 이와 같이 세포가 되고 우리 몸이 되지 않았겠습니까.

부처님 명호(名號) 가운데 감로왕여래(甘露王如來)라는 명호가 있습니다. 감로(甘露)라는 것은 다 아시는 바와 같이 우리 맛 가운데서 가장 좋은 최상의 맛이 감로 아니겠습니까. 감투의 맛도 있을 것이고 또는 물질의 맛도 있을 것이고 음식의 맛 등 가지가지의 맛이 있지만 그러한 것은 모두가 다 허망무상(虛妄無常)한 맛입니다. 참다운 맛은 감로의 맛입니다.

우리 중생들이 감로의 맛을 모르면 참다운 자유와 참다운 행복은 있을 수가 없습니다. 그것은 어째서 그러는 것인가? 그것은 감로의 맛을 모르면 우리한테 칭칭 감겨 있는 구속(拘束)을 풀 수가 없습니다. 그래서 모든 것을 다 풀어버리는 참다운 경계, 참다운 일체존재의 근본성품, 그런 자리를 완벽하니 깨닫고, 우리 중생들한테 깨닫는 감로수 같은 법문을 주시는 그 분이 부처님이기 때문에 부처님의 많은 그러한 명호 가운데서 감로왕여래라 하는 그런 명호가 있습니다.

그러면 우리가 어떻게 해서 그러한 감로수(甘露水) 같은 맛을 얻을 것인가? 감로수는 늙지 않고 죽지 않고 또는 이별도 없고 모든 지혜자비 일체능력이 온전히 완전하게 갖춘 맛이 감로 맛입니다.

감로 맛을 어떻게 알 것인가? 감로 맛을 알기 위해서는 오온환신(五蘊幻身)이라, 오온(五蘊)이라하는 것은 우리 정신과 몸뚱이 또는 일체존재가 다 오온법(五蘊法)에 해당하지 않습니까. 허깨비 환(幻), 몸 신(身), 오온환신(五蘊幻身)이라. 그런데 이 오온법은 실제로 있는 것이 아니라 허깨비 같은 몸이란 말입니다. 사람의 의식(意識)을 비롯해서 우리 몸뚱이나 일체존재 삼천대천세계(三千大千世界) 모두가 다 오온법의 범주에 들어갑니다.

우선 내 몸부터가 굉장히 소중하고 중요한데 그렇게 소중한 오온법이 환신이라, 실재로 실존적인 존재가 아니고 허망한 몸이다. 이렇게 되면 우리가 굉장히 실망을 느끼겠지요. 그러나 시실은 오온이 허망무상한 존재다. 이렇게 알지 못하면 앞서 제가 말씀드린 바와 같이 감로수 같은 죽지 않고 늙지 않고 또는 병들지 않고 영생불멸(永生不滅)한 행복한 맛은 음미할 수가 없습니다.

오늘 제가 말씀드릴 주제가 '현대불교와 참선' 입니다. 이제 참선 말씀을 해야 하겠습니다만 이 참선을 한다는 것도 역시 방금 말씀드린 바와 같이 감로맛을 좀 봐야 참선공부가 제대로 되는 것인데 감로맛을 보지 않고서는 참선공부가 안됩니다. 따라서 필연적으로 오온환신, 오온법이 다 공(空)인 도리를 모르면 참선이 될 수가 없습니다.

저는 평소 참선(參禪) 수행자(修行者)를 많이 만나보고 있습니다, 그러나 바른 이해(理解) 바른 반야바라밀(般若波羅蜜) 바른 반야지혜(般若智慧)를 얻지 못하고 선방(禪房)에 앉아서 그냥 하나의 테크닉(technique)으로 하나의 기능(技能)으로 해서 가부좌(跏趺坐)를 틀고 화두(話頭)를 참구(參究)하고 있는 경우가 많습니다. 이렇게 해서는 참선공부가 잘 나아가기는 어렵습니다.

물론 오랫동안 앉으면 조금씩은 나아간다 하더라도 참선공부 할 때는 -지금 동남아(東南亞)에서 하고 있는 비바사나(毘婆舍那)하고도 이것은 현격한 차이가 있습니다- 이른바 조사선(祖師禪)이 되어야 참다운 참선입니다.

그러면 어떠한 것이 조사선인가? 어떠한 것이 참다운 참선인가? 앞서 말씀드린 바와 같이 우리 중생이 가장 소중하게 알고 있는 우리 몸부터서, 그리고 내가 느끼고 있는 수(受) 상(想) 행(行) 식(識), 우리가 분별시비(分別是非)하는 의식(意識), 다시 말씀드리면 감수(感受), 상상(想像), 의지(意志), 의식(意識)하는 것, 모두가 다 비었다고 분명히 느껴야 참다운 반야지혜(般若智慧)가 되고, 반야지혜가 되어야 '내 몸뚱이가 본래로 비어 있다' 이렇게 느낄 수가 있습니다. 이렇게 느끼고서 선방(禪房)에 들어가 앉아야 공부가 됩니다.

이무기가 용(龍)이 되어서 제아무리 하늘로 올라가고자 발버둥쳐도 물이 없으면 바로 올라가지를 못합니다. 여용득수(如龍得水)라. 용이 하늘로 올라가기 위해서는 꼭 물이 필요합니다. 또 하룻밤에 천리도 가고 백리도 가는 호랑이라는 놈이 언덕이 있고 비빌 곳이 있어야 비호(飛虎)가 되는 것이지 그냥 사막 같은 벌판에서 호랑이가 하룻밤에 천리만리 갈수가 없습니다.

우리 인간은 물론 모든 존재가 본래로 부처입니다. 그러나 본래 부처라는 것을 안다 하더라도 그것은 바싹 마른 간혜지(乾慧地)로 아는 것이지 참말로 자기가 못 느낀단 말입니다. 참말로 못 느끼는 것은 왜 못 느끼는 것인가? 그것은 반야지혜 용이 물이 없으면 하늘로 올라갈 수 없듯이 우리는 반야의 지혜가 있어야 활발발지(活鱍鱍地)라,

그래야 활발스럽게 정말로 창조적으로 우리 불성 자리에 나아갈 수가 있습니다.

오온환신(五蘊幻身)! 그러면 어떻게 해서 우리 몸뚱이나 우리 관념 이것이 텅텅 비어 있단 말인가?

우리 불자님들, 불교 가운데서 가장 중요한 것은 입불이법문(入不二法門)입니다. 모든 것이 둘이 아닙니다. 둘로 보고 셋으로 보고 하는 이것은 서구사상(西歐思想)에서 나온 것이고, 중생들의 세속적인 관념인 것이지 부처님의 성품자리에서 본다고 생각할 때는 일체존재가 둘이 아닙니다. 둘이 아니라는 도리를 알아야 부처님의 참다운 신심(信心)을 갖춘 제자라고 볼 수가 있습니다.

둘이 아니면 하나는 무엇인가? 하나 이것은 오직 마음뿐입니다. 우리는 마음 그러면 우선 자기 마음이 생각이 나서 내 마음 같으면 남을 미워도 하고 좋아도 하고 욕심을 내고 이러한 마음이 무슨 불심(佛心)일 것인가?

그러나 내 마음도 자취가 없지 않습니까. 저 사람 마음도 자취가 없고, 내 마음도 자취가 없습니다. 또 우리 중생이 생각할 때는 우리 사람한테만 마음이 있는 것이지 개나 소나 돼지 같은 짐승은 마음이 없다고 생각하기가 쉽습니다. 그러나 그러한 동물들도 다 마음이 있습니다. 풀도 나무도 흙도 다 마음이 있습니다.

그러나 흙은 흙대로 마음이 설사 흙 속에 에너지로 해서 들어 있다 하더라도, 흙 모양 그것은 물질이지 않는가? 물질과 마음이 있으면 그것은 물질과 마음 둘이지 않는가? 이러한 까닭으로 우리 불교인들이 이해하기가 지극히 어렵습니다.

그러나 부처님 말씀은 거짓말이 조금도 없습니다. 조금도 꾸며서 하신 말씀도 없습니다. 부처님 말씀은 사실을 사실대로 말씀하신 것입니다. 그 부처님 말씀이 오직 모두가 다 하나다. 일여평등(一如平等)한 진여불성(眞如佛性) 진여불심(眞如佛心) 뿐이다, 이렇게 말씀하셨습니다.

따라서 그 말씀에는 틀림이 없습니다. 다만 우리 중생들이 나쁜 습관성(習慣性) 때문에 내 몸 따로 마음 따로, 저 풀이나 나무나 일반 짐승이나 그러한 것들이 설사 마음이 있다 하더라도 마음은 그들 가운데 에너지로나 있고 모양은 그대로 있지가 않는가? 그러나 모양 그것은 사실은 있지가 않는 것입니다.

앞서 말씀드린 바와 같이 오온환신이라. 이 몸뚱이가 이대로 있지가 않단 말입니다. 그렇다고 아무 것도 없는 것은 더욱 아닙니다. 그러나 우리가 보는 대로 이렇게 있지가 않습니다.

원각경(圓覺經)에 보면 범부미도(凡夫迷道)라, 우리 범부가 미혹하게 잘못 보니까 사대위신(四大爲身) 망상심(妄想心)이라. 지수화풍(地水火風) 사대가 합해진 이것을 보고 내 몸이라 하고 또는 우리가 느끼고 상상하고 또는 의욕도 하고 분별시비하고 이것 보고 마음이라 하지만, 이런 것은 마치 우리 눈에 눈병이 생겨서 공중에 꽃이 떠 있는 듯 헛것이 보이는 것처럼, 물속에 달그림자가 보이는 것처럼, 물속에 있는 달 이것은 그림자에 불과한 것이지 달이 아니지 않습니까.

그와 똑같이 우리 중생들은 몸뚱이 이것이 사실로 존재하는 것이 아닌데 우리가 삼독심(三毒心)에 가려서 잘못 보아서 우리가 있다고 봅니다. 이러한 소식을 우리는 분명히 알고 넘어가야 앞서 제가 말씀드린 바와 같이 참선 말씀을 드릴 수가 있습니다.

참선 말씀에는 선오후수(先悟後修)라. 먼저 막힘없이 마음을 열어놓고서 공부해야 이른바 중국에서 들어온 조사선(祖師禪) 도리입니다. 나는 나고 너는 너고 부처님은 저기가 있고 나는 여기가 있고 이러한 식으로 공부하는 것은 참다운 조사선이 못되는 것입니다.

천지우주(天地宇宙)를 오직 —아인슈타인 말로 하면 통일장원리(統一場原理)란 말입니다— 우주를 오직 하나의 것으로 하나의 생명(生命)으로 합해버려야 참선공부에 들어갑니다.

그렇게 하고 들어가서 적어도 우리 생각으로 해서 아는 헤아림은 딱 끊어져야 합니다. —저는 어느 때나 서투른 물리적 화학적인 말씀을 드립니다─ 왜냐하면 내 몸뚱이가 본래로 비어 있다, 우리 눈에 보고 있는 이 대상적(對象的)인 세계 두두물물(頭頭物物)이 모두가 다 본래로 비어 있다, 이러한 소식을 알기가 어렵단 말입니다.

반야심경(般若心經) 도리나 금강경(金剛經) 도리는 모두가 다 비었다는 도리 아닙니까. 꿈속에서 본다고 생각할 때는 삼천대천 세계가 명명백백(明明白白)하지만, 깨달은 뒤에 보면 모두가 다 각후공공무대천(覺後空空無大千)이라, 다 텅텅 비어 있는 것입니다.

물질이라는 것은 눈꼽만큼도 없다는 것이 부처님의 가르침입니다. 그러기에 일체유심조(一切唯心造)라, 모두가 다 마음으로 되었습니다. 모두가 다 마음으로 되어 있다는 확신이 서고 공부를 해야 참선 공부가 됩니다.

이 자리에 오신 불자님들은 그런 우리가 알기 어려운 문제보다도 우선 복(福)을 받는 문제, 그런 문제가 더 중요하다고 생각을 하시겠지요. 그러나 그런 본래적인 부처님의 실상대로 모두가 하나의 진리(眞理)이다, 이렇게 부처님의 실상대로 모르고서 하는 복 받는 그런 공부는 제한된 복 밖에는 안 됩니다.

오래 가지도 못하고 그런 공부는 불교의 근본목적인 우리를 해탈(解脫) 성불(成佛)로 인도할 수가 없습니다. 불교 말로 하면 우리 몸뚱이나 일체물질이라 하는 것은 지수화풍(地水火風) 사대(四大)로 구성되었다고 하지 않습니까.

불경 속에도 그러나 땅 지(地) 땅기운, 그것은 어디가 있는가? 지불가득(地不可得)이라, 땅기운 그것도 결국은 얻을 수가 없고, 또 물 기운은 무엇인가? 수불가득(水不可得)이라, 물기운도 얻을 수가 없단 말입니다.

화불가득(火不可得)이라, 불기운도 온도로 얻을 수가 없습니다. 또 운동하는 동력인 바람풍(風), 풍불가득(風不可得)이라, 바람도 얻을 수가 없습니다. 우리 몸뚱이나 일체 것을 구성한 땅기운, 물기운, 불기운, 바람기운 이러한 것도 부처님의 말씀으로 해서 불가득(不可得)이라, 얻을 수가 없습니다. 그 말은 바로 비었다는 말씀입니다.

그런데 다행히도 현대물리학은 그러한 것을 명증적(明證的)으로 증명해 있습니다. 어떠한 물질이나 각 원소로 구성되었다는 것은 우리가 다 알지 않습니까. 각 원소는 앞서 얼핏 언급했듯이 전자나 양성자나 중성잔 그러한 것이 어떻게 모였는가, 그러한 입자들의 결합 여하에 따라서 산소가 되고 수소가 되고 한다는 것도 다 아시지 않습니까.

그러면은 전자나 양성자나 중성자는 그러한 것은 무엇인가? 그러한 미세한 데 이르면 그러한 것은 모두가 다 우주에 충만해 있는 장(場)에너지, 이 공간 속에나 성층권이나 삼천대천세계 어디에나 충만해 있는 그러한 장 에너지 말입니다.

그러면 장(場)에너지는 무엇인가? 우주에 충만해 있는 장 에너지는 전자기장(電磁氣場)이 거기에 충만해 있습니다. 그러면 전기나 자기는 무엇인가? 전기나 자기 이것은 본래에 있어서는 물질이 아닌 에너지의 파동(波動)에 불과합니다. 따라서 물질을 분석하고 들어가면 종당에는 다이아몬드나 금이나 우리가 좋아하는 것이나 싫어하는 것이나 모두가 종당에는 텅텅 비어버린단 말입니다.

이렇게 분석하면 비었다 하더라도 내 몸뚱이는 이대로 소중히 있지 않는가. 소중한 귀금속이 아닌가. 그러한 것을 어떻게 분석해서 공(空)이라 한다 하더라도 우리가 알 수가 있지 않는가. 이렇게 생각하실 분도 계실 것입니다만 부처님 말씀은 그런 것이 아니라, 여러분들이 앞서 반야심경 외우신 바와 같이 색즉공(色卽空)이라. 색이라는 것은 일체물질을 다 지칭합니다. 물질 그대로 공이란 말입니다. 따라서 내 몸 이대로 공이란 말입니다.

왜 그러는 것인가? 부처님 법문은 철두철미하게 과학적(科學的)이고 철학적(哲學的)이고 가장 수승한 최상의 종교입니다. 따라서 과거에 미개한 때는 이런 어려운 말을 하면 다 나가버리고 듣지도 않을 것입니다. 그러나 이 자리에 계시는 여러분들은 물리학적인 지식을 대체로 아시기 때문에 말씀을 드립니다.

왜 물질 그대로 공인가? 이것은 가장 미세한 물질인 전자나 양자나 그러한 것은 사실은 공간성(空間性)이라고 할 것이 없이 에너지의 파동만 존재하는 것입니다. 우주의 정기(精氣)인 힘만 진동하고 파동하는 것이, 이렇게 진동하면 전자, 저렇게 진동하면 양자, 이렇게 되는 것이지 그것이 물질이라고 할 수가 없다는 것이 지금 물리학자의 증명입니다.

따라서 물질의 가장 미세한 곳에 가서는 결국은 텅텅 비어버립니다. 시간성과 공간성이 없으니 응당 비어버리겠지요. 시간성과 공간성이 없는 것이 이렇게 활동하고 저렇게 진동하고 결합되어서 산소가 되고 수소가 되고 이렇게 되었다 하더라도 그러한 것도 공이 모여서 된 것이기 때문에 내내야 공은 공입니다.

공은 공이란 말입니다. 제로(zero)를 몇 천 번 곱하고 몇 천 번 더해도 제로는 제로입니다. 그렇기 때문에 원래 공인 것이 이렇게 활동하고 저렇게 진동해서 산소가 되고 수소가 되고 그러한 것들이 모여서 분자의 구조로 해서 세포가 된다 하더라도 결국은 내내야 공은 공이란 말입니다.

그림자를 천 개 만 개 더해도 하나의 그림자일 뿐이지 물질이 될 수가 없지 않습니까. 그와 똑같은 도리입니다. 다행히도 현대물리학은 그렇게 어려운 제법공(諸法空)도리, 색즉공(色卽空)도리를 증명해 있습니다.

우리 무명(無明)은 어디서 오는 것인가? 모두가 다 비었다고 생각할 때에 모두가 다 하나가 되겠지요. 무슨 물질이 있고 무엇이 있다고 생각할 때는 하나가 되려야 될 수가 없지 않습니까. 입불이법문(入不二法門)이라, 유마거사나 누구나 다 이 입불이법문이라. 오직 하나의 도리를 말씀했습니다.

그러면 물질이 아니면 그것이 무엇인가? 물질이 아니면서 공간성(空間性)도 시간성(時間性)도 없으면서 있는 것이 진여불성(眞如佛性)이란 말입니다. 자취가 없고 어떻게 표현할 수 없는, 그러한 문자와 말을 떠나버린 신비부사의(神秘不思議)한 그 자리가 바로 불성입니다.

따라서 있는 것은 사실은 진여불성 뿐입니다. 다른 것은 눈꼽만큼도 없는 것입니다. 모두가 다 비었으니 서로 다른 것이 어디가 있겠습니까. 모든 것이 어느 것이나 진여불성 뿐이다. 이렇게 알고 공부를 하는 것이 조사선(祖師禪)도리입니다.

보조국사(普照國師) 어록을 보신 분들은 상기해 보십시오. 자성청

정(自性淸淨) 자성해탈(自性解脫)이라. 우리 자성, 일체존재의 근본
성품이 자성입니다. 일체존재의 근본성품은 원래 청정한데, 무슨 물
질이 있다거나 한다고 생각할 때는 자성청정이 못됩니다. 자성청정
하기 때문에 자성해탈이라, 본래로 해탈이 되어 있단 말입니다.

우리는 참선을 누구나가 하려고 애를 씁니다. 인류문화사 가운데
서 가장 고도한 문화형태가 참선입니다. 사실은 참선을 모르면 진리
를 모른다고 해도 과언이 아닙니다.

우리는 유교(儒敎)나 기독교(基督敎)나 도교(道敎)나 이슬람교나 다
긍정합니다. 왜 긍정하는가? 모두가 다 부처님 가운데 들어 있기 때
문입니다. 바로 보면 이슬람이나 기독교나 모두가 다 바로 부처님이
란 말입니다.

따라서 긍정하기는 합니다만 그들의 가르침은 본래청정(本來淸淨)
본래해탈(本來解脫)이라, 자성청정(自性淸淨) 자성해탈(自性解脫)이
라, 그러한 말씀은 미처 못 합니다. 그들의 가르침은 세간적인 차원
에서 인과적(因果的)인 차원에서 우리가 선악을 구분해서 악을 행하
면 반드시 거기에 고통스러운 과보(果報)가 있고, 또는 선한 덕을 지
으면 반드시 행복이 있고, 금생에 잘 살면 천당(天堂) 가고, 그런 삼
계(三界) 내에서 우리 중생이 잘 사는 공부인 것이지 삼계를 해탈하
는 공부는 못 되는 것입니다.

그와 같이 자성청정 자성해탈이라, 내 몸뚱이도 본래가 비어 있고, 물질이라는 것은 우리 중생이 보는 것이지 물질 그것이 있는 것이 아닙니다. 오직 심불급중생(心佛及衆生) 시삼무차별(是三無差別)이라. 마음이요, 부처요, 모두가 다 차별이 없이 다 불성(佛性) 불심(佛心)뿐입니다.

이렇게 알고 믿는 것이 참다운 대승적(大乘的)인 신앙입니다. 대승적인 신앙을 가져야 참다운 참선(參禪)을 할 수 있습니다.

우리는 그러한 우리 근본실상(根本實相), 우리 생명의 근본실상은 무엇인가? 우리 모든 중생의 생명의 근본실상은 바로 불성이 아니겠습니까. 그러나 우리가 지금 불성을 체험한 것이 아니란 말입니다. 체험한 것이 아닌 지식은 다 간혜지(幹慧地)입니다. 바싹 마른 지혜입니다.

간혜미능(幹慧未能) 이원생사(離遠生死)라. 바싹 마른 이론적인 개념 지식만으로 해서는 우리가 참다운 감로 맛을 못 봅니다. 참다운 해탈 맛을 못 보는 것입니다.

참선의 공덕 이름 가운데 이런 이름이 있습니다. 현법락주(現法樂住)라, 법락을 우리가 맛본단 말입니다. 잘 생각을 못한 분들은 참선 공부를 해도 고통스럽고 다리도 아프고 별 맛이 없지 않는가. 이상스러운 맛이 있으면 안 되겠지요.

그러나 법락이라는 맛은 분명히 있습니다. 법락이라는 맛은 우리 공부가 깊어지면 깊어질수록 더욱더 환희용약(歡喜踊躍)으로 우리한테 온단 말입니다. 우리는 불경을 볼 때에 환희용약이라. 이러한 소중한 술어를 많이 보지 않습니까. 어떠한 때에 환희용약이 오는 것인가. 그런 때는 자기의 몸뚱이와 자기의 관념에 대해서 별로 부담이 없습니다. 몸과 마음이 정말로 개운하고 뛰놀듯이 행복스러운 것이 환희용약입니다. 이러한 것이 참선공부나 염불공부나 분명히 다 있습니다.

오늘 제 말씀이 제한된 시간이고 무던히 이렇게 덥고 또 구변(口辯)이 없는 사람이 너무 지루하게 하면 큰 고역이 되십니다. 그래서 될수록 간단히 줄이면서 말씀을 드리겠습니다.

이 참선공부는 우리 생명을 모조리 받쳐서 얻을 수 있는 소중한 생명의 길입니다. 이러한 길이므로 지금까지 훌륭한 선지식(善知識) 스님들한테 잘 말씀을 들으셔서 아시겠지만 저 같은 사람도 45년 동안이나 참선한다고 다소나마 애는 썼으니까 체험담을 드릴 수밖에는 없습니다.

정말로 참선 공부는 가장 행복한 공부입니다. 어째서 행복한가 하면 우리의 병, 지금 한국병(韓國病)이니 무슨 병이니 하는 그런 병소리가 많이 나옵니다만 우리 중생들은 사실은 누구나 다 무명병(無明

病)에 걸려 있습니다.

한국병이나 미국병이나 모두가 다 근본 병은 무명병입니다. 무명병은 무슨 병인가? 무명병은 '있다, 없다' 하는 병입니다. 우리 중생은 없는 것을 있다고 하고 또는 참말로 있는 것은 없다고 합니다. 공인 물질은 있다고 하고 참말로 있는 진여불성(眞如佛性)은 없다고 합니다. 이것이 중생병(衆生病)입니다. 없는 것은 있다고 하고 있는 것을 없다고 하므로 한국병이 생기고 무슨 병이 생깁니다.

또는 우리 몸뚱이에 있는 이런저런 병 암(癌)이나 에이즈(AIDS)나 이러한 것도 역시 모두가 다 우리 마음병 무명병 때문에 생깁니다. 그렇기 때문에 무명병을 치유하는 것이 우리 중생들의 행복을 위해서는 가장 급선무입니다.

그러면 우선 무명병 가운데 없는 것을 있다고 한 병이 무엇인가? 이것은 유루병(有漏病)이라, 있다는 병입니다. 앞서 말씀과 같이 내 몸뚱이도 분명히 부처님의 그런 시각, 성자의 견해에서 본다고 생각할 때는 명명백백(明明白白)하게 빈 것인데 우리가 있다고 본단 말입니다.

다른 것도 모두가 마찬가지입니다. 이 무명으로 해서 나도 있고 너도 있고 일체존재가 있다고 생각하니가 거기에서 모든 중생들의 병이 파생됩니다. 감투의 병이나 남을 미워하는 병이나 좋아하는 병이나 다 그렇습니다. 따라서 우리가 아랫물을 맑게 하기 위해서는 우선 상류(上流)부터 다스려야 하듯이 무명병(無明病)만 다스리면 그때는 모든 병이 자동적으로 다스려지고 모두가 정화가 되고 다 풀립니다.

그런데 있다는 병, 내가 있다는 병, 대상적으로 실존적으로 무엇이 있다는 병, 우리 불자님들은 평생 가장 큰 문제가 무엇인가 하면 있다는 병을 쳐부수는 일입니다. 있다는 병을 우리가 못 쳐부수면 우리는 참다운 불자가 못됩니다.

따라서 참다운 참선을 할 수도 없습니다. 서로 피차 갈등(葛藤)을 하고 가정적(家庭的)으로 불화스럽고 여러 가지 불평등(不平等)이라든가 그런 모든 문제는 있다는 병 때문에 이루어집니다.

그래서 우리는 다른 사람한테 우리가 가르쳐주는 그러한 법문(法門) 가운데도 가장 소중한 것은 있다는 병을 쳐부수어 본래 없다는 자리로 마음을 이르게 하는 것입니다. 우리 마음은 지금 있다는 병 때문에 칭칭 묶여서 마음이 지금 폐쇄(閉鎖)되어 있습니다. 있다는 병이 있으면 교만심(驕慢心) 등 별스러운 것이 다 나옵니다. 그러나 본래로 있지 않단 말입니다.

앞서 말씀드린 바와 같이 있지가 않은 도리 이것이 금강경(金剛經) 도리(道理)이고, 반야심경(般若心經) 도리이고 부처님의 참다운 반야

(般若) 공도리(空道理)입니다. 그렇기 때문에 적어도 부처님 가르침의 정법(正法)을 이야기하려면 어느 누구든지 꼭 반야의 공도리 모든 존재가 본래는 공이라는 도리를 분명히 말씀해야 합니다.

자신의 몸뚱이도 본래로 없다고 생각할 때에 자기 몸뚱이도 자기 것이 아니거든 하물며 자기 소유가 있을 수가 없습니다. 자기 절 자기 물건 어느 것도 자기 소유가 있을 수가 없습니다. 우리는 근본적으로 모든 문제를 생각해야 합니다.

우리는 지금 인생이라 하는 짧은 나그네 길을 걷고 있습니다. 나그네 길에서 우리 짐이 너무나 무겁습니다. 집도 기왕이면 좋은 집, 옷도 기왕이면 좋은 옷, 음식도 가장 좋은 음식, 자기 배우자도 가장 좋은 사람, 이러한 짐들을 다 짊어지고 어떻게 해서 누가 다 텅텅 비어버린 공(空)의 고향(故鄕)에 갈 수가 있습니까.

참다운 우리 고향은 불심의 고향입니다. 불심의 고향에 가기 위해서는 일낙서산(日落西山)에 월출동(月出東)이라. 해가 떨어져야 달이 솟아오르듯 우리가 앞서 말씀과 같이 유루병(有漏病)을 떨치지 못하면 제아무리 요설변재(饒舌辯才)로 해서 이렇게 저렇게 법문(法門)을 많이 한다 하더라도 참다운 불성자리에는 못 들어갑니다.

그러면 우리가 어떻게 해서 그런 자리에 들어갈 것인가? 들어가기 위해서는 먼저 바른 이해 바른 가치관(價値觀), 부처님 가르침은 신해행증(信解行證)이라 먼저 믿고 해석하고 또는 행하고 증명하고 이러한 것이 아니겠습니까. 여러분들께서는 자주 들으셔서 그런 도리는 충분히 알고 있습니다.

먼저 어떻게 믿을 것인가? 우리가 아직은 증명도 못하고 공부도 못한지라 우선 부처님 말씀만 그대로 믿어야 합니다. 부처님이 공(空)이라고 하면 공이라고 믿어야 합니다. 믿은 다음에는 어째서 공(空)인가? 이러한 도리는 앞서 말씀과 같이 물리학적으로나 또는 다른 구사론(俱舍論)이나 부처님의 논장(論藏)을 우리가 인용해서 우리가 이론적으로 자기 체계를 세웁니다.

모든 물질이 본래로 에너지뿐입니다. 모든 물질은 공간성과 시간성이 없는 에너지뿐인데 에너지가 진동해서 상(相) 나투어 모양이 있는 것과 같이 보이는 것이지 실지로 있지가 않다. 이러한 정도는 지금 물리학이 다 알고 있습니다. 따라서 적어도 우리 부처님 제자가 이러한 도리를 모르면 참으로 안타까운 일입니다.

이렇게 해서 우리가 이제 이해(理解)한 다음에는 거기에 따라서 공부를 하는 것입니다. 이것이 어느 방면으로 보나, 가령 우리가 주문(呪文)을 외운다 하더라도 그러한 도리를 알고 주문을 외워야 그래야 훨씬 더 가피(加被)도 많이 입고 우리 마음도 빨리 정화(淨化)됩니다.

주문이라 하는 것도 그냥 그렁저렁한 말이 아니라 다 빈자리에 있는 우주(宇宙)의 음(音), 우주의 멜로디(melody), 실은 다 비어버리고 아무것도 없는 것이 아니라 참다운 생명의 실상자리인 진여불성(眞如佛性)은 우주에 충만해 있습니다.

그 자리는 자비(慈悲), 지혜(智慧), 행복(幸福) 또는 음(音)도 가장 청정한 범음청량(梵音淸凉)의 음(音)이나 또는 대다라니(大陀羅尼)나 모두 다 그런 음은 우주음을 그대로 표현한 것입니다. 따라서 그냥 그러한 주문만 외운다 하더라도 자기는 모르는 가운데 약간의 공부는 되어 갑니다. 그러나 그러한 것은 하나의 주문에 불과한 것이지 그것이 참선은 못됩니다.

그러나 기왕이면 주문을 외우면서 참선을 하고 싶고, 나무아미타불(南無阿彌陀佛) 관세음보살(觀世音菩薩)을 하면서도 참선을 하고 싶고, 그러는 것이 우리 아닙니까. 참선공부는 제일 높은 공부이고, 다른 공부는 저 밑이다, 일반적으로 그렇게들 말을 합니다.

나는 지금 관세음보살을 몇 십 년 동안 해왔는데, 관세음보살을 안 외우면 그 내 마음이 허전하다. 그런데 참선도 같이 했으면 좋겠는데, 어떻게 했으면 좋겠는가? 이렇게 생각을 하시는 것이 우리 불자님들의 생각입니다.

그런데 그렇게 하기 위해서는 앞서 제가 말씀드린 바와 같이 근본

자리 근본 성품자리에다 우리 마음을 두고 하시면 됩니다. 성품이 안 보이는데 어떻게 마음을 둘 것인가? 이것도 부처님 말씀에 우선은 의지해야 합니다. 우리가 보는 것은 다 비어 있고, 그러나 다만 비어 있는 것이 아니라 일체 만공덕을 갖춘 진여불성은 충만해 있다, 이렇게 먼저 믿어야 합니다.

이렇게 믿고서 우리 마음이 상(相)에 안 걸리고, 아시는 바와 같이 이 가운데는 금강경(金剛經)도 몇 천 번 하신 분도 계실 것입니다. 금강경 도리의 핵심이 무엇입니까. 나라는 상(相), 너라는 상, 아상(我相), 인상(人相), 중생상(衆生相), 수자상(壽者相), 이러한 상을 떠나는 것입니다.

또는 우리 마음이 응무소주이생기심(應無所住而生其心)이라. 상에 걸리지 않고 상이 없는 마음을 내는 것입니다. 내가 있고 네가 있고 또는 좋은 것이 있고 이러한 상을 두면 금강경도리를 안다고 할 수가 없습니다. 따라서 모든 상은 본래로 비어 있다. 이렇게 아시고서 '옴마니반메훔'을 외우시면서 '옴마니반메훔' 주문을 하시면 바로 참선을 하시는 것입니다.

관세음보살(觀世音菩薩)을 외운다 하더라도 관세음보살님이 더 어디 밖에 가 계신다, 아미타불(阿彌陀佛)은 저 십만 억 국토 저 밖에 가 계신다, 이런 식으로 염불(念佛)하면 그런 것은 그저 칭명염불(稱

名念佛)인 것이지 참선은 못됩니다.

그러면 그렇게 법성(法性)이고 불성(佛性)이고 진여불성(眞如佛性)이고 다 없애버리고서 그냥 무자(無字) 화두나 '이 뭣꼬' 화두나 화두만 들고 있으면 참선이 아닌가, 이렇게 생각하신 분도 있습니다.

그러나 화두(話頭)라는 것이 어째서 나왔는가? 우리 불자님들은 화두나 염불이나 그러한 것들의 상관관계를 분명히 알아야 합니다. 우리가 나아갈 길이 투명해야 번뇌가 안 생기고 확신이 섭니다. 참선은 어떠한 것이고 염불은 무엇인가? 이러한 것에 관해서 뿔뿔이 생각하면 불이법문(不二法門)이라, 둘이 아닌 법문에 어긋납니다.

필요 없는 논쟁들을 많이 하는 경향이 있습니다. 돈오돈수(頓悟頓修) 돈오점수(頓悟漸修)라. 그러한 것도 따지고 보면 그렇게 논쟁할 거리가 없습니다. 보조국사(普照國師) 가신지 적어도 팔백년 세월 동안, 그 뒤 나옹(懶翁), 지공(指空), 태고(太古), 서산(西山), 진묵(震黙), 제대 도인들이 다 옳다고 긍정을 했으므로 새삼스럽게 논할 필요도 없는 것인데 자꾸만 부질없이 말씀들을 많이 합니다.

이 말씀은 누구를 비방하는 말씀이 아니라 부처님 법문은 모두가 다 진실한 법문 또는 깨달은 분들은 깨달은 분상에서는 이렇게 말하나 저렇게 말하나 깨달은 분상에서는 돈오돈수(頓悟頓修)라고 말하나 돈오점수(頓悟漸修)라고 말하나 아무런 흠이 될 것이 없습니다. 다만 중생의 그릇 따라서 도인들은 그때그때 성품을 안 여의고서 말씀을 하신 것입니다.

무자 화두나 '이 뭣꼬' 화두나 모두가 다 근본성품에서 나온 것입니다. 달마스님이 서쪽에서 오신 뜻이 무엇인가? 내내야 근본성품을 깨닫기 위해서 오신 것이 아닙니까. '여하시 불(佛)잇꼬' 부처란 무엇인가? 화두라는 것은 대체로 서쪽에서 달마스님이 이쪽으로 오신 뜻이 무엇인가? 또는 부처가 무엇인가? 또는 본래면목(本來面目)이 무엇인가? 또는 제일의체(第一義諦)가 무엇인가? 이러한 것을 따라서 화두가 나왔습니다.

다시 한 마디로 하면 근본성품(根本性品)이 무엇인가? 근본성품을 깨닫기 위해서 우리가 어떻게 해야 할 것인가? 그런 해답으로 해서 그때그때 도인들이 상(相)이 없이 내뱉어버리는 말이 무(無)가 되고 '이 뭣꼬'가 되고 했단 말입니다.

따라서 우리가 그러한 화두를 참구할 때도 우리 마음이 상을 떠나버린 진여불성자리에 딱 입각해 있어야 화두 참구가 됩니다. 그러는 것이지 진여불성은 생각지 않고서 그냥 의심만 한다고 생각하면 상기(上氣)가 되고 공부가 잘 나가지 않습니다. 마땅히 앞서 말씀드린 바와 같이 바른 철학 바른 가치관, 바른 가치관은 무엇인가?

불이법문(不二法門)이라, 일체존재가 다 진여불성(眞如佛性)인 것이지 불심 뿐인 것이지 다른 것은 아무 것도 없습니다. 우리 눈으로 명명백백 내가 있고 네가 있고 미움이 있고 사랑이 있고 한다 하더라도 이러한 것은 모두가 다 참말로 바로 본다면 있지가 않는 것입니다. 있지가 않는 것을 있지 않다고 분명히 느끼는 것이 우리 수행자(修行者)입니다.

따라서 참선 공부는 그냥 앉아서 이것 하고 저것 하고 모양만 의젓이 취하고 이래서 참선이 되는 것이 아니란 말입니다. 다 털어버려서 내 걸망까지도 내 몸뚱이까지도 이것저것 몽땅 다 비었다, 이렇게 생각하고 참선을 하면 앞서 제가 말씀드린 바와 같이 용이 물을 얻어서 하늘로 올라가고 또는 호랑이가 언덕을 얻어서 천리만리 달려가듯 그와 똑같은 도리입니다.

참다운 생명의 창조(創造)는 앞서 말씀과 같이 제법공(諸法空) 도리에서 반야지혜(般若智慧)에서 출발해야 참다운 생명의 창조가 됩니다. 그렇지 못한 것은 윤회(輪廻)의 법입니다.

'있다 없다' 느끼는 그 마음보고 일승법(一乘法)에서는 훔칠 도(盜), 도심(盜心)이라. '나' 라는 것이 없는데 있다고 생각하면 그 마음도 도둑 마음이고 또 이 집은 영구히 내 집이다, 그 마음도 부처님 사상에서 보면 도둑 마음입니다. 모두가 다 본래로 비었습니다. 어느 것도 자기 몸뚱이도 자기 것이 아닙니다.

금생의 이 몸뚱이는 어데서 왔는가? 과거 전생에 이와 같은 몸이 있을 것도 아닙니다. 금생에 몇 십 년 동안 사는 이 몸뚱이는 분명히 있지 않는가? 이 몸뚱이도 찰나찰나, 찰나(刹那)는 일 초의 75분의 1 초 동안도 같은 몸이 없습니다.

신진대사 해서 먼저 번 세포가 죽고 나중에 세포가 생겨나고 그때그때 주름살이 더 깊어지고 하는 것을 우리 중생들은 몇 십 년 되어야 늙었다 하는 것이지 그냥 내 몸 그대로 있다고 생각합니다.

그러나 우리 몸뚱이는 순간 찰나도 같은 몸이 있지가 않습니다. 순간 찰나도 같은 것이 있지 않은데 이렇게 있다는 내 몸도 있다고 할 수가 없습니다. 그렇기에 제법공인 것입니다. 아무리 어려워도 제법공도리(諸法空道理)를 알아야 그래야 참다운 대승(大乘)이라고 할 수가 있습니다.

그저 유교(有敎)라. 소승교라는 것은 있다 없다 그런 차원의 가르침이 소승 아닙니까.

대승이 되려면 적어도 제법공자리에서부터, 반야지혜(般若智慧)부터 출발해야 대승이 됩니다. 반야지혜부터 반야의 보배가 있어야 그래야 참다운 염불이 되고, 반야지혜가 있고서 모든 것이 진여불성뿐이다, 다른 것은 다 헛것이다, 이렇게 생각하고 염불(念佛)하면 이것은 바른 염불인 동시에 염불선(念佛禪)인 것입니다.

화두를 참구할 때도 그 자리를 놓치지 말고 참구하십시오. 이것은 여러분들이 '이 뭣꼬' 선(禪)에 가서 여실히 다 발표가 되어 있습니다. 여실히 밝혀 있습니다. 나한테 한 물건이 있으되, 한 물건은 무엇인가? 이것은 둘이 아니고 셋이 아니고 오직 생명의 본래면목자리란 말입니다.

나한테 한 물건이 있으되 나한테 본래면목 자리가 있으되 검기는 칠보다 검고 밝기는 해와 달보다 더 밝으니 천지우주를 두루 비추는 광명의 생명이고 또 하늘을 바치고 땅을 괴고 있으니 천지우주에 가득 차 있고 그러한 것이 나와 더불어 있는데 미처 거두어 얻지 못하는 그것이 무엇인가?

'그것이 무엇인가' 이지, '오직 하나의 도리 오직 하나의 진여불성이 무엇인가' 이지, 그냥 아무렇게나 '이 뭣꼬' 가 아닌 것입니다. 육조혜능(六祖慧能)스님께서 분명히 밝혀 놓으신 가르침입니다.

어떠한 화두나 앞서 제가 말씀드린 바와 같이 부처가 무엇인가? 본래면목이 무엇인가? 달마스님께서 서쪽에서 이쪽으로 오신 뜻이 무엇인가? 다 그런 데서 천칠백공안(千七百公案)이 있습니다.

그렇기 때문에 우리가 어떤 화두를 참구하든지간에 근본성품자리를 놓치지 않아야 참다운 조사선입니다. 어디에 의지해서 상에 의지해서 공부하는 그러한 것이 아니라, 상(相)에 의지해서 공부하면 참선이라고 할 수가 없습니다.

상을 의지하지 않고서 자취가 없고 모양도 없고 이름도 붙일 수가 없는 그 자리, 우리 본래 성품자리에 우리 마음이 입각해 있어야 그래야 참선이라고 할 수가 있습니다. 이렇다고 보면 참선은 선방에서만 하는 것은 아니지 않습니까.

집안에 있으나 어디에 있으나 운전을 하든지 간에 언제나 우리 마음이 상에 걸리지 않고 우리 마음이 일체존재 나나 너나 모든 존재의 실상자리 이른바 생명의 실상자리 이러한 자리에 입각하면서 공부하면 어느 공부나 다 참선입니다.

비록 지금까지 기독교를 믿어와서 '오, 주여! 하나님이시여!' 이렇게 말하기가 더 좋은 사람들은 말은 그렇게 해도 좋습니다. 그러나 마음만은 아상(我相) 인상(人相) 중생상(衆生相) 수자상(壽者相), 다 상을 떨어버리고 진여불성(眞如佛性) 자리에 마음을 두고서 '오, 주여' 해도 아무런 허물이 없습니다.

그러한 증거로 화두 가운데 '똥 마른 막대기'라는 화두가 있지 않습니까. 운문(雲門)스님한테 가서 '여하시불잇꼬' 하니 '똥 마른 막대기' 라! 상(相)을 떠나버린 자리에서는 똥 마른 막대기가 되었든 또는 쇠막대기가 되었든 상관이 없습니다.

그러나 우리 중생들은 금생에 잔뜩 무명병(無明病), 무명병 가운데 유루병(有漏病) 있다는 병에 걸려 있습니다. 또 진여불성도 어느 분들은 텅텅 비어 있는 것이지, 진여불성이 어디가 있을 것인가? 진여불성이 어디가 있단 말인가?

그 사람은 무병(無病) 없다는 공병(空病)에 들어 있습니다. 무병이란 말입니다. 단견상견(斷見常見)이라, 우리는 항상 있다는 유루병도 끊어야 하고 또는 무엇이 허무해서 아무것도 없다는 그러한 공병도 끊어야 합니다.

우리 중생의 어두운 눈으로는, 상이 있는 눈에서는 안 보인다 하더라도 상이 없는 충정한 우리 마음에서는 분명히 진여불성은 우리 생명 자체로 해서 영원히 우주에 충만한 것입니다. 우주에 충만한 생명의 빛입니다.

우리 불자님들은 그냥 가장 소중한 내가 없고 가장 소중한 저 사람도 공이라 하니 얼마나 허무한 것인가? 거기까지만 생각하면 굉장히 허무한 것입니다. 그러나 그렇지 않고 그런 실상(實相)은 하나의 일체행복, 지혜, 자비를 다 갖추고 있습니다.

그렇게 해서 우리 공부가 진전이 되면 진일보한 만큼 자기도 모르는 가운데 허두에서 말씀드린 바와 같이 감로수 같은 그러한 맛이 우리한테 옵니다. 오늘도 꽤 덥습니다만 동산양개(洞山良价) 화상한테 더운 때는 어떻게 해야 하고 추운 때는 어떻게 해야 합니까?

그러니까 이제 동산스님께서 하시는 말씀이 '그대는 어째서 춥고 더움이 없는 그 자리를 구하지 못하는가? 춥고 더움이 본래 없는 그 자리를 구하지 못하는가? 우리 중생들은 미우면 미운 체로 좋으면 좋은 대로 더우면 더운 대로 고생합니다.

그러나 우리가 더위도 추위도 미움도 좋아함도 다 떠나서 오직 청정한 해탈의 자리에 가 버리면 다 조복(調伏)이 되는 것입니다. 그러나 우선 저부터 그런 자리에 온전히 못 갔으므로 분명히 저도 지금 덥습니다. 더위도 추위도 없는 자리가 바로 진여불성자리입니다. 다 초월(超越)해 있습니다.

참선을 많이 해보신 분들은 짐작이 되실 것입니다. 뜨거운 선방에 앉아서도 공부가 잘될 때는 그냥 시원한 기운 때문에 자기 눈에서도 분명히 시원한 바람이 폭폭 일어난단 말입니다. 우리 마음은 그렇게 신비로운 것입니다. 우리 마음은 한없는 지혜, 한없는 자비가 다 들어 있는 것입니다.

다만 우리가 유루병 무병 때문에 있다는 병 없다는 병 때문에 우리의 그러한 무한(無限)한 공덕(功德)을 딱 틀어막고 있는 것입니다. 이 참선공부를 하실 때는 자기가 하고 있는 지장보살(地藏菩薩)이나 관세음보살(觀世音菩薩)이나 또는 아미타불(阿彌陀佛)이나 또는 무자(無字) 화두나 그런 공부 방법을 바꾸실 필요는 조금도 없습니다.

다만 그러한 것은 현상 따라서, 인연 따라서 제시된 방편인 것이지 그런 화두나 염불이나 주문이나 모두가 다 본래의 성품자리를 말씀한 것이기 때문에 우리 마음이 본래 성품자리를 말씀한 것이기 때문에 우리 마음이 본래 성품자리에 가 있다고 생각할 때는 지장보살을 하나 무엇을 하나 다 한가지입니다.

그렇기 때문에 지장보살님을 외우는 분들이 관세음보살님하고는 다르지 않는가? 또는 화두를 해야 참선인데 지장보살을 하면 참선이 아니지 않는가? 그렇게 생각하실 필요가 없습니다. 앞서 말씀드린 바와 같이 모든 그런 부처님의 명호자리 모든 보살님의 명호자리는 본래가 하나입니다.

하나의 자리인데 그러한 진여불성 자리는 무한한 공덕이기 때문에 한말로 표현을 못합니다.

그렇기 때문에 무량공덕(無量功德) 그 자리를 자비로운 쪽으로 표현할 때는 관세음보살, 지혜로운 쪽으로 표현할 때는 문수보살(文殊菩薩) 또는 우리 중생의 영혼(靈魂)을 극락세계나 천상세계나 그러한 데로 인도하는 쪽에서 보면 지장보살(地藏菩薩), 우리 중생의 병고

(病苦)를 다스리는 쪽에서 본다면 약사여래(藥師如來), 총 대명사는 아미타불(阿彌陀佛) 이러는 것이지 원래 둘이 있지가 않습니다.

우리 불교는 이런저런 신(神)이 따로따로 있다는 미개한 다신교(多神敎)의 그런 종교는 아니지 않습니까. 우리 불법(佛法)은 모든 것을 다 거기에 포함해 있습니다. 성경도 논어(論語)도 도덕경(道德經)도 다 들어 있습니다.

따라서 자기가 하고 있는 공부 방식을 바꿀 필요가 없이 다만 마음만 돌이켜서 불교의 어려운 말로 회광반조(回光返照)라. 우리가 분별하고 있는, 상을 두고 있는 마음만 돌이켜서 상이 없는 그 자리만 훤히 비추고 있으면 됩니다. 정말로 그 자리는 훤히 빛나는 자리입니다.

가시적인 태양광(太陽光)과 같은 눈부신 광명이 아니라 청정적광(淸淨寂光)의 광명이 언제나 비추고 있는 것입니다. 그렇기 때문에 우리가 부처님을 한번 생각하면 한번 생각한 만큼 우리 마음의 어둠이 가십니다. 바르게 우리가 화두를 참구하면 한만큼 우리 마음의 어둠은 가시는 것입니다.

인도(印度) 부처님 당시에 파사닉(波斯匿) 왕녀가 굉장히 얼굴이 못났단 말입니다. 얼굴이 못나 자나 깨나 자기 남편한테도 그렇게 소박을 당하고 또는 하도 못나서 문밖을 나갈 수가 없단 말입니다.

임금님도 자기 딸이 못나서 부끄러워서 밖에 내놓지를 않는단 말입니다. 그래서 그 추녀가 못생긴 딸이 부처님한테 간절히 기원을 드렸습니다. '세존이시여, 정말로 제가 이와 같이 수모를 당하지 않도록 저도 좀 예쁜 사람으로 바꿔 주십시오.' 그렇게 몇 달을 두고 몇 년을 두고 기원을 드렸습니다.

어느 날 공덕이 쌓이고 쌓여서 자기 업장이 소멸될 만큼 되었습니다. 어느 날 갑자기 자기 문틈에 부처님의 자비로운 광명이 훤히 비춰왔습니다. 그래서 그 광명을 보자마자 그렇게 추했던 얼굴이 아주 절세 미인(絶世美人)이 되었습니다. 이것이 팔상록(八相錄)을 보면 추녀개용(醜女改容)이라, 추녀가 얼굴을 다시 바꿔 미녀가 되었다는 말이 있습니다.

남을 미워할 때 자기 얼굴을 보십시오. 남을 미워할 때 자기 얼굴을 보면 그 얼마나 추악합니까. 남한테 베풀고 남한테 자비로울 때 자기 얼굴을 보십시오. 같은 자기지만 얼마나 온화하게 보입니까.

우리는 본래로 무한의 지혜공덕(智慧功德)과 행복을 갖추고 있는 부처님입니다. 부처님 아닌 것은 아무것도 없습니다. 이렇게 느껴야 바른 신앙입니다. 부처님 아닌 것이 아무것도 없다고 분명히 느끼고서 나도 최선을 다해서 부처가 되고 모든 중생이 다 부처가 되게끔 하는 이것이 부처님의 가르침입니다.

자기 남편한테나 자기 아들한테나 자기 친구한테나 누구한테나 가장 큰 선물이고 가장 큰 공덕은 무엇인가. 그것은 자기가 부처님 가르침을 바로 닦으면서 그 사람도 부처님이 되게끔 인도하는 것입니다.

늙으신 자기 부모님을 봉양(奉養)하기 위해서 옷이고 음식을 잘 대접하는 것도 효도(孝道)가 되겠지요. 그러나 그러한 것은 유한적인 때문은 효성밖에는 못되는 것입니다. 참다운 효성은 화엄경(華嚴經)에 보면 부모님을 양쪽 어깨에 태워서 하해 같고 태산 같은 부모님 은혜를 갚기 위해서 부모님한테 최상의 음식을 대접하고 최상의 화려한 옷을 입혀드리고 그렇게 해도 아직 자기 직성이 안 풀려서, 부모님을 양쪽 어깨에 태워서 천하를 몇 바퀴를 돌면서 천하의 명승지(名勝地)를 구경시켜 드린다 하더라도 오히려 갚음이 없다는 것입니다.

그렇게 지중한 부모님인데도 그러한 효도는 아직은 때묻은 유루(有漏) 효도이고 그것은 유위법(有爲法)입니다. 그렇다면 참다운 효도는 무엇인가. 그것은 부모님을 무위법(無爲法)이라. 부모님을 생사(生

死)가 없는 영생(永生)의 길로 인도하는 가르침을 드리는 것이 가장 큰 비교할 수 없는, 유루 행복에 비교할 수 없는 몇 천 배 수승한 효도인 것입니다. 이러한 것이 화엄경에도 있고 부모은중경(父母恩重經)에도 있습니다.

따라서 우리는 어느 누구한테나 내가 잘 먹고 잘 살고 내가 학문이 깊고 옅고 하는 그러한 문제가 아니라, 오직 우리 마음이 얼마만큼 부처님한테 가까이 나가고 있는 것일까. 또는 모든 사람을 얼마만큼 부처님한테 가까이 나가게 하고 있는가?

한번 생각해 보십시오. 우리가 부처님의 반야사상(般若思想)으로 해서 무아(無我) 무소유(無所有)라. 내 몸도 본래로 비어 있고 이대로 비어 있고 죽은 뒤에 비어 있는 것이 아니라 이대로 즉공(卽空)이라. 색즉공(色卽空)이라. 내 몸도 비었거니 내 소유가 어디가 있는 것인가.

이렇게 정치가나 누구나 다 부처님 법대로 −부처님 법은 바로 우주의 도리입니다. 우주의 진리입니다.− 우주의 도리에 못 따르면 항상 역사의 심판을 받습니다. 부처님 법에 정치인이나 누구나 안 따라간다고 생각하면 인류 사회의 전쟁이나 불안한 요인이 항상 끊임이 없습니다.

그렇기에 플라톤의 공화국(共和國)에서도 성자(聖者)가 정치가(政

治家)가 되고 정치가가 성자의 길을 닦기 전에는 일류의 해악(害惡)은 영원히 끊이지 않는다, 이렇게 말했습니다. 어떠한 것으로 보나 부처님의 가르침이 아니고서는 무슨 단체나 개인이나 절대로 참다운 행복은 없습니다. 아무리 싫더라도 아깝더라도 부처님 가르침을 곧 이곧대로 믿어야 합니다.

지금 실존철학(實存哲學)에서 말하는 무철학(無哲學)은 물론 하이데거나 키에르케고르나 그러한 분들은 순수한 불교인들이 아니지만 그러한 허망무상(虛妄無常)한 것을 느끼고 있었습니다. 그런 느낌 밑에서 참다운 실존이 무엇인가?

참다운 실존은 이것은 방금 말씀드린 바와 같이 부처님께서 말씀하신 진여불성(眞如佛性)이 참다운 실존이고 실상입니다. 모든 것은 다 허망하고 다 비어 있고 참다운 실상은 오직 진여불성 뿐입니다. 이렇게 분명히 느끼시고서, 느낀다 하더라도 그걸로 해서는 우리의 그 모진 습관성이 그때그때 머리를 들고 우리를 괴롭힙니다. 따라서 지속적으로 공부를 해야 합니다.

정념상속(正念相續) 오욕적중(五欲敵中) 불위소외(不爲所畏)라. 우리가 바른 정념이 상속되어야지 상속이 안 되고서, 바른 정념은 아까 말씀드린 바와 같이 일체가 모두가 진여불성이 아님이 없다, 일체가 하나의 일원적으로 불성뿐이다, 이렇게 생각하는 것이 바른 정견(正

見)입니다.

이러한 바른 정견을 갖추었다 하더라도 일상성에 매몰돼서 그런 정념을 상속시키지 않으면 우리 공부가 참다운 참선으로 이어지지 못합니다.

따라서 정념상속(正念相續), 정념을 상속시킨다고 생각할 때에 오욕적중(五欲敵中)이라. 잠이나 식욕(食慾)이나 이성욕(異性慾)이나 명예욕(名譽慾)이나 재물욕(財物慾)이나 그러한 오욕의 원수 가운데 있다 하더라도 불위소외(不爲所畏)라, 그러한 원수가 우리를 침범을 못합니다.

우리 원수는 다른 데에 있지 않습니다. 우리가 잘 못 보는 마음, 즉 무명심(無明心)과 또는 무명심이 있다고 생각할 때는 내가 있고, 내가 있으면 탐욕심(貪慾心)이 있고, 진심(瞋心)이 있겠지요. 또는 오욕심(五慾心) 이것이 모두가 다 무명심에서 오는 잘못 보는 것입니다. 즉 도둑 마음입니다.

이러한 도둑 마음이 그때그때 우리 마음을 침범해 있습니다. 과거 무수생(無數生) 동안의 도둑 마음이 우리 잠재의식(潛在意識)의 소(沼)에는 꽉 차 있습니다. 금생에도 초등학교에서부터 대학까지 대체로 있다, 없다 그러한 것만 배웠습니다.

그렇기 때문에 모두가 비었다, 반야사상을 우리가 다소라도 알기는 알아서 그렇게 살기는 살아야 하겠는데, 그 순간뿐인 것이지 그냥 그 '있다, 없다'에 걸려버립니다. 그렇기 때문에 우리 공부가 앞서 말씀과 같이 정념공부가 지속적으로 상속된다고 생각할 때는 삼독오욕(三毒五慾) 가운데 있다 하더라도 삼독오욕의 침해를 받지 않는다는 말입니다.

그렇기 때문에 지금 하시는 공부로 꼭 그와 같이 지속적으로 공부를 하십시오. 지속적으로 공부를 하시면 이것은 우리 업장(業障)이 녹아짐에 따라서 집안 운수도 다른 것도 다 좋아집니다. 몸에 잔병이 있다 하더라도 지속적으로 반야사상(般若思想), 지속적으로 모두가 다 본래 있는 것이 아닌데 모두가 다 청정무비(淸淨無比)한 진여불성뿐인데 그 생각을 가지고 공부한다고 생각할 때는 우리한테 있는 세간적인 유위공덕(有爲功德), 세간적인 그런 액운(厄運)도 다 없어지고 맙니다. 그렇게 되어야 기복불교(祈福佛敎)도 참다운 기복불교가 됩니다.

세간적인 상(相)을 두고 우리가 복을 비는 것은 상의 범위 내에서 구속되어서 큰 복도 올 수가 없습니다.

그러나 상을 떠나버린 참다운 공부를 한다면 우리가 부르지 않아도 진여불성 가운데는 무한의 공덕이 있기 때문에 저절로 우리한테 공덕이 다 오는 것입니다.

우리 불성(佛性)은 나보다도 나를 더 잘 아는 것입니다. 우리 진여 불성(眞如佛性)은 나보다도 나를 훨씬 더 압니다. 새삼스럽게 내가 부처님이시여, 나한테 무슨 재산을 주십시오. 이렇게 구하지 않는다 하더라도 진여불성은 다 미리서 아신단 말입니다.

또는 우리한테 있는 불행이나 그러한 것이 진여불성 자리에서 본다고 생각할 때는 불행이 될 수가 없습니다. 천지우주는 모두가 다 바로 불성이기 때문에 우주는 바로 부처님 덩어리입니다. 무량무변(無量無邊)한 진여불성 덩어리가 바로 우주입니다.

그렇기 때문에 우리네 불행이라 하는 것은 다만 상에서 봐서 불행인 것이지 진여불성에서 본다고 생각할 때는 불행은 조금도 없습니다. 지금 당장에 금생에 인연(因緣)이 다해서 자기 목숨을 버린다 하더라도 손해볼 것은 아무 것도 없습니다. 죽자마자 금생에 지은 대로 다시 태어나는 것입니다. 아무런 손해가 없습니다.

지금 재산을 몽땅 잃어버린다 하더라도 그것도 아무 손해가 없습니다. 재산을 잃어버림으로 해서 우리 업장이 녹아갑니다. 고생이 많으면 많을수록 우리 업장이 빨리 녹아지는 것입니다. 몸이 안락하면 안락한대로 우리 업장이 더디게 덜 녹습니다. 따라서 고생스러운 것이나 남한테 배신당해서 슬퍼하는 것이나, 슬퍼함으로 해서 우리 업장이 빨리 녹고 동시에 무상(無常)을 느낍니다. 허망무상을 느낀단 말입니다.

우리 중생이 안락하고 허망무상을 못 느끼면 다 비었다는 소식을 알기가 어렵습니다. 그러나 모두는 다 허망하지 않은가, 결국은 다 이별하지 않는가, 이렇게 느끼고 있을 때 우리는 보다 더 진여실상 자리에 가는 관문인 제법공자리를 빨리 느낍니다.

그래서 무문혜개(無門慧開)스님도 무문관(無門關)이라. 일체가 비었다는 무(無)의 관문을 지나야 한다고 했습니다. 앞서 말씀드린 바와 같이 참선공부나 염불공부나 무슨 공부나 다 하나의 공부입니다. 다만 우리 본체 본성품(本性品)을 안 떠나고 공부를 해야 합니다.

육조단경(六祖壇經)을 보면 그러한 말씀이 여러 군데 있습니다. '내 법(法)은 본성품을 안 여읜다', 본성품을 안 여의고 공부를 해야 참다운 공부이고 그래야 참선이 됩니다. 그래서 우리 공부하실 때는 그와 같은 마음의 자세를 가지고서 꼭 정(定)과 혜(慧)가 쌍수(雙修)가 되어야 합니다.

정과 혜가 아울러서 공부를 해야 공부가 빠릅니다. 왜냐하면 진여불성 가운데는 선정(禪定)과 지혜(知慧)와 자비(慈悲)가 온전히 원만히 갖추어 있기 때문에 우리가 하는 공부 역시 진여불성에 걸맞는 공부를 해야 이른바 계합(契合)이 빠르단 말입니다. 그러는 것이지, 혜는 혜(慧)대로 또는 선정은 선정(禪定)대로 닦으면 공부의 계합이 더던 것입니다.

그러하면 어떠한 것이 지혜를 안 여의는 것이고, 어떠한 것이 선정이라는 정을 안 여의는 것인가?

이것은 앞서 제가 말씀을 드렸습니다만 우리 마음이 훤히 빛나는 진여불성자리, 우리 마음의 등불이 고향 길로 가는 그러한 광명의 등불인, 일체존재는 오직 하나인 생명의 광명입니다. 우주에 가득 찬 오직 하나의 광명입니다.

그 자리에다 우리 마음을 두는 것을 보고서 우리 마음이 지혜에 머물러 있다 그럽니다.

바꿔서 말하면 우리 마음이 본체(本體)에 머물러 있다. 이른바 육조스님의 단경 말씀대로 하면 일상삼매(一相三昧)라. 모두가 오직 하나의 진여불성이란 말입니다. 그 다음에는 그 자리를 느끼고 마는 것이 아니라 그 자리를 앞생각 뒷생각 사이에 틈이 없이 염념상속(念念相續)으로 지속을 시켜야만 참다운 진여불성자리에 우리가 증명(證明)해 들어갑니다.

부처님께서 금생이 나오신 일대사인연(一大事因緣)은 무엇인가? 우리 중생으로 하여금 진여불성자리를 알게 해서 그 자리를 깨달아 들어가게 하기 위해서 금생에 오신 것입니다. 우리 중생이 진여불성자리를 알아서 또는 깨닫고 그 자리를 증명하고자 해서 이생에 오신 것입니다.

따라서 우리는 불자이니까 마땅히 그래야 하겠지요. 그렇게 하기 위해서 가장 핵심적인 공부는 무엇인가 하면, 팔만대장경(八萬大藏經)의 핵심은 정혜쌍수(定慧雙修)라! 보조국사(普照國師) 어록을 보십시오. 정혜쌍수입니다. 화엄경(華嚴經)이나 모든 경(經)들이 정혜쌍수(定慧雙修) 정혜균등(定慧均等)이라, 지혜와 선정이 아울러야 한 단 말입니다.

우리 마음을 마음의 등불인 그 자리에 딱 머물러두고 지속적으로 그 자리를 안 여의고 공부를 해야 합니다. 그것이 육조단경 식으로 육조혜능스님 말씀으로 말하면 일행삼매(一行三昧)라. 일상삼매는 혜적(慧的)이고 지혜를 의미하고, 일행삼매는 정적(定的)이고 선정을 의미합니다. 이렇게 해서 지혜와 선정이 어우러져서 우리가 공부할 때는 참다운 진소위(眞所謂) 참선이 됩니다. 지혜와 선정이 균등하게 되어야 참말로 참선이 됩니다.

주문(呪文)으로 하나 관세음보살(觀世音菩薩)로 하나 어떻게 하나 상관이 없습니다. 그러한 것에 걸리지 마십시오. 아까도 말씀드린 바와 같이 하나님이라 해도 상관이 없습니다. 그러한 것은 하나의 상인 것인데, 상이야 어떻게 되었던 진여불성(眞如佛性)만 의미하면 됩니다.

다만 하나님이란 그것이 저 밖에 있는 하나님이 아니라 내 몸속이나 내 몸 밖이나 우주에 언제나 어디에나 있는 우주의 생명(生命) 우주의 바로 진여불성 이러한 자리를 의미할 때는 하등 허물이 될 것이 없습니다.

허두에서 말씀과 같이 부처님의 공부는 감로왕여래(甘露王如來)의 공부입니다. 감로왕여래는 죽지 않는 최상의 맛이 죽지 아니하고 이별도 없고 영생하는 일체 지혜공덕(智慧功德)을 갖춘 최상의 맛이 감로입니다. 그러한 맛을 못 보고 죽는다고 생각할 때는 금생에 인간으로 태어나서 지극히 큰 손실입니다.

우리 생명이 그렇게 길지가 않지 않습니까. 날숨 한번 들이 못 쉬면 바로 죽음입니다. 어느 때 죽을지 모르는 것입니다. 어느 것도 자기 것은 없습니다. 제법공도리에서 보면 내 몸도 내 것이 아닌데, 다른 모든 것들이 나의 것이 될 수가 없습니다.

그러한 것들 때문에 우리 생명을 낭비할 아무런 가치도 없습니다. 그러나 어버이 도리 또는 스승의 도리, 남편의 도리, 아내의 도리, 그 도리를 다 하셔야 합니다. 게으름 없이 다 하셔야 하나, 하시는 가운데도 앞서 말씀과 같이 진여불성자리 자기 생명의 본고향자리에다가 마음을 두고 해야지 그 자리를 떠나버리면 우리 생명이 그냥 겉돌고 맙니다. 생사해탈(生死解脫)의 성불(成佛)과는 상관이 없어지고 맙니다.

마땅히 생명의 길, 지금 우리 사회가 제아무리 혼란스럽고 불확실
하다 하더라도 부처님 가르침은 명백합니다. 명백한 길인지라 조금
도 에누리가 없습니다. 속임수가 없습니다. 따라서 결단심으로 분명
히 믿으셔야 우리 생명의 낭비가 없고 손해가 없습니다.

이렇게 하셔서 꼭 금생에 이 몸 이대로 부처님의 계행(戒行)을 착
실히 닦으셔야 됩니다. 살생(殺生)하지 말고 음탕한 행위를 하지 말
고 자기 배필 외에 어떠한 음탕한 행위를 하지 말고 정당한 수입이
아닌 것은 갖지도 말고 정말로 적게 먹고 적게 써야 합니다.

적게 먹고 적게 써야 그래야 해탈의 길로 가는 자기 몸도 마음도
가볍습니다. 많이 두어 봐도 아무런 자기 성불, 참다운 감로왕여래의
공부, 영생해탈(永生解脫)의 공부에는 아무런 도움이 못됩니다.

마땅히 최선을 다 하면서 최선으로 바로 살고 바로 말하고, 나와
남이 둘이 아니므로 다른 생명을 해치면 안 되겠지요. 개와 닭과 소
와 나와도 둘이 아니므로 개고기, 소고기 그러한 것도 안 먹어야 하
겠지요. 그런 것은 먹어서 살로 안 갑니다. 살로 안 갈 뿐만 아니라
그러한 것을 먹으면 세포를 오염시킵니다.

우리 불자님들은 분명히 느끼셔야 합니다. 나보다 더 업장이 무
거운 개나 소나 돼지나 그러한 세포가 나한테 온다고 생각할 때에

좋을 수가 없습니다. 부처님 가르침은 정말로 명명백백(明明白白)
합니다.

명명백백한 가르침인지라 우리는 단호하게 믿어야 합니다. 믿고서
철저한 계행(戒行)을 지키고, 철저한 계행을 지켜야 부처님의 가르침
을 빨리 알게 되고 또는 빨리 우리 몸으로 마음으로 증명(證明)이 됩
니다. 계행을 못 지키고 우리 몸이 더러우면 몸과 마음이 둘이 아닌
지라 부처님 마음이 증오(證悟)가 안 됩니다.

우리한테는 삼명육통(三明六通)이 본래로 갖추고 있습니다. 천지
우주를 훤히 볼 수 있는 힘, 우주만유를 다 알 수 있는 힘 모두를
갖추고 있으나 우리가 제대로 바르게 못 사니까 발휘를 못하는 것
입니다. 저 같은 사람도 오랫동안 공부했다 하더라도 부처님께서
말씀하신 그 분명한 가르침을 제가 제대로 다 보여드릴 수가 없습
니다.

우리한테는 부처님의 행복(幸福), 자비(慈悲), 지혜(智慧), 공덕(功
德)을 다 갖추고 있습니다. 조금도 우리한테는 흠축이 없습니다. 분
명히 믿으시고 앞서 말씀과 같이 그 자리, 진여불성자리를 순간도 놓
치지 마시고 누구하고 말한다 하더라도 우리 마음의 저변은 부처님
한테 가고 있는 마음이 흘러가도록 그렇게 하십시오.

잠잘 때도 부처님한테 가고 있는 그 마음 그대로 흐르게 하고 잠을

드시면 잠자는 가운데서도 공부가 됩니다. 이렇게 하셔서 꼭 금생에 성불하십시오. 허망한 세간에는 아무 것도 실상은 없습니다.

감투도 대통령도 아무 것도 실상이 아니라, 모두가 다 허상(虛像)입니다. 그러한 것에 속지 마시고 부처님 가르침을 정말로 바르게 믿으셔서 꼭 금생에 성불(成佛)하시기를 간절히 바라면서 오늘 말씀을 마칩니다.

나무아미타불(南無阿彌陀佛)! 나무감로왕여래(南無甘露王如來)!

진여불성은 경(經)에서 말씀하신 바와 같이 불생불멸(不生不滅), 본래 낳지 않고 죽지 않고, 불구부정(不垢不淨), 더러운 것도 없고 청정할 것도 없는, 부증불감(不增不減), 더하지도 않고 덜하지도 않는 자리입니다. 하여튼 어떠한 차원으로 보나, 즉 능력으로 보나 지혜로 보나 자비심으로 보나, 또는 행복으로 보나, 어떤 면으로 보나 완벽한 자리, 충만한 생명 자체입니다.

이 자리에서 인연 따라서 이루어지는 것이 산이고 냇물이고 인간이고 또는 삼천대천세계의 별이고 달이고 해이며 이들 모두가 다 우주에 본래로 충만한 진여불성으로부터 인연 따라서 이루어지는 것입니다. 이것이 대승적인 연기법입니다.

3

五. 진여불성광명(眞如佛性光明)

불성(佛性)은 진여불성이라 하는 우주의 참다운 실상(實相) 위에서 이루
어지는 것입니다.

계절이 아직도 삼복더위가 남아 있습니
다. 이와 같이 더운 때에 더구나 우리 청년 불자님들의 뜨거운 열기
와 더불어서 후끈후끈한 여기 금륜회 법당입니다만 저에게는 굉장히
서늘하게 느껴집니다.

자기 고향의 그늘은 그와 같이 신선하고 항시 서늘한 것을 아니 느
낄 수가 없습니다. 저는 전남에서 태어나서 광주 사범을 나왔고 또
그래저래 헤매기도 하였고 안 다닌 데 없이 한국의 절은 다 다녔습
니다만 지금 고희(古稀)인데 다시 광주 전남 지방에 와서 머물고 있

습니다.

저는 지역적인 편파심에서 이런 말씀을 드리는 것은 절대로 아닙니다. 부처님 당시에 그 비류리(Virudhaka) 왕이 침범해서 석가족이 멸망할 때에, 비류리왕이 부처님 말씀을 한 두 번은 듣고서 회군해서 돌아갔습니다만 세 번째는 기어코 강인하게 쳐들어 와서 석가족을 멸망을 시켰습니다.

그 때 비류리 왕이 말에서 내려서 "세존이시여, 저 숲도 좋은데 가셔서 계시지 않고서 어째서 이렇게 뙤약볕의 한 데에 계십니까" 하고 물으니까 그때에 "친족의 그늘은 나에게도 오히려 서늘하도다"고 대답하셨습니다. 고향은 그와 같이 소중하기도 하고 항시 서늘한 것입니다.

오늘날은 여러분들이 다 아시는 바와 같이 고도 산업사회(産業社會)입니다. 고도 산업사회라는 것은 참 말씀은 거창합니다. 그러나 고도산업사회라는 것은 우리가 생각이 못 미칠 정도로 너무나 급변하게 모든 사회 현상이 변동하여 가고 있습니다. 따라서 우리 의식이 거기에 따라가지를 잘 못합니다.

저 같은 사람도 벌써 구식 사람이 되어서 컴퓨터도 알고 싶지만 그 내용을 잘 모른단 말입니다. 이렇게 모든 것이 일진월보(日進月步)하여 나날이 바뀌지고 변동이 되어 가고 진보가 되는 것인데 우리가 그것을 따라 잡기가 곤란한 것입니다.

그렇기 때문에 항시 현대인들은 불안한 마음이 가시지 않습니다. 따라서 현대를 가리켜서 불안(不安)의 시대라 하며, 우리는 실은 불안의 시대에 살고 있습니다. 개인적으로 보나 국가적인 차원으로 보나 모든 면에서 불안의 해소를 못시키고 있습니다. 그렇기 때문에 우리가 지금 당면해 있는 문제 가운데서 가장 중요한 것은 어떻게 하면 우리 불안의식을 해소시킬 것인가 하는 것입니다.

여기에 따르는 여러 가지 대안이 많이 나와 있는 셈 아닙니까. 자본주의라든지 또는 민주주의, 사회주의 공산주의 등 여러 가지 것이 많이 나와 있단 말입니다.

또는 불안의식을 해소하려는 그런 의미에서 사실은 종교도 있는 것입니다. 철학이나 모든 인류 문화의 현상이라 하는 것이 인간의 불안 의식, 다시 바꿔서 말하면 인생고(人生苦)를 해결하는데 그런 문화 현상이나 학문(學問)이 있는 것입니다.

그래서 웬만한 것은 지금까지 다 시험을 거쳤습니다. 시험을 거치고도 그 시험을 거치는 도중에 붕괴되지 않고서 지금까지 오히려 남아 있는 것은 무엇인가? 역시 우리가 생각할 때는 성자(聖者)의 길입니다.

성자의 길만이 2500년 전의 그때나 또는 춘추전국시대(春秋戰國

時代) 그때의 가르침이 자취를 감추어 버리지 않고서 지금도 오히려 그런 것이 모두가 다 제대로 남아 있는 것입니다.

그렇기 때문에 우리가 현대에 있어서, 앞에서 말씀드린 바와 같이 고도산업사회라 하는 무서운 시대에 있어서 타락(墮落)도 하고 퇴폐(頹廢)도 하고, 또는 방향 감각도 미처 못가진체 헤매고 있는 이 시대에, 질서를 바로 잡을 수 있는 길은 어디가 있는가? 이런 문제의식을 우리가 가질 때는 역시 성자의 길 이외의 다른 길에서는 찾을 수가 없습니다.

공자의 길, 예수의 길 또는 석가의 길, 그런 길을 떠나서는 찾을 수가 없기 때문에 다 아시는 바와 같이 기독교나 불교나 유교나 그런 종교가 지금도 오히려 몇 억씩 또는 10억 이상씩 다 그렇게 신도를 보유하고 있지 않습니까.

그러면 그런 다른 종교하고 불교는 어떠한 차이가 있는 것인가?

저 같은 불교인의 입장에서 본다고 생각할 때는 다른 가르침도 훌륭하기도 하지만, 우리 현대인들이 가지고 있는 그런 병리현상(病理現象)들을 치유(治癒)한다고 생각할 때는 다른 종교는 치유할 힘이 부족합니다.

덮어놓고 믿어버리면 되겠습니다만 사실은 지금 현대인들은 지성적(知性的)으로 상당히 발달되어 있으므로 덮어놓고 믿을만한 그런 소박한 사람들이 아니지 않습니까.

여러분들께서도 부모님들이 말씀하시거나 또는 다른 스승들이 말씀하시거나 그런 말씀들을 제대로 100% 수용을 안하십니다. 그런 것은 무엇인가 하면 여러분들이 배운 것이 상당히 많단 말입니다.

따라서 여러분들을 충분히 설득시키고 여러분들이 수긍도 할 수가 있는 그런 가르침은 무엇인가? 제가 생각할 때는 여러분들의 그런 지식 욕구나 합리적인 하나의 비전을 다른 가르침으로 해서는 충족을 시킬 수가 없습니다.

왜 그런가 하면 기독교(基督敎)나 유교(儒敎)나 다 성자의 가르침 아닙니까. 진리(眞理)가 둘이 아니기 때문에 분명히 진리입니다. 그러나 그 가르침 가운데는 비과학적(非科學的)인 요소가 상당히 많습니다.

오늘날 예수가 나오고 공자가 나와서 한다면 그렇게 설법을 안했을 것인데 2500년 또는 1900년 전 옛날 그 당시 사회의 수준에 맞게 한 법문이기 때문에 현대적인 그런 의미에서는 굉장히 소박하고 또는 미심쩍은 것입니다.

그러나 다행히도 부처님 가르침은 어떤 면으로 보나, 과학적으로 보거나, 철학적으로 보거나 또는 종교라 하는 종교 일반으로 보거나, 어떤 면으로 보거나, 조금도 흠집이 없습니다. 그렇기 때문에 고도 과학기술시대에 이런 때에 있어서는 사실은 제가 생각할 때에는 다른 종교는 현대인을 구제할만한 그런 힘을 벌써 잃어 버렸단 말입니다.

제가 이렇게 말씀드리면 그러면 불교는 어떻게 해서 과학적인가, 불교가 어떻게 해서 가장 수승(殊勝)하고 가장 궁극적(窮極的)인 그런 철학일 것인가, 또 어떻게 해서 불교만이 가장 위대한 종교라고 하는 것인가, 이런 의단(疑端)을 여러분들께서 품을 것입니다.

과학(科學)의 원리(原理)라 하는 것은 이른바 인과율(因果律)이며 이 인과율을 떠나서는 과학은 성립될 수가 없습니다. 그런데 부처님 가르침은 철두철미하게 인과적입니다. 다만 인과뿐만 아니라 보다 더 광범위하여 이른바 인연법(因緣法)이란 말입니다.

어느 것도 두두물물(頭頭物物) 모두가 다, 우리 인생이나 자연계나 모두가 다 부처님의 인연법이라 하는 그 범주(範疇)에 들어가지 않은 것은 하나도 없습니다. 일체존재가 인연생(因緣生) 인연멸(因緣滅)이라, 인연 따라서 이루어지고 동시에 인연 따라서 멸한다는 말입니다.

이렇게 말씀드리면 너무나 소박하지 않은가, 너무나 간단하지 않은가. 그러나 이 간단한 것 가운데 우주(宇宙)의 모든 섭리(攝理)가 다 포함되어 있습니다.

그리고 인연법을 말씀드릴 때는 여러분들께서는 보통 방편적(方便的)인 인연법과 부처님 법 그대로 에누리 없는 진실적(眞實的)인 인연법과의 차이와 한계를 느끼셔야 합니다.

그럼 방편적인 인연법은 어떤 것인가? 앞에서 제가 언급한 바와 같이 이것은 우리가 그냥 이것과 저것과 합해야 무엇이 된다, 인연 따라서 무엇이 이루어지고 인연 따라서 이제 소멸이 된다, 이런 정도의 말입니다. 상식적으로 보통 불교 인연법을 말하는 그런 정도, 이것은 방편적인 인연법입니다.

그러나 조금 더 탐구력(探究力)이 더 확실한 분들은 이것과 저것이 인연(因緣) 따라서 무엇으로 이루어진다면 그 인(因)의 최초(最初)의 원인은 무엇인가, 이렇게 이런 분야에 대해서 의심을 가질 수가 있지요. 최초의 원인은 무엇인가 말입니다.

칸트의 말로 하면 물 자체, 존재 자체는 무엇인가, 존재의 근원(根源)은 무엇인가, 이런 데까지 우리가 생각이 미치지 않을 수가 없습니다. 그래서 진실한 인연법, 이것은 그러한 근본적인 본질 자체, 존재 자체를 밝히는 인연법입니다.

그러면 존재 자체를 불교 말로 하면 어떻게 말하는 것인가? 이것이 여러분들이 익히 아시는 바와 같이 진여불성(眞如佛性)입니다. 진여(眞如)라 하면 진리이기 때문에 진여인 것이고 또는 우주의 진리와 똑같기 때문에 진여인 것이고 또는 일체 우주의 생명자체(生命自體)이기 때문에 부처님 성품, 바로 불성(佛性)이란 말입니다.

그냥 이것저것이 그때그때 합해 가지고 무엇이 되는 것이 아니라, 가장 기본적인 진여불성이라 하는 우주의 참다운 실상(實相)이 있어 가지고서 실상 위에서 이루어지는 것입니다. 이렇게 아셔야 그래야 이제 상식적인 또는 방편적인 인연법이 아니라 방편을 떠나버린 진실한 인연법입니다. 다시 말씀드리면 대승적(大乘的)인 인연법이란 말입니다.

우리 젊은 불자님들은 그와 같이 인연법에 대해서 그렇게 진실적인 인연법을 확실히 파악해 두셔야 합니다.

왜냐하면 불교의 모든 것이 불교 철학이나 불교의 종교적인 요소나 우리 실행적(實行的)인 실천 문제나 모두가 다 인연법으로부터 나왔기 때문입니다.

따라서 인연법으로부터 왔기 때문에 그 인연법을 단순히 소박한 인연법, 아까 말씀드린 바와 같이 이렇게 저렇게 합해서 무엇이 되고, 연이 다 하면 그때는 헤어지고 소멸이 된다는, 이런 정도로 해서는 깊은 철학이 될 수가 없고 또는 다른 철학 체계도 설명을 할 수가 없습니다. 또한 다른 종교나 다른 학설과의 차이도 제대로 설명이 안 되는 것입니다.

그렇기 때문에 부처님께서 꼭 말씀하시고자 하였던 인연법 이것은 방금 제가 말씀드린 바와 같이 우주라 하는 것은 그 근본 원인이, 일체존재의 근본 원인이 바로 진여불성이란 말입니다.

우주의 참다운 도리이기 때문에 진여, 진리라고 하는 것이고, 또는 그 자리가 바로 인생과 우주의 모든 존재의 근본 생명이기 때문에 부처 불(佛), 성품 성(性), 불성(佛性)이라 하는 것입니다. 따라서 진여불성의 이 자리가 항상 그대로 영생불멸(永生不滅)하게 항존(恒存)한다는 말입니다.

여러분들이 다 아시는 불생불멸이라, 낳지 않고 죽지 않는다는 이런 도리도 방편적 인연법으로 해서는 그때는 알 수가 없습니다. 그러나 진실한 인연법으로 해서는 "아 모든 존재의 원인이, 바로 소멸이 없고 변동이 없는 진여불성이기 때문에 이 자리가 불생불멸이구나!", 이렇게 알 수가 있겠지요.

성경의 요한복음 8장을 보면 이런 대목이 있어서 저도 하도 불교하고 가깝고 좋은 대목이어서 기억을 하고 있습니다. 예수를 바리세인(pharisees)들이 하도 공격을 하고 또한 여러 가지로 시달림을 주니까 예수가 이제 바리세인들에게 "나는 세상의 빛이니, 나를 따르는 사람들은 어두움 속에서 헤매이지 않고 하늘 나라에 갈 수 있느니라!" 이런 말씀을 했던 것입니다.

그러니까 바르세인들이 이제 그에 대해서 예수한테 힐난을 하고 반문을 했단 말입니다. 당신은 당신 스스로를 당신이 빛이라고 주장을 하고 있으니 그런 주장은 참다운 증명이 못된다고 이렇게 항의를 했습니다.

그때에 예수가 하는 말이 "바리세인 그대들은 어디서 와서 어디로 가는지를 모른다. 그러나 나는 내가 어디서 와서 어디로 가는지를 분명히 알고 있다. 또 그대들의 말은 그대들의 지은바 행위에 따라서 십인십색(十人十色)으로, 김이라는 사람은 김이라는 주관에 따라서 말할 것이고 또 박이라는 사람도 자기 주관에 따라서 말할 것이고, 그대들은 그대들이 지은바 그런 행위에 따라서 판단도 하고 또는 여러 가지 말도 하고 하지만, 나는 내가 나 혼자 판단하는 것이 아니라 나를 보내신 주(主) 하나님과 더불어서 내가 말도 하고 행동도 한다. 나는 내가 어디서 와서 어디로 가는지를 분명히 알고 있고, 그리고 내 말이나 내 행동이나 이 모든 것은 내 마음대로 아무렇게나 하는 것이 아니라 영원적인 그 진리 자체를 행하고 있을 뿐이다." 였습니다.

기독교의 하나님은 바로 진리 자체를 말하는 것입니다. 하나님은 바로 진리 자체를 말하는 것입니다. 하나님은 어디엔가 인격적으로 따로 있는 것이 아닙니다. 하나님을 그렇게 알고 있다면 누가 얘기하든지 간에 기독교를 잘 모르는 것입니다. 하나님은 바로 우주의 진리란 말입니다.

이와 같이 성자라 하는 것은 그냥 자기 멋대로 자기가 금생(今生)에 배운 상대유한적(相對有限的)인 지식을 가지고서 옳다 그르다를 판단하는 것이 아닙니다.

이것은 무가정(無假定)의 원리(原理)라고 할 수 있습니다. 일반 중생들이 가사, 백 사람들이 다 옳다고 하더라도 그것이 진리가 아닐 때는 옳지가 않단 말입니다. 백 사람들이 반대하고 다만 한 사람만 옳다 하더라도 그 사람이 영원적인 진리와 더불어서 있다고 생각할 때는 그 사람 견해가 옳은 것입니다.

가령 우리가 수학을 풀이한다면, 상당히 난해한 고등 수학을 중학생이나 또는 초등학생이 풀 수가 있습니까. 그러나 수학적으로 수련을 받은 고학력으로 올라간 사람들은 풀 수가 있겠지요.

그와 마찬가지로 진리 이것은 그냥 누구나 많은 사람들이 저마다 알기는 어렵단 말입니다. 그러므로 불생불멸(不生不滅)이라, 낳지도 않고 죽지도 않는, 더하지도 않고 덜하지도 않은 이런 자리를 확실히 알 수 있는 것은 이것은 부처님 가르침 이외에는 없습니다.

과거의 고대 그리스 철인들이나 로마 철인들이나 기타 동양(東洋) 철인들이나, 현대의 헤겔이나 니체나 쇼펜하우어나 키에르케고르나 이분들도 모두가 다 실존(實存)이 무엇인가, 인간의 참다운 생명(生命)이 무엇인가, 그것을 알려고 무진 애를 썼습니다. 그러나 이 분들은 명확히 알지를 못했습니다.

그러나 키에르케고르는 기독교를 믿었기 때문에 인간의 실존은 무엇인가, 그 문제에 있어서 실존은 하나님과 더불어서 있다고 믿었습니다. 이 말은 무엇인가 하면은 참다운 실상, 낳지 않고 죽지 않는 영원적인 참다운 지혜는 하나님이라 하는 우주의 참다운 생명자리, 거기까지 가야 비로소 알 수 있다는 그런 뜻입니다.

그런 것을 우리 부처님 가르침은 그야말로 명약관화(明若觀火)하게 분명히 다 말씀을 하였습니다. 낳지 않고 죽지 않고, 더하지도 않고 덜하지도 않고 또는 오염도 안 되는 것이라는 말입니다. 오염도 안 되었으니 청정(淸淨)할 것조차 없는 이런 우주의 참다운 생명 자체, 아까 말씀드린 진여불성(眞如佛性)자리에 대해서 명확히 우리가 확신(確信)이 없으면 불교인이 아닌 것입니다.

왜냐하면 바로 그 자리가 참다운 부처님이란 말입니다. 따라서 같은 불교도 방편적인 불교는 현대를 구제할 수가 없습니다. 참다운 대승불교(大乘佛敎), 인생과 우주의 그 실상자리인 실존을 분명히 밝혀야 대승불교인 것이며 대승불교만이 현대 사회가 가지고 있는 이른바 현대병을 고칠 수가 있는 것입니다.

현대병은 그야말로 그 고황(膏肓)에 나 있는, 심장에 나 있는 것인데 우리가 아스피린이나 그런 약 가지고서 심장병을 고칠 수가 있습니까. 그와 똑같이 현대병들은 굉장히 무거운 병들인데, 인생이 근본이 무엇인가, 생명의 근본이 무엇인가, 자연의 본질은 무엇인가 또는 각 종교의 근본적인 것은 무엇인가, 이들을 못 밝히면 고칠 수 없는 것입니다.

　총명한 여러분들은 지금 그런 문제까지도 의심합니다. 그런데 부모한테 효도해라, 무얼 해라, 나라에 봉사해라, 그런 정도로 일방적으로 지시해서는 지금 현대인들은 납득을 못합니다.

　여러분들이 학교에서 배운 바 과학적인 근본 문제, 원소의 근본은 무엇인가? 원자는 무엇인가? 이런 문제까지도 해답을 할 수가 있어야 그래야 현대인들은 '아, 그렇구나. 틀림없이 부처님 말씀이 옳구나.' 이렇게 생각이 드는 것입니다.

　따라서 현대병은 한말로 포괄해서 말씀드리면 결국은 철학의 빈곤(貧困)입니다. 다른 것도 모자라고, 정치적인 소양도 부족하고 또는 경제적인 여러 가지 원리에 대해서도 부족한 점들이 많이 있겠지요. 그러나 가장 근본적인 부족은 무엇인가. 이것은 철학의 빈곤입니다.

철학, 그러면 굉장히 어려운 것이다. 이렇게 생각하지 마십시오. 이것은 인생과 우주의 근본도리(根本道理), 인생과 우주의 궁극적인 도리를 우리가 깨달아서 아는 것이란 말입니다. 따라서 이것만은 꼭 알아버려야 할 것은, 아까 제가 말씀드린 바와 같이 진여불성이라 하는 우주의 실상 거기에서 인연법이 나왔습니다.

진여실상(眞如實相)이 자기 자체의 연(緣) 따라서 만유(萬有)로 형성이 됩니다. 바닷물이 있을 때 바람 따라서 거품이 일어나고 천파만파가 일어난다고 합시다. 파도가 거칠거나 파도가 또는 별로 거칠지 않거나, 거품도 크고 적고 그런 것에 상관이 없이 어느 파도나 어느 거품이나 모두가 똑같은 물 아닙니까.

그와 똑같이 인생과 우주의 근본 생명 자리가 바로 진여불성이기 때문에 진여불성에서 나와 있는 모든 존재는 사실은 그대로 바로 진여불성이란 말입니다.

우리가 자칫 잘못 생각을 하면 진여불성은 근본이어서 부처님 성품(性品)같이 온전한 만덕을 다 갖추고 있다 하더라도, 사람이 되고 자연이 되고 하면은 그때는 왜곡(歪曲)되고 굴곡(屈曲)이 되어서 그때는 오염(汚染)이 되지 않겠는가, 이렇게 생각을 합니다만 앞서 제가 비유를 든 바와 같이 물에서 파도가 쳐서 거품이 많이 생기고 파도가 천파만파 생긴다 하더라도 그 파도나 거품이 똑같이 다 물이란 말입니다.

그렇듯이 인생과 우주의 근본 생명자리인 진여불성이 어떻게 모양을 냈다 하더라도, 인연 따라서 어떻게 모양이 다르게 나타났다 하더라도 그런 것이 모두가 똑같이 진여불성이란 말입니다. 이렇게 느끼는 것이 꼭 필요합니다.

이렇게 바로 느껴야 우리 마음이 갈등이 해소가 됩니다. 이렇게 바로 느껴야 남하고도 참다운 화해(和解)를 합니다. 어느 누구나가 다 남하고 싸우기를 좋아할 사람이 누가 있겠습니까. 사랑하고 싶고, 자비(慈悲)를 베풀고 싶고 또 원수와도 우리가 화해를 하고 싶고 하는 것이 우리 사람 마음입니다. 그러나 자기 철학적인 신념이 그렇게 안 되어 있으면 그렇게 안 됩니다.

우리는 소비에트 사회의 붕괴를 지금 보고 있고 그 지겨운 냉전(冷戰)이 지금 종식이 됐습니다. 왜 종식이 되었는가? 마르크스나 레닌도 보통 사람들은 아니란 말입니다. 다 재주가 있고 다 투철한 사람들이란 말입니다. 또 그분들도 인간을 압제(壓制)하고 싶어 그런 것이 아니란 말입니다. 보다 더 공평하게 살기 위해서 보다 더 이상적(理想的)인 사회를 만들기 위해서 사회주의 공산주의를 했던 것입니다.

그러나 그 분들의 뜻과는 반대로 결국은 그와 같이 74년 동안이나 압제하고 별별 숙청(肅淸)을 다 하고 무시무시한 여러 가지 정책을 다 썼지만 결국은 붕괴가 되었습니다.

　　그 원인이 어디가 있는 것인가? 바른 철학이 없었습니다. 공산주의라 하는 것은 유물론 체계에 입각해 있단 말입니다. 여러분들도 대체로 아시는 바와 같이 유물론은 모든 존재의 근본이 물질이다 하는 그런 주의(主義) 아닙니까.

　　모든 존재의 근본이 물질이라고 생각할 때는 물질만 많이 생산하고 경제정의(經濟正義)라 하여 물질만이 균등(均等)하게 분배하면 되겠지요. 그러나 그렇게 하려고 해도 그렇게 안 됩니다. 왜 그런가 하면 우리 인간의 마음은 물질보다도 더 훨씬 고귀(高貴)하고 깊은 것이기 때문입니다.

　　설사 어떤 경우에는 물질이 좀 부족하고 하더라도 행복(幸福)을 느낄 수가 있고, 어느 경우에는 물질이 제아무리 풍요(豊饒)하다 하더라도 불행을 느낄 수가 있습니다.

　　우리는 앞서 말씀드린 바와 같이 우리 마음의 본체가 바로 진여불성이라는 그러한 하나의 생명임을 알아야 합니다. 진여불성은 어디가 있고 어디가 없는 것이 아니며, 우리가 태어나고 안 태어나고 상관없이, 천지우주가 붕괴(崩壞)되고 붕괴가 안 되고 상관이 없이, 언제나 우주에 영생불멸로 존재하는 생명 자체입니다. 「법화경(法華經)」을 보면 이런 대목이 있습니다.

"우리가 다만 한 생각이라도 우리 생명이 영생불멸한다는 이런 생각을 가질 때는, 이런 생각을 갖지 않고 애쓰고서 참선을 한다, 염불을 한다, 기도를 모신다, 이렇게 몇 십 년, 몇 백 년을 한다는 것보다도 더, 다만 순간 찰나라도 내 생명이나 우주 생명이 본래로 영생불멸한다는 이 자리를 분명히 믿는다고 생각할 때는, 그렇게 믿지 않고서 애쓰고 공부하고 보시도 하고 무엇도 하고 하는 것과 비교할 때는 그렇게 믿지 못하는 그것이 아무리 오랫동안 했다 하더라도, 잠시간 그렇게 바로 믿는 것에 미치지 못한다. 천분의 일, 만분의 일에도 미치지 못한다."

이러한 법문을 저도 처음 보았을 때는 의심을 했습니다. '왜 그러한가?' 그러나 우리 견해라 하는 것이, 우리 철학이라는 것이 바른 철학이 확립 될 때는 모든 행동은 거기에 다 연역(演繹)되어 갑니다.

자기 아버지와 아들과의 관계를 생각할 때에, 설사 아버지가 현대 교육을 미처 못 받아서 이따금은 유치한 행동도 하시기도 하고, 필요 없는 술도 자시기도 하고 이러한 때에는 우리가 바른 철학이 없다고 생각할 때는 자기 아버지에 대해서 폭언도 할 수가 있고, 요즈음 같이 불효막심한 사람도 있을 수가 있겠지요.

그러나 저 아버지도 근본 마음은 진여불성이 아닌가, 바로 부처님 아닌가, 이렇게 생각할 때는 그때는 아버지한테 어떤 경우도 함부로 할 수가 없습니다.

우리 불자님들은 지금 유서 깊은 고장에 함께 살고 계시는 같은 형제간들입니다. 어느 지방보다도 시련을 많이 겪어 왔습니다. 그러나 시련 그것이 우리한테 절대로 손해가 아닙니다. 우리는 시련을 딛고서 정말로 빛나는 고을이 꼭 되리라고 저는 믿습니다.

부처님이라고 하는 것이 바꿔서 말하면 무량광불(無量光佛)이란 말입니다. 인생과 우주의 근본자리 부처님이 바로 무량광불이라, 한도 끝도 없는 광명의 생명이란 뜻입니다.

부처님께서는 출가한 뒤에 발가바(Bhargava) 스승한테 가서 아주 지독한 고행을 다 했습니다. 일마일맥(一麻一麥)이라, 하루에 먹는 것이 피마주 한 톨하고 쌀 한 톨이란 말입니다. 그러나 그 고행이 절대로 무익(無益)한 고행이 아니었습니다. 지금 사람은 잘 못 알고 고행은 필요가 없다 하지만 부처님 고행이나 다른 사람의 고행이 절대로 무익한 것이 아닙니다.

예수님도 역시 요단강(Jordan river) 하반에서 40일 동안 금식기도(禁食祈禱)를 했습니다. 이러한 것이 모두가 예수가 우주의 진리를 아는데 지극한 공헌을 다 한 것입니다.

부처님은 그러다가 아라라가란(Arala Kalama)을 방문해서 저 하늘에 올라가는 선정법(禪定法)도 배우고 또 우다카(Uddaka Ramaputta)라는 선정 닦는 사람한테 가서 그 때는 삼계 28천의 꼭대기 이른바 최상천(最上天)이라, 비상비비상천(非想非非想天)이라는 천상에 올라가는 선법도 배웠던 것입니다.

그러나 그러한 것도 하늘에 올라가는 법인 것이지 해탈(解脫)의 법은 아니다, 내가 우주의 주인이 되는 법이 아니다, 이렇기 때문에 나중에 다 뿌리치고서 자기 스스로 공부해서 바로 우주의 주인, 우주 자체가 되었던 것입니다.

우리 마음은 바로 우주 자체인 것입니다. 우리가 지금 배우지를 미처 못하고 더러 나쁜 짓도 하고 또는 부정직한 짓을 했다 하더라도 그것은 겉에 뜬 허망무상(虛妄無常)한 그림자 같은 것이고, 우리 본마음은 석가모니와 더불어서 똑같은, 예수와 더불어서 똑같은 그런 마음입니다. 바로 하나님이고 부처님인 것입니다.

그러나 불안스러운 것은 이것은 현대만 불안스러운 것이 아닙니다. 다만 현대는 너무 사람들이 필요 없는 것을 많이 안단 말입니다.

따라서 현대인들은 그 머리가 별로 신통치 않은 그런 개념들로 해서 꽉 차 있습니다. 그래서 조울증(躁鬱症), 신경쇠약(神經衰弱) 또는 필요 없는 긴장 때문에 우리가 고생을 합니다. 그러나 불안스러운 것은 옛날이나 지금이나 똑같습니다.

옛날 원시(原始) 공산시대(共産時代)나 또는 중세 암흑시대(暗黑時代)나 다 불안했던 것입니다. 그때도 역시 인간은 성자가 아니기 때문에 어느 사람이나 모두가 다 자기 인생을 잘 모릅니다. 인생이 무엇인가를 모를 때는 불안할 수밖에는 없습니다.

여러분들이 아시는 바와 같이 불교의 근본 목적은 불안한 인생고(人生苦)를 떠나는 것입니다. 인생고를 떠나기 위해서는 어떻게 해야 할 것인가, 우리 인생고는 어디서 나왔는가, 이러한 도리는 여러분들이 잘 아시겠지요.

사제법문(四諦法門)이라 하는 것은 대승(大乘)이나 소승(小乘)이나 불교를 통관하여 항시 불교 가르침의 핵심이 됩니다. 우리 인간이 무명심(無明心) 때문에, 우리 인간이 무지(無知) 때문에 말도 잘 못하고, 행동도 무지한 행동을 하고, 생각도 무지한 생각을 합니다.

따라서 우리가 고생을 하는 것도 따지고 보면 그 근본이 이 무명이요, 무지(無知)입니다.

근본 무명 이것이 인생의 원인이니까 우리가 무명을 없애려고 생각할 때는 앞서 말씀드린 바와 같이 참다운 철학이 있어야 하며, 참다운 철학은 바로 참다운 지혜입니다. 참다운 철학 없이는 인생의 무지를 떼려야 뗄 수가 없습니다.

그런데 예수님은 다 아셨겠지만 지금 기독교의 행하여지는 도리로 해서는 그런 우리 근본 무명을 뗄 수 있는 가르침이 별로 없단 말입니다. 그리고 그 가르침이 상징(象徵)이나 비유(比諭)로나 그렇게 되어 버렸기 때문에 인생은 대체로 어디서 와서 어디로 갈 것인가, 이런 문제도 하느님이 창조했다, 모두는 하느님의 섭리다, 이렇게 해버리면 우리 현대인들이 납득이 잘 되겠습니까.

그러나 부처님 가르침은 앞에서 제가 말씀드린 바와 같이 연기법이라 하는, 일체존재가 우리 중생으로서는 알 수 없는, 일체존재가 우리 중생으로서는 알 수 없는 그 무엇으로부터 인연 따라서 되었단 말입니다. 이것은 철두철미하게 과학적입니다.

다만 현대 과학은 그것의 근본 원인이 무엇인가, 이것을 모른단 말입니다. 어렴풋이 에너지다, 에너지가 이제 적당히 인연 따라서 인과의 법칙 따라서 진동(振動)도 하고 또는 운동을 해서 모양이 나온 것이 물질이 아닌가?

사실은 물질이라 하는 것은 불교의 대승법에서 본다고 생각할 때는 물질은 없는 것입니다.

저는 아까 오면서 어느 불교 잡지를 보았습니다만 거기에서 보니까 "불교의 공(空)이라는 것은 우리 잘못된 의식이 공이라는 것이지 물질이 없다는 것이 아니다." 이렇게 말한 대목을 보았습니다. 그래서 계속 읽어보니까 그분의 견해는 물질은 분명히 있기는 있는 것인데 우리 인간이 그때그때 잘못 생각을 해서 그렇다, 이렇게 생각을 한 것같이 보입니다.

　그러나 부처님의 대승 사상에서 본다면 물질이라 하는 것은 없습니다. 그러기에 일체유심조(一切唯心造) 아닙니까.

　화엄경(華嚴經)이나 대승경전(大乘經典)에서 일체유심조라, 모두가 다 마음으로 되었다, 이런 것은 절대로 방편(方便)이 아닙니다. 따라서 이런 도리를 여러분들이 지금은 납득(納得)이 잘 가지 않는다 하더라도 여러분들의 믿음으로 해서 확실히 믿어야 합니다. 믿고 나중에 여러분들이 공부해서 증명(證明)을 해야 합니다.

　물질은 없는 것이요. 물질이 원래 공인 것입니다. 그렇지 않으면 반야심경(般若心經)이 거짓말이 되겠지요. 색즉공(色卽空)이라, 색은 물질이 아닙니까. 그 반야 사상이 여러분들에게 납득이 안 가신다 하더라도 여러분들이 공부를 해서 증명을 하셔야 합니다.

　여러분들이 기도를 많이 모시고 참선을 많이 하신다고 생각할 때는 여러분 스스로 '아! 이러니까 공이구나.' 이런 때가 분명히 오는 것입니다. 그러나 다만 분별지혜(分別智慧)로 해서는 꼭 자기가 보는 대로 이런 것이 지금 존재로 있단 말입니다.

금쪽 같이 아까운 자기 몸뚱이도 분명히 있다, 이렇게 생각을 합니다. 그러나 부처님의 밝은 지혜와, 앞서 말씀드린 바와 같이 하나님과 더불어 하는 지혜, 우주의 불성과 더불어 하는 지혜, 그런 지혜로 본다고 생각할 때는 우리에게 보이듯이 물질이 있는 것이 아니란 말입니다.

다행히도 현대 물리학은 그걸 증명을 합니다. 저 미세한 소립자 단계에 가서는 무엇인가 알 수가 없단 말입니다.

가령 하나의 우주에 충만해 있는 그런 광립자(光粒子)같은 것도 역시 이것이 과연 입자인가 물질인가 하나의 파동인가? 이런 것은 지금 알 수가 없는 말입니다. 이른바 불확정성(不確定性)의 원리란 말입니다.

일체존재를 구성하고 있는 가장 미세(微細)한 존재에 이르러서는 물질인지 아닌지 지금 현대 물리학도 모르는 것입니다. 그래서 아인슈타인(A. Einstein)같은 분들은 물질이라 하는 것은 마음의 패턴이다. 물질은 우리 마음이, 마음이라 하는 우주의 순수한 존재가 그때그때 인연 따라서 모양을 낸 것이다. 이렇게 보는 것입니다.

20세기 과학 문명이 가까스로 부처님께서 말씀하신 그런 제법(諸

法)이 공이다, 색즉공(色卽空)이다, 이런 것을 지금 증명하고 있습니다.

우리 젊은 불자님들! 부처님 가르침은 그냥 안이하게 안락의자에 앉아서 얻을 수 있는 것이 아닙니다. 부처님 가르침은 성자이니까 인류의 스승이니까 거짓말이 없을 것이지만 그러나 우리의 때묻은 머리로 해서는 다 모두가 다 옳구나, 이렇게 수긍(首肯)이 안 가는 것입니다.

그러나 우리 마음이 닦아져서 우리 마음이 맑아 오면 그때는 자기도 모르는 가운데 그렇구나, 그렇구나 하는 이른바 법희선열(法喜禪悅)이라! 그 부처님 법이 참말로 옳구나, 이 법을 위하여 내 목숨을 천만 개 바쳐도 무방하겠구나 하는 그런 때가 온다는 것입니다.

세간적인 상대 유한적인 것에는 참다운 행복은 없습니다. 어느 누구나가 행복을 구하지 않는 사람들이 없지 않겠습니까. 참다운 행복은 물질에서는 사실은 결코 찾을 수도 없고 도달 할 수도 없는 것입니다. 오히려 욕망과 불행을 더 가져옵니다.

무얼 많이 먹고 싶어서 무얼 잘 먹고 싶어서 우리가 맛있는 음식을 많이 먹어 보십시오. 돈 좀 벌려다가 지금 별이 3개(3성장군), 4개(4성장군)씩 뚝뚝 떨어지는 것을 보십시오.

물질이 있다는 그런 감각적인 철학, 그런데서 출발한 그런 정치나 경제나 어떠한 것이나 올바로 못갑니다. 원래 있는 것이 아닌데 있다고 잘못 보았으니까 그런 것은 소비에트 붕괴와 같이 종당에 가서는 붕괴가 되고 마는 것입니다.

우리는 지금 기로(岐路)에 서 있습니다. 어떤 기로에 있는가 하면 우리가 정말로 바른 철학과, 석가모니나 공자나 예수나 그런 분들의 인생관으로 해서 우리가 새로 출발할 것인가, 그렇지 않으면 지금까지의 타성에 따라서 내 몸뚱이도 있고 저것도 있고 모두가 본래가 다 물질뿐이다. 물질이 왕이다. 이와 같이 배금주의적인 이런 사상을 갖는다고 생각할 때는 우리 사회는 항시 불안하고 싸우고 갈등을 면치를 못합니다.

프랑스의 앙드레 지드(André Gide)라든지 영국의 칼라일(Thomas Carlyle)이라든가 현대 사회에서 인류의 미래학적(未來學的)인 그런 귀중한 말씀을 하신 분들은 모두가 다 그런 것을 염려를 합니다.

우리는 지금 현재 누가 나쁘다, 좋다, 이런 것 때문에 우리 생명을 낭비할 때가 아닙니다. 우리 생명이 대체로 무엇인가, 우리 생명이 무엇이기에 앞으로 어떻게 살아야 하는 것인가, 우리가 분명히 이런 좌표(座標)를 세워야 합니다. 이런 좌표를 못 세우면 우리 개인도 빛을 못 냅니다. 우리나라도 마찬가지입니다.

여러분들도 아시는 바와 같이 지금 금융실명제(金融實名制)가 실시되었습니다. 앞으로는 얼마 안가서 토지공거래(土地共去來)가 되겠지요. 사회적인 그런 제도적인 것을 우리가 무시할 수는 없습니다. 그러나 이러한 것을 가지고서 우리 행복이 다 보장되는 것이 아니란 말입니다.

이러한 것은 하나의 필요조건(必要條件)에 불과한 것입니다. 이런 것이 우리 행복을 위해서 우리 인간의 참다운 본위를 위해서 충분조건(充分條件)은 절대로 못되는 것입니다.

그래서 우리가 마땅히 무슨 제도와 더불어서 우리 의식이 거기에 따라가야지 우리 의식이 못 따라가면 그런 것은 자칫하면 반연(叛衍)되는 것이고 혼란이 오기가 쉽습니다. 그러면 어떤 의식이 필요한가?

앞서 말씀드린 바와 같이 석가모니가 말한 대로, 예수가 말한 대로의 그런 마음은 이것은 그 근본이 바로 진여불성이기 때문에, 근본이 바로 하나님이기 때문에, 거기서부터 만상(萬象)이, 일체 존재가 나오기 때문에 그 근본도 바로 부처님이고 근본도 진여불성이고, 또 물질이 아닌 진여불성에서 나왔기 때문에, 모양이야 사람같이 보이든 무엇같이 보이든 다 똑같은 진여불성이란 것입니다.

우리가 지금 이해하기 곤란스러운 것이 무엇인가 하면은 내 근본 자리는 부처님 말씀으로 일체중생(一切衆生) 개유불성(皆有佛性)이라, 모두가 다 불성이 있다고 했으니 이것은 진여불성이다, 이렇게 된다 하더라도, 인연 따라서 이루어진 나요, 너요, 도둑놈이요, 나쁜 놈이요, 이런 사람들은 본래 나쁜 놈이 아닌가? 그러나 지금 나쁜 상(相)을 냈다 하더라도, 나쁜 상으로 우리한테 보였다 하더라도, 그 사람도 본질에서 본다고 생각할 때는 똑같은 진여불성입니다. 똑같은 바로 부처님입니다.

이렇게 아는 것이 대승적인 해석입니다. 이렇게 아는 것이 자기와 남과의 갈등(葛藤), 일체 모든 것의 갈등, 경제나 정치나 모든 면의 갈등을 비로소 완전히 해소시킬 수 있는 유일한 방법입니다.

여러분들은 경험을 많이 하셨습니다. 가사 무슨 정책(政策)을 제대로 낸다, 그 정책 따라서 무슨 정당(政黨)이 선다, 마땅히 그랬으면 그 정당을 위해서 모두를 다 바쳐야 하겠지요. 또는 정당을 구성한 사람들끼리 피차, 이따금은 기분 좋으면 포옹하고 악수하고 모두 그러겠지요. 그러나 어떤 경우에 자기 이해가 되지 않으면 그때는 그냥 조금도 미련이 없이 잔인하게 헤어져 버린단 말입니다.

우리는 그런 것을 무수히 보아 왔습니다. 이런 것이 모두가 다 어디서 오는 것인가? 상대적인 것, 유한적인 것에다 가치를 두고서 참다운 절대적인 생명 자체의 도리를 모르는 데서 오는 것입니다. 이른바 앞서 말씀드린 바와 같이 우리 무명(無明)에서 옵니다.

그러면 인생과 우주의 참다운 근본 생명 자리인 진여불성은 어떠한 것인가? 이것에는 소극적인 풀이와 적극적인 풀이가 있습니다. 인생과 우주의 근본 도리를 소극적인 풀이로 볼 때는 모두가 다 무상(無常)이요 공(空)이요 무아(無我)인 것입니다.

존재라 하는 것은 어느 것이나 모두가 다 무상이 아닌 것이 없지 않습니까. 전변무상(轉變無常)이라. 어느 존재나 모두가 다 순간(瞬間), 찰나(刹那)도 머무름이 없이 변동해서 마지않습니다. 무상을 못보면 그때는 불자가 못되는 것입니다. 세간적(世間的)으로 행복스러운 사람들은, 너무나 자기 주변 환경이 풍족(豊足)한 사람들은 재산도 항시 있는 것 같고 감투도 항시 있는 것같아서 무상을 잘 못 느낍니다.

그러나 실패도 해보고 배신도 당해보고, 자기 가족 가운데 누가 죽어도 보고 이렇게 해야 인생은 참 허망한 것이구나, 이렇게 무상을 느끼게 되고 더 곰곰 생각을 해보면 그때는 자기라는 존재는 순간 찰나도 그대로 있지가 않는 것입니다.

무상이기 때문에 그때는 공인 것입니다. 어느 순간도 가만있지 않기 때문에 결국은 비었단 말입니다. 어느 순간도 가만있지 않거니와 조금도 머무름이 없이 변동하거니 그런 것 보고 있다고는 할 수가 없겠지요. 따라서 공이란 말입니다.

무상이고 공이거니 그런 것 보고 나라고 할 수가 없기 때문에 무아(無我)인 것입니다. 따라서 무상(無常), 공(空), 무아(無我)라, 거기다 하나를 더 보태서 그런 것에 집착하면 고(苦)란 말입니다. 무상하고 공인 것이고 무아인 것인데 나다, 내 것이다, 이렇게 생각하는 데에 인생고가 있습니다.

고, 공, 무상, 무아라! 인생은 괴로운 것이고, 무상한 것이고 또 공이고, 무아란 말입니다. 젊은 사람들은 지금 한창 희망에 날뛰고 희망에 불타고 있는 것인데 공이다, 무상이다 하면 조금 거부 반응을 느끼실 것입니다만 그래도 여러분들이 지금 아셔야 합니다. 알지 못하면 여러분들의 인생을 지혜로 이끌 수가 없습니다.

그러나 인생과 우주의 근본도리를 적극적인 풀이로 보아서, 적극적으로 진여불성을 말할 때는 상락아정(常樂我淨)이란 말입니다. 죽지 않고, 낳지 않고, 영원히 존재하고, 또는 일체 행복을 다 갖추고 있고, 또 일체 신통묘지(神通妙智)를 다 갖추고 있단 말입니다. 그와 동시에 조금도 번뇌(煩惱)가 없이 청정(淸淨)하단 말입니다. 이것이 바로 우리 인생의 근본자리입니다.

우리 인생의 근본자리를 우리가 소극적으로 본다고 생각할 때는 모두가 다 무상하고 또는 다 공이고 도 '나'라 할 것도 없고 '너'라 할 것도 없고 따라서 인생은 다 고(苦)뿐인 것이고 이렇게 보는 것이지만, 보다 적극적으로 이른바 대승적으로 ─ 적극적이라는 것은 여기서는 대승적이라는 의미이며, 대승은 바로 부처님 사상을 에누리 없이 그대로 진실로 말한 것입니다─ 그렇게 본다고 생각할 때는 이른바 상락아정(常樂我淨)이라, 내 생명과 우주의 근본생명이 영원히 변치 않고 상시 존재한다는, 우리 생명은 영생하는 것입니다.

어느 종교인도 영생의 생명에 대해서 흠모 추구(追求)하는 마음이 없으면 참다운 종교인이 못되는 것이고, 힘도 안 나오는 것입니다.

그와 동시에 그 자리는 안락무우(安樂無憂)라, 모든 행복이 다 갖추어져 있는 것입니다. 우리는 우리 생명의 근본자리가 방금 말씀드린 바와 같이 영생불멸한 생명 자체이고 또는 동시에 그 자리가 한도 끝도 없는 무궁한 행복을 다 갖추고 있단 말입니다.

또 그 자리에가 일체능력이나 지혜나 자비나 행복이나 다 갖추어져 있단 말입니다. 그와 동시에 그 자리는 조금도 오염이 없는 힘의 흔적도 없는, 우주를 모두 다 알아 버리는 그런 경계(境界)인 것입니다.

우리가 생활 할 때 내 마음의 내 생명의 본체가 어떤 것이다, 내 생명의 본체는 기분도 좋고 공부를 하면 시원하겠구나, 이런 정도로 아는 것과 내 생명의 근본은 일체 가능성을 다 갖춘 무한의 가능체(可能體), 불교 말로 하면 무한의 공덕장(功德藏), 한도 끝도 없는 공덕의 곳집이 그것이 우리 마음이다, 이렇게 알고서 공부도 하고 사업도 하고 하는 것과는 굉장한 차이가 있습니다.

우리가 참선을 한다 하더라도 아! 내 마음이 앉아 있으면 순수해지겠구나, 내 마음이 긴장도 풀리겠구나, 이렇게 단순히 알고서 참선을 하는 것과 내 생명의 근본은 이것은, 내 생명과 우주 생명의 근본은 이것은 물질은 눈곱만큼도 없고 모두가 다 순수한 진여불성의 생명인데 이 자리는 지혜도 한도 끝도 없고, 자비도 한도 끝도 없고, 능력도 한도 끝도 없고, 행복이 충만해 있는 자리다, 이렇게 생각하고 참선을 하는 것과는 굉장한 차이가 있습니다. 부처님 공부는 그렇게 하라는 것입니다.

다시 바꿔서 말하면 마음을 열고 하는 공부가 부처님 공부입니다. 김 아무개, 박 아무개 하는 자기라 하는 그런 조그만 곳에 갇혀 있지 말고서 우리 마음이 본래로 천지 우주와 둘이 아닌 광대무변(廣大無邊)한 바로 진리 자체, 사랑 자체이기 때문에 그렇게 우리 마음을 그 자리에 해방시켜놓고 하는 공부라는 것입니다.

단박에 해방은 안 되겠지요. 그러나 우선 관념만이라도 내가 지금 어두워서 내가 전생에나 금생에 업을 많이 지어서 못 느끼는 것이지 내 마음은 거짓말을 하지 못하는 부처님께서, 무수한 도인들이, 증명한 것이니까, 그와 같이 만공덕을 갖추고 있는 것이 내 마음이다, 바로 그것이 나다, 이렇게 생각을 하고서 공부를 하는 것입니다.

내 몸이 지금 어디가 아프다, 내 몸이 지금 괴롭다. 이러한 것도 모두가 다 따지고 보면 우리 마음이 근본 마음자리에 가 있지 못하고서 우리 마음이 굴곡(屈曲)되고, 마음이 왜곡(歪曲)되고 우리 마음이 부질없는 미망(迷妄), 무지(無知) 때문에 우리 마음이 지금 어두워 있는 것입니다.

어느 철인이나 말하기를, 특히 플라톤(Platon)이나 그런 분들이 이제 말할 때도, 인생이라 하는 것은 좋은 쪽으로 보면 태양 같고 어두운 면으로 보면 동굴이라. 태양과 동굴의 비유란 말입니다. 위대한 분들은 모두가 다 태양같이 밝고 투명하지만 그 무지한 사람들은 항시 마음이 동굴 속에 있는 것 같이 어둡단 말입니다.

그 밝은 쪽에 관하여서도 바른 철학, 바른 종교와 대조적으로 부처님 가르침은 어디만 밝고 어디만 밝지 않은 것이 아니라 우주가 그대로 훤히 밝은 것인데 어두움은 조금도 없는 것인데 우리 중생이 잘못 느껴서 스스로 어둠을 만드는 것입니다.

따라서 우리가 할 것은 부처님의 밝은 광명 지혜로 해서 우리 어두움을 몰아내는 것입니다. 자기라는 그런 어쭙잖은 잣대로 해서 문제를 풀려고 하시지 말고, 어려운 문제가 있으면 꼭 부처님의 잣대, 예수의 잣대, 예수의 견해로 해서 문제를 풀어야 하는 것입니다.

가정 문제나 사회문제나 정치문제나 다 마찬가지인 것입니다. 그분들만이 오류(誤謬)가 없습니다. 왜 그분들은 오류가 없는 것인가? 그분들은 우주의 진리를 바로 진리 그대로 보는 것입니다.

우리 중생은 그대로 지금 못 보는 것입니다. 못 보기 때문에 오류가 있단 말입니다. 따라서 앞서 제가 말씀드린 바와 같이 과거 위대한 철인들은 모두가 다 보다 확실하게 말하거나 보다 애매하게 말하거나 깨달음의 차이 때문에 그런 차이는 있다 하더라도 방향성(方向性)은 다 똑같습니다. 인류의 어두움을 몰아내서 참다운 광명, 세계로 우리 인간을 이끌어 간다는 말입니다. 그래야만이 참다운 행복이 있는 것입니다.

여러분들은 제가 지금 말씀드린 이런 말들을 마음에 두고서 다른 철학서(哲學書)를 보십시오. 모두가 다 그 협소하고 옹졸한 자기 마음을 떠나서 참다운 실상 자체, 인생의 본질로 가는 공부입니다.

따라서 그 전에는 우리 인간의 지혜 분별이 발달이 미처 못되어 가지고서 우리가 선택을 바로 못했지만 지금은 인류가 바른 시험을 다 해 보았던 것입니다.

자유민주주의도 사회주의도 공산주의도 우리가 다 해보았습니다. 기독교, 이슬람교, 도교, 다 보고 있단 말입니다. 이렇게 저렇게 많은 시험을 했으나 대체로 모두가 시행착오가 아닙니까.

　괜히 우리 인간의 생명을 낭비를 했단 말입니다. 짧은 인생인데 몇 십 년씩이나 진리가 아닌 그런 무명으로 이루어진 이데올로기 그것 갖고서 우리 생명을 낭비할 필요가 없는 것입니다.

　부처님의 지혜가 없다고 생각할 때는 그럴 수도 있겠지요. 그러나 무가정(無假定)의 원리, 무수한 성자들이 다 증명을 한 도리가 아닙니까. 따라서 우리는 지금 말씀드린 바와 같이 그러한 상대 유한적인 무지에 지금도 젖어서 그대로 갈 것인가, 그렇지 않으면 우리가 결연히 단호하게 일어서서 참다운 진리를 자기 인생의 근본 신념으로 하고 나아갈 것인가 하는 그런 기로에 있습니다.

　어렵지만 우리가 부처님의 가르침, 인생과 우주의 본바탕을 투명하게 훤히 밝힌 가르침을 기료(祈療)로 하고서 거기에 입각한 생활을 하지 않을 때는 우리 인생의 말로(末路)는 뻔합니다. 또 죽이고 싸우고 또 갈등되고 하겠지요.

　제동장치(制動裝置)가 없는 기관차가 가다가 어디로 갈 것입니까? 레일을 이탈해서 틀림없이 그때는 파괴되고 탈선이 되고 진구렁에 빠지고 마는 것입니다. 우리는 지금 그런 전철(前轍)을 밟을 수가 없습니다.

우리의 원수는 밖에가 있지 않습니다. 우리 원수는 바로 알지 못하는, 진리를 모르는, 과거나 현재나 미래나 그것 때문에, 진리를 모르는 무명 때문에 우리가 고생을 받는 지라, 우리 원수는 바로 무명 자체입니다. 옛날 철인들이 원수는 산에 가 있는 것도 아닌 것이고 자기 마음에 있다고 한 것처럼 말입니다. 우리는 분명히 느껴야 하는 것입니다.

현대 젊은이들은 그런 생각을 100% 수용하기가 쉽지가 않을 것입니다. 그러나 깊이 사색(思索)도 하고 고뇌(苦惱)를 하시기 바랍니다. 과연 석가가 거짓말을 했던가, 예수가 무엇 때문에 십자가에서 흔연(欣然)히 자기 몸을 못 박혀서 죽도록 했던가 말입니다.

사실은 성자가 아니면 우리는 남을 심판(審判)할 권리가 없습니다. 우리가 지금 똑같이 인생의 허물을 짓고 있습니다.

남을 미워도 하고 우리가 음식을 잘 못 먹기도 하고 부모한테 불효하고 말입니다. 우리 범부라 하는 것은 성자의 길로 오로지 나아가지 못할 바에는 모두가 지금 죄를 범하고 있는 것입니다. 무명이라 하는 가장 무서운 도둑놈, 무명이라 하는 그런 도둑놈 속에서 우리가 죄를 범하는 것입니다.

우리는 어떠한 모험을 해서라도 그 무명에서 벗어나서 참다운 성자의 길로 꼭 나아가야 하는 것입니다. 그렇지 못하면 생명(生命)의 낭비(浪費)요, 또 그렇게 한다고 생각을 할 때에 생명을 낭비한다고 생각할 때는 부모한테나 나라한테나 인류한테나 다 우리가 죄를 범하는 것입니다.

앞서 말씀드린 바와 같이 우리 생명의 근본이 바로 진여불성인지라, 진여불성과 더불어서 할 때만이 어느 분야에서나 우리는 어느 때나 가장 행복한 것입니다.

건강으로 보나 또는 어떤 면으로 보나, 일반 중생들한테 공경을 받는 정도로 보나 또는 부모한테 효도하는 것으로 보나 어떠한 것으로 보나 그렇게 진여불성과 더불어서, 진리와 더불어서 하는 생활이 가장 위대한 생활입니다.

지금 한국적인 상황을 보십시오. 교육계를 보나 어디를 보나 결국은 지금 다 암담(暗澹)하단 말입니다. 그러나 그런 문제들을 어떻게 풀 것인가? 정말로 교육자나 누구나 다 진여불성자리에서 인생과 우주의 근본 자리에서 이런 문제를 푼다고 생각할 때는 진소위(眞所謂) 홍로일점설(紅爐一點雪)이라, 제 아무리 어려운 문제도 반야바라밀

(般若波羅蜜)의 참다운 진여(眞如)로 푼다고 생각할 때는 마치 뜨거운 화로에 한 줌 눈을 넣으면 순식간에 녹아 버리는 것과 같습니다. 아무런 어려움이 없습니다.

그러나 바르게 못 느끼니까 우선 자기 몸뚱이 생각하고 자기 가족 앞세우고 한단 말입니다. 그러나 바른 지혜로 바로 본다고 생각할 때는 내 가족 남의 가족이 별로 차이가 없는 것입니다. 그렇다고 그래서 함부로 자기 가족 남의 가족 뒤섞여서 하라는 것은 절대로 아닙니다. 자기 가족한테 최선을 다 한다 하더라도 우리가 집착해서 자기 가족 때문에 다른 가족을 해코지하는 그런 행동을 안해야 하는 것입니다.

그렇게 하기 위해서는 본래 자기 가정이나 남의 가정이나 나나 너나 모두가 다 하나의 생명이라는 것을 알아야 합니다.

하나의 생명이라는 말은 여기가 있고 저기가 있는데 이렇게 합해서 하나라는 그런 뜻이 절대로 아닙니다. 다른 사람 생명과 내 생명과 그저 빈틈도 없이 하나라는 말입니다. 천지우주가 이것이나 저것이나 더불어서 모두가 다 하나의 생명입니다.

한 번 생각해 보십시다. 우리가 지금 100명 넘어 되시는 이 금륜회 법당에서 산소나 수소나 질소가 거의 꽉 차 있습니다. 우리 몸도 역시 산소나 수소나 그런 원소로 구성되어 있습니다. 꽉 차 있는 원소 또는 내 마음도 구성한 것이 원소라고 생각할 때에 그 정도의 차이뿐인 것이지 내내야 모두가 다 똑같은 원소란 말입니다.

그런데 진여불성(眞如佛性)은 무엇인가 하면 진여불성은 원소나 무엇이나 소립자(素粒子)거나 어떠한 것이건 간에 우주의 어떤 것이거나 간에, 그 근본 생명 자리가 진여불성이란 말입니다.

그러기 때문에 진여불성이 없는 데는 어디에도 없습니다. 태양계(太陽系)나 은하계(銀河系) 어디에도 진여불성이 없는 곳이 없습니다. 진여불성은 우주(宇宙)에 꽉 차 있는 것인데 꽉 차 있는 부처님 자리로부터 인연 따라서 사람이 되고 무엇이 되고 합니다.

죽으면 어디로 갈 것인가? 다시 진여불성으로 가는 것입니다. 진여불성으로 가지만 우리가 그 자리를 긍정(肯定)도 않고 그 자리에 가기 위해서 노력을 안 한다고 생각할 때는 그 때는 다시 인간으로, 지옥(地獄)으로 뱅뱅 돈단 말입니다. 인생의 갈 길은 뻔한 길입니다. 훤한 길이란 말입니다. 탄탄대로(坦坦大路)입니다.

그 대로(大路)로 가는 길목도 훤히 밝혀져 있는 것이고, 또는 거기에 갈 수 있는 안내자(案內者)도 있는 것인데 우리 중생들은 그 타성에 젖어서 잘못 배우고 잘못 느끼고 그것에 젖어서 잘못 가는 것입니다.

지금은 한 눈을 팔 때가 아닙니다. 앞서 말씀드린 바와 같이 우리

한국이 처해 있는 것이 지금 얼마나 어려운 때입니까. 이 남북한(南北韓)이 합해도 별것이 아닌 것인데 남북한도 합하지 못하고 항시 싸운단 말입니다.

또 그 뿐입니까? 같은 남한 내에서도 얼마나 많이 갈등지고 있습니까? 갈등을 일으키는 원인이 무엇인가? 내내야 하찮은 물질, 하찮은 감투….

우리는 이웃나라 일본을 보십시다. 저는 일본에서 한 6년 동안 지냈습니다만 지금 그네들 문화를 보십시오. 그것은 오로지 제가 생각할 때는 부처님 혜택입니다. 부처님 은혜란 말입니다. 그네들은 식생활이나 무엇이나 보면 다 대체로 불교에서 하는 식입니다. 그네들의 성실(成實)과 예의(禮儀)바른 것도 다 부처님의 도리입니다.

동경(東京)은 지금 천만이 넘습니다만 동경의 밤하늘에는 지금도 십자가가 안 보인다는 것입니다. 교회가 나쁘다는 의미는 절대로 아닙니다. 우리는 그만큼 우리 불교와 같은 보배를 제대로 지금 우리가 활용을 못하는 것입니다.

불교를 믿는다고 생각할 때는 아까 말씀드린 바와 같이 근본 도리, 근본 진여불성의 대승적인 도리, 우리 현대병을 낫게 하는 그런 도리에 입각해야지. 지금 현대병을 낫게 할 수 없는 그런 방편 도리는 어디에나 있습니다.

불교가 아니더라도 도교나 유교나 기독교나 방편 도리는 다 있습니다. 그러나 불교가 아니면 안 될 도리는 무엇인가 하면 일체가 모두가 다 산이나 냇물이나 모두가 다 진여불성뿐이고, 거기에서 인간이 태어나서 사는 것인데 우리 인간이 그 도리를 모르면 멋대로 죄를 지어서 지옥으로, 아귀로, 축생으로, 뱅뱅 돈단 말입니다. 지옥(地獄)도 아귀(餓鬼)도 축생(畜生)도 분명히 다 있는 것입니다.

자연에서 태어나 자연과 더불어 살다 다시 자연으로 돌아가는 것이 인간입니다. 다시 말하면 진여불성인 자연에서 태어나 진여불성인 자연과 더불어서 진여불성으로 살다가 존재하다가 다시 진여불성인 자연으로 돌아가는 것이 우리 인간이다, 즉 진여불성을 한시도 떠난 적이 없다는 것입니다.

자기 형제간끼리 자기 국민들끼리 싸울 때가 절대로 아닙니다. 싸울만한 이유도 아무것도 없습니다. 영원적인 차원에서 본다고 생각할 때는 죽음도 없고 낳음도 없습니다. 우리 중생들이 겉만 보니까 거품 같은 또는 그림자 같은 겉만 보니까 죽음이 있는 것이지 생명 자체로 볼 때는 부증불감(不增不減)이라, 더하지 않고 덜하지 않고 낳지도 않고 죽지도 않고 죽음이 없단 말입니다.

반야심경(般若心經) 도리나 금강경(金剛經) 도리나 기타 불경(佛經)의 도리는 다 같은 도리입니다. 그러나 그 같은 경전 내에도 중생들을 위해서 부처님께서 노파심에서 하신 방편적인 말씀도 있고 그런가 하면 같은 경전 내에도 진실된 말씀이 있습니다.

여러분들은 방편은 버려버리고서 진실을 챙겨야 한단 말입니다. 현대는 그렇게 해야지, 이렇게 바쁜 세상에서 방편까지 불교가 아닌 것도 있는 그런 도리까지 우리가 다 집어서 할 필요는 없는 것입니다.

우리한테는 소중한 보배, 천지우주와 더불어서 바꿀 수 없는 소중한 보배인 진여불성이 있습니다. 그 도리를 안 놓치고서 공부를 한다고 생각할 때는 수학을 하던 무엇을 하던 어떠한 분야로 나가거나 걸작을 다 냅니다.

과거에 우리가 예술가를 보나 과학자를 보나 위대한 사람들은 모두가 다 영원적인 차원, 일반 범소한 사람들이 넘어다보지 못하는 영원적인 차원, 그런 차원까지 마음을 두고 공부를 했던 것입니다.

지금 일본에서나 미국에서나 우리 한국도 일반 소장 학자들 가운데서 미래학(未來學)을 공부하시는 분들이 많이 계시는 모양입니다. 우리 젊은이들도 그 미래학적인 것에 관심을 두시고 참답게 미래학을 우리가 체계를 세운다고 생각할 때는 이것은 어느 학자가 되든지 간에 역시 부처님의 가르침이 아니고는 안 된다고 저는 생각합니다.

여러분들한테는 누구에게나 다 무한의 보고(寶庫)가 있습니다. 과학적인 면으로 보거나 또는 어떤 면으로 보거나 부처님이 가르침은 무한(無限)의 보고입니다. 그래서 어떤 공부를 하든지 간에 나한테는 무한의 가능이 있다, 나한테는 어떤 면으로 보나 원만무결(圓滿無缺)한 재주가 있다, 나한테는 모두를 다 용납하는 사랑이 있다, 이렇게 마음먹고 생활한다고 생각할 때는 여러분들의 생활은 훨씬 풍요하고 여러분들은 누구하고도 절대 갈등이 안 될 것입니다.

우리 남북통일(南北統一)도 역시 그냥 우리가 물리적으로 합하는 것이 아닙니다. 그냥 합한다 몇 단계로 합한다, 이렇게 되어도 우리 의식이 따라야지 우리 의식이 못 따르면 또 다시 싸웁니다. 의식개혁(意識改革)의 선구자(先驅者)가 되는 것은 우리 불자를 떠나서는 없습니다. 여러분들께서는 꼭 선구자적인 자부심을 가지셔야 합니다.

정말로 불교인, 수도 그렇게 많지도 않은 불교인 또 불교인 가운데도 정말로 바르게, 방편을 떠나서 진실되게 부처님을 믿는 사람들이 얼마나 있는 것일까? 이렇게 생각할 때는 어떤 때는 정말로 한심스러운 때가 있습니다.

어떠한 분야로 보나 부처님 가르침대로 가야만이 정치나 경제나 복지나 어떤 면으로 보나 마찰이 없이 참이 됩니다.

이북도 또는 중공도 러시아도 어느 땐가는 부처님의 가르침이, 부처님의 방편이 아닌 온전한 참다운 가르침이 꼭 홍포가 되어서 그 사람들이 수용을 해야 합니다.

저도 미국에 가서 보니까 지금 미국 사람들에게서 가장 필요한 것이 무엇인가를 생각할 때 그네들한테 더 많은 돈도, 더 낳은 땅덩어리도 필요한 것이 아니라, 부처님 가르침이 그들한테 가장 필요한 보물이라고 생각했습니다. 부처님 가르침이 미국에 들어가서 그네들을 교화시키지 않는다고 생각할 때는 미국도 절대로 오래 못갑니다.

부처님 가르침은 앞서도 말씀드린 바와 같이 참다운 과학인 동시에 인생과 우주의 가장 궁극적이고 보편적인 진리인 동시에 참다운 철학이고, 또는 영생불멸(永生不滅)한 최상의 행복을 보장하는 참다운 종교입니다.

이런 가르침을 가지고서 우리가 허투루 살 수가 없습니다. 제가 끝으로 한 말씀 더 드리면서 제 말씀을 마치고자 합니다.

아까 말씀드린 바와 같이 우리가 자기 개인적인 문제나 가정적인 문제나 또는 국가 문제나 자기 개인적인 어쭙잖은, 어중간한 그런 지혜로서 판단을 하지 말고, 그런 잣대로 재지를 말고서, 석가나 예수나 공자나 그 분들의 잣대로 재가지고 해결을 봐야 합니다. 그러면 어느 문제나 홍로일점설(紅爐一點雪)이라, 뜨거운 화로에 한 줌의 눈을 집어넣듯 그때는 문제가 아니라는 것입니다.

　이런 것을 염두에 두시고서 우리 청년 불자님들 꼭 여러분들도 빛나시고 여러분들의 힘으로 해서 우리 고장이 명실공이 빛나는 고을이 될 수 있도록 끝까지 노력하시기를 간절히 바라면서 오늘 산승의 말씀을 마칩니다.

　　나무석가모니불(南無釋迦牟尼佛)! 나무마하반야바라밀(南無摩訶般若波羅蜜)!

六. 일상삼매 일행삼매
(一相三昧 一行三昧)

우리 마음은 본래 정과 혜를 갖추고 있습니다. 지혜만 있고서 선정이 없는 것이 아니라 지혜도 원만히 또는 선정도 원만히 갖추고 있기 때문에 지혜만 닦고 선정이 없으면 공부가 잘 계합이 되지 않습니다. 그 반대의 경우도 마찬가지입니다.

우리가 부처님 가르침을 공부하는 데 있어서는 세 가지 문제를 깊이 관심을 두고 공부를 하셔야 합니다. 첫째는 우리가 어떻게 부처님 법(法)을 인식(認識)해야 할 것인가, 이른바 인식론적인 문제입니다. 부처님 법을 지금 철학적으로 또는 종교적으로 어떻게 인식을 하여야 할 것인가, 그 인식론적인 문제가 바로 먼저 확립이 되어야 하는 것입니다.

바른 인식을 못하면 바른 수행(修行)도 제대로 닦을 수가 없는 것이고, 또 부처님 가르침은 꼭 증명(證明)까지 가야 하는 것인데, 증명하여야 한다는 그런 증명 문제도 온전히 증명을 할 수가 없습니다.

부처님 가르침의 3가지 차원은 먼저 바른 인식론(認識論) 문제, 그 다음은 닦는 문제, 어떻게 닦아야 할 것인가, 이른바 바른 수행론(修行論)입니다. 그 다음은 어떻게 증명을 해야 할 것인가, 그 증명론(證明論) 문제인 것입니다.

불교의 목적은 대체로 다들 아시는 바와 같이 해탈(解脫)이라는 구경적인 깨달음을 목표로 하기 때문에 마땅히 거기에 따라서 필연적으로 바른 인식(認識), 바른 수행(修行), 바른 증명(證明)이 필요한 것입니다.

이번에 우리 재가 불자님들이 4박 5일 동안 공부하신 것도 그냥 이치(理致)를 알고 만다는 그런 것 같으면 강의(講義)만 주로 하고 말았겠습니다만 그렇지 않고서 꼭 정말로 우리가 수행해서 닦고, 증명한다 하는 그런 필수적인 문제 때문에 우리가 특히 어제 밤에 철야정진(徹夜精進)을 하고서 공부를 한 것입니다.

그래서 우리 불교의 깨달음도 그냥 이치로 깨닫는, 지견(知見)으로 깨닫는 풀 해(解), 깨달을 오(悟), 해오(解悟) 단계가 있는 것이고 또 우리가 이치를 앞세우기는 앞세우지만 먼저 증명까지 나아가야 한다는 그러한 이른바 증할 증(證), 깨달을 오(悟), 증오(證悟)까지 가야 우리가 참다운 깨달음이 되는 것입니다.

지금 근대나 중세의 우리 불교사를 보고 다른 종교의 역사를 본다 하더라도 이런 해오와 증오 문제, 이치 지견으로 아는 해오(解悟)와 실질적으로 우리 업장(業障)이 다 녹아져서 증명하는 증오(證悟)의 그러한 한계가 모호하기 때문에 상당히 필요 없는 논쟁도 많이 생기고 또는 증상만(增上慢)이 생겨 가지고서 자기가 미처 깨닫지 못하고 깨달았다고 하는 그런 좋지 않은 폐단도 있었습니다.

　그러면 우선 인식론적으로 어떠한 것이 바른 지견인가? 바른 지견이 확립되지 않으면 사실은 바른 수행이 못 됩니다.

　우리가 어떤 문제를 실험한다 하더라도 실험에 따르는 바른 이론 체계가 확립이 되어야 바른 실험이 되는 것이지 바른 이론 체계 없이 바른 실험이 될 수 없는 것 아닙니까. 더구나 우리가 생명(生命)을 걸고 닦는 수행(修行) 문제라 하는 것은 꼭 바른 견해, 바른 수행이 앞서야 하는 것입니다. 어떠한 것이 바른 견해인가?

　바른 견해가 확립이 못되면 우리 수행도 헛된 낭비를 많이 합니다. 고생 안 할 것도 고생하는 것이고 또 분별시비(分別是非)를 안 할 것도 공연히 쓸데없이 그런 분별시비를 많이 합니다.

　그렇기 때문에 공부하는 분들은, 특히 부처님이라 하는, 진여불성(眞如佛性)이라 하는 생명의 실상을 스스로가 꼭 증명하여야 합니다. 이렇게 우리는 애써서 바른 지견, 이른바 이치(理致)로라도 바른 깨달음, 바른 해오(解悟)를 먼저 얻어야 하는 것입니다.

우리가 중국 당나라 때나 송나라 때의 불교사나 선교사를 보면, 어느 스님이 선지식(善知識)한테 가서 문법(問法)을 하여서 계합(契合)된, 그런 걸맞는 해답에 따라서 그냥 일언지하(一言之下)에 대오철저(大悟徹底)라, 한 마디에 깨달아 버렸다거나 또는 당하(當下)에 성불(成佛)이라, 그냥 곧 그 자리에서 부처가 되어 버렸다, 이런 여러 가지 기록이 있습니다.

그러나 그렇게 한 마디에 깨달아버렸다는 이런 분들도 그 뒤에 어떻게 했는가를 더듬어 보면 그냥 공부를 안 한 것이 아니라, 한 마디에 깨달아버렸다 하신 분들도 두고두고 공부를 하셨습니다. 그렇다고 생각할 때는 한 마디에 깨달아버렸다는 깨달음이 가장 끄트머리, 이른바 완전무결한 깨달음이 못 되고서 어느 단계의 깨달음이기 때문에 나중에 공부를 더 해서 그 다음에야 위대한 성자가 되고 한 것을 볼 수가 있는 것입니다.

그렇기 때문에 우리가 어떻게 깨닫는가? 깨닫는 정도가 무엇인가? 이것은 우리가 굉장히 주의를 가지고서 점검을 잘 해야 하는 것입니다. 저 일본의 임제종(臨濟宗)의 중흥조라 하는 백은혜학(白隱慧鶴) 선사, 그 분이 하신 말씀 가운데 이런 말씀이 있습니다.

대오십팔번(大悟十八番)요, 소오부지수(小悟不知數)라

큰 깨달음은 18번이나 있고, 작은 깨달음은 부지기수(不知其數)라, 그 숫자를 알 수 없을 정도로 많단 말입니다. 그 중흥조라 하는 어른인데 그러신 분이 그와 같은 말씀을 했다고 생각할 때는 우리 후학들로 해서는 굉장히 혼란을 느낍니다. 깨달음이 대관절 어떤 것이기에 그렇게 큰 깨달음이 18번이고, 작은 깨달음은 무수히 많단 말인가?

따라서 우리 불자님들은 불교가 다른 종교와 같이 단순 소박하면 공부하기가 쉽습니다만 그 8만4천 법문이 있는 것이고, 거기다가 또 선지식들이 자기 나름대로 말씀을 해 놓고, 그리고 그 깨달음의 내용이 그냥 조금 기분이 좋아서 무엇을 좀 아는 정도 그런 정도의 깨달음에 그쳐버리면 모르려니와 정말로 일체종지(一切種智)라, 다시 말씀드리면 본체적(本體的)인 문제나 현상적(現象的)인 문제나 모두를 다 통틀어서 아는 지혜라는, 그런 일체종지를 다 안다고 생각할 때는 사실은 오랫동안 수련을 거쳐야 하는 것입니다.

우리는 보통 말로 해서는 가령 무아(無我)라, 내가 없다, 그런 말도 말로 해서는 누구나가 쉽게 할 수가 있습니다. 또는 무소유(無所有)라, 본래 소유가 없다, 이런 말도 말로 해서는 누구나 할 수가 있습니다.

그러나 대체로 그 뜻을 알만한 분들도 역시 어느 경계(境界)에 부딪히면 그렇게 되지가 않습니다. 그것이 왜 그러한 것인가? 이치로는 안다 하더라도, 이른바 분별지혜(分別智慧)로는 안다 하더라도 참답게 증명(證明)하지 못했기 때문입니다.

부처님 가르침은 꼭 증명이 따라야 합니다. 증명이 따라야 앞에서 제가 말씀드린 바와 같이 참다운 깨달음, 참다운 성자(聖者)의 영역에 들어갈 수가 있습니다. 성자(聖者)라 하는 것은 이른바 정성리생(正性離生)이라, 중생의 경계를 떠난 바른 성품의 자리를 말합니다. 이것은 무슨 말인가 하면 우리 중생의 삶은 사실 참다운 삶이 못 됩니다.

우리 중생은 바르게 보는 그런 삶이 못 됩니다. 예를 들면 검은 것 보고 희다고 하는 것이고, 또 바른 것을 보고 구부러졌다고 하는 것이고, 우리 중생이 보는 것은 모두가 다 개시 허망이라, 이것이나 저것이나 사실은 다 꿈같은 것이고, 또 가상(假相)에 불과한 것입니다.

그렇기 때문에 우리가 허망한 것을 가지고 서로 우김질 하고 서로 다툰다고 생각할 때는 개인(個人) 대(對) 개인 문제라든지 또는 단체 간의 문제라든지 또 각 종단(宗團)의 문제라든지, 그런 분별이나 갈등을 도저히 해소시킬 수가 없습니다.

그러나 다행히 우리가 증명을 한다고 생각할 때는, 우리가 해석하고 느끼는 것은 자기가 배운 대로 들은 대로 해석을 하니까 각기 차이가 있다 하더라도 참말로 옳은 깨달음은 응당 다 같아야 하는 것입니다.

그것이 아까 말씀드린 정성리생(正性離生)이라, 바를 정(正), 성품 성(性), 떠날 리(離), 날 생(生)입니다. 그 뜻은 우리 중생의 경계를 떠나서 참다운 바른 불성(佛性)에 들어간다는 말입니다. 부처님 가르침은 그와 같이 우리 중생 차원을, 우리 범부 중생의 영역을 떠나서 참다운 성자의 경계에 들어가야 하는 것입니다.

성자의 경계에 들어가려면 그냥 이치로만은 안 된다는 말입니다. 삼업청정(三業淸淨)이라, 우리의 업장(業障)이 녹아야 하는 것이고, 또 업장을 녹이기 위해서는 그냥 쉽게 녹일 수가 없는 것이고, 물론 자기가 지은 바 업장이 가벼운 분은 쉽게 녹일 것이고, 무거운 분은 더디게 녹이게 할 것입니다만 어쨌든 우리가 이치로 아는 것은 순간 동안에 알 수가 있지만 정말로 우리가 증명을 해서 우리 생리(生理)가 정화(淨化)가 되고 우리 업장이 녹아 가지고 증명해서 안다는 것은 그렇게 쉬운 문제가 아닙니다.

우리는 이러한 증명의 문제가 쉬운 것이 아니라는 것을 염두에 두고 공부를 하셔야 그때그때 퇴굴심(退屈心)이 안 나오게 되지만, 또는 우리가 경계에 부딪혀서 기분이 나쁠 때에는, 나는 공부를 웬만큼 했는데 내 행동이 이것밖에는 아닐까 하고 자기 스스로 좌절을 하기가 쉽습니다.

그러나 사실은 40년 50년 몇 십 년 동안 공부했다 하더라도 앞서 말씀드린 바와 같이 정성리생이라, 참말로 우리 공부가 진여불성(眞如佛性) 자리에 온전히 계합이 되었으면 모르겠지만 그렇게 되지 못했다고 생각할 때는 범부분상에서는 어느 누구나가 다 심란할 정도로 어떤 경우는 허물을 범합니다.

그러면 우선 우리가 이론적으로, 이른바 인식론적으로 어떻게 알아야 할 것인가? 특히 참선(參禪)공부를 바로 모르면, 정견(正見)을 바로 못 세우면, 부처님 가르침 가운데서 조금도 방편이 없는 참다운 진실 법문(法門)을 바로 모르면 참선이 못되는 것입니다. 가령 우리가 한 시간 동안을 앉는다 하더라도 그냥 덮어 놓고서 가부좌(跏趺坐)를 하고 앉았으면 머리가 맑아진다는 이런 것이 아닙니다.

이번에 오셔서 공부를 하신 분들은 대체로 자기가 그때그때 선지식(善知識)들이나 또는 아시는 스님한테 자기 수행(修行)하는 공부 방법을 들어서 다 알고서 오신 분들이라고 생각을 합니다만 더러는 그런 사전 준비가 없이 그냥 참선을 하면 좋다, 참선을 하면 건강에 좋다, 참선하면 머리가 맑아진다, 이런 정도로만 알고 와서 앉는 분들은 사실은 참선 공부를 하고 갔다고 볼 수가 없습니다.

참선 공부는 선행적으로 바른 견해가 앞서야 하는 것입니다. 바른 견해는 어떤 견해를 가리키는 것인가? 이것은 그 전에도 가끔 말씀을 했습니다만 불이법문(不二法門)이라, 모두가 다 둘이 아닌 법문이란 말입니다. 세상만사를 자기 생각이라든지 자기 몸뚱이라든지 어떤 것이나 모두가 다 하나의 것으로 통일을 시켜버려야 합니다. 이것 보고 이른바 타성일편(打成一片)이라! 일체 분별 시비라든지 모든 존재를 눈에 보이는 것이나 안 보이는 것이나 모두를 다 하나의 체계로 딱 통합을 시켜버려야 한단 말입니다.

그렇지 않고서는 우리 분별 시비를 잠재울 수가 없습니다. 증명은 미처 못 했다 하더라도 우선 우리가 이론적인 지견이나마 부처님 가르침을 따라서 우리 마음이 통일되어버려야 쓸데없고 부질없는 갈등을 하지 않습니다.

우리가 가령 호흡법(呼吸法)을 한다 하더라도 단전호흡(丹田呼吸)은 그도 상당히 좋은 공부법이 아닙니까만 단전호흡을 한다 하더라도 그냥 호흡만을 애쓰고 합니다만 애쓰고 하다가는 보통은 이득보다는 나중에 가서는 위(胃)가 확장되고 또는 병(病)이 생기는 분이 더 많단 말입니다. 그런 것도 바른 지견이 없이 그냥 덮어놓고서 소박하게 공부하는 데에 원인이 있습니다.

가령 우리가 염불(念佛)을 한다 하더라도 염불도 참선을 할 수 있을 정도로 참다운 염불의 도리(道理)를 알아야지 그걸 모르고서 그냥 염불만 한단 말입니다. 염불하면 신장(神將)이나 부처님의 가피가 있겠지, 그리고 끝에 가서는 깨닫겠지 하고서….

물론 애쓰고 하다보면 안하는 것보다는 낫겠지만 그런 식으로 해서는 앞서 말씀드린 바와 같이 참선 공부는 못되는 것입니다. 참선 공부가 되기 위해서는 꼭 바른 지견, 이른바 부처님 팔정도(八正道) 가운데서 정견(正見)이 없이는 참선이 못되는 것입니다. 다시 바꿔서 말씀드리면 반야지혜(般若智慧)가 전제가 되어야 그래야 참선이 됩니다.

다른 공부와 참선공부와는 그런 차이가 있습니다. 따라서 그 말씀을 불교 술어로 하면 선오후수(先悟後修)라, 먼저 이치로 깨닫고 닦아야 그래야 이른바 참선공부란 말입니다. 이런 도리는 꼭 잘 알아두시기 바랍니다. 참선은 누구나 그냥 아무렇게나 앉아서 하는 것이 아닙니다.

거기에서 또 우리가 생각할 것은 무엇인가 하면 모든 것이, 나나 너나 모든 존재가 다 하나의 도리로 통일이 되어 버린다는 것입니다. 이러한 견해도 그 사람의 업장 따라서 느끼는 정도가 천차만별(千差萬別)입니다.

그냥 어렴풋이 부처님께서 말씀하셨으니까 모두가 다 하나의 도리(道理)이겠지, 이렇게 아시는 분도 있고, 또는 기도를 많이 모시고 참선을 좀 해서 상당히 맑은 분들은 이것은 여실하게 모두가 다 하나이겠구나, 이렇게 더 깊이 느낀단 말입니다.

그것은 우리 근기에 따라서 여러 가지 차이가 있습니다. 그렇기 때문에 우리가 이와 같이 수련대회(修鍊大會)를 입제(入齊)하고 공부를 하는 것은 우리 근기(根機)를 훈련시키는 것입니다. 그렇기에 이른바 수련대회라는 그런 말씀도 붙일 수가 있는 것입니다.

우리 중생들의 근기가 아직은 낮아 가지고서 가사 부처님의 그런 심수오묘한 그런 가르침을 듣는다 하더라도 확실하게 신심(信心)이 안 간단 말입니다. 신심이 안가면 따라서 우리 행동도 거기에 따르지를 못합니다.

그렇기 때문에 우리가 닷새고 며칠이고 이렇게 오로지 공부를 하는 것입니다. 그렇게 하다 보면 자기도 모르는 가운데 자기의 망심(妄心)은 줄어들고 동시에 자기 맑은 정심(淨心)은 점차로 더 증가되어 갑니다.

아무튼 이렇게 증명하는 것이 우리 수행자들이 할 일인데, 사실 지금 저 같은 사람도 증명을 온전히 했다고 생각한다면 이렇게 비가 오는 날은 비도 멈추게 할 수가 있는 것인데, 제 공부가 너무나 미숙하니까 아무런 그런 초인적(超人的)인 힘을 못 냅니다. 저도 참 부끄럽게 생각을 합니다.

부처님 법 가운데는 정말로 해탈(解脫)했다고 생각할 때는 이렇게 비가 오는 날에도 충분히 비를 멈추게 할 수가 있는 것입니다. 우리가 모두가 다 하나의 도리(道理)다, 하나의 진리(眞理)다, 이렇게 알면서 거기에 곁들여서 더 중요한 것은 하나의 진리일뿐만 아니라 모두가 다 하나의 생명(生命)의 진리인데, 그 가운데는 이렇게 비가 오는 날 비를 멈추게 할 수 있는 힘도 있고 또 다른 힘도 갖추고 있습니다.

우리한테 갖추어져 있는 그런 큰 덕이 나 아(我), 큰 덕(德), 아덕(我德)이라, 열반사덕(涅槃四德) 가운데 아덕입니다. 아덕을 가진 사람, 정말로 진여불성(眞如佛性)을 원만히 증명한 사람은 우리 몸을 동시에 우주에 가득 차게 할 수가 있단 말입니다. 또는 우리 몸을 몇 천개 몇 만개로 동시에 나투게 할 수도 있다는 것입니다.

따라서 비행(飛行)도 마음대로 할 수가 있는 것이고, 또는 작은 것을 크게 할 수도 있는 것이고, 이와 같이 일체 신통묘지(神通妙智)를 갖추고 있는 이것이 이른바 아덕입니다. 내가 갖추고 있는 무한한 공덕(功德)입니다.

따라서 우리 불자님들은 앞서 말씀드린 바와 같이 모두가 다 하나의 도리다, 이렇게 앎과 동시에 또 그 하나의 도리 가운데는 일체 만 가지 덕을 다 갖추고 있다, 여기까지 알아버려야 이제 참선공부를 하는 데 있어서 기본적인 준비가 됩니다. 기본적인 견해가 됩니다.

이렇게 알아야지 그렇지 않고 자기 스스로 자기 불성에 한계를 딱 세워서, 내가 설사 해탈을 한다 하더라도 나는 아는 것이나 좀 알지 내가 무슨 신통을, 신통은 외도나 하는 것이지 그런 것은 나한테는 무관한 것이다, 이렇게 생각하면 우리한테 갖추고 있는 무한(無限)의 덕성(德性)을 우리가 그만큼 막아버리는 것입니다.

따라서 우리한테 갖추고 있는 무한성(無限性), 무한의 공덕을 분명히 느끼고 확신(確信)을 하여야 하는 것입니다. 정말로 그러한 아덕(我德)을 다 증명하셔서 우리한테 여러 가지로 부사의(不思議)한 공덕(功德)을 보이신 분들이 굉장히 많습니다. 영험력(靈驗力)으로 보나 또는 그 도인들의 행적으로 보나 부사의한 공덕이 상당히 많은 것입니다.

가령 우리 한국에도 저 강원도 건봉사에서 공부하시다 가신 신라 경덕왕 때 발징화상(發徵和尙; ?~796), 그 분은 30년 동안 오로지 공부만 했단 말입니다. 미타만일회(彌陀萬日會)를 설치하여 지성으로 염불수행(念佛修行)만을 30년 동안 했습니다. 그러니까 이른바 만일(萬日)이지요. 그래서 만일회(萬日會)라고도 합니다. 만일 동안이나 염불 공부를 오로지 했습니다. 30년 동안 공부한 끝에 회향(回向)때는 도반(道伴) 가운데서 31명이 그냥 육신등공(肉身登空)이라, 자기 육신 그대로 하늘로 올라가 버렸단 말입니다.

이러한 말씀들을 드리면 어느 분들은 이것은 동화(童話)와 같은 이야기가 아닌가, 이것이 어떻게 사실일 것인가 하겠지만, 저는 절대로 동화와 같은 그런 공상적인 이야기가 아니라고 생각합니다. 왜냐하면 가끔 제가 말씀을 드립니다만 사실은 우리 몸이라 하는 것은 본래로 무게가 있는 것이 아니란 말입니다.

심신불이(心身不二)라, 우리 몸과 마음은 절대로 하나입니다. 하나인데 우리 마음이 온전히 반야의 지혜에 철저하다고 생각할 때는, 반야의 지혜를 깨달아서 온전히 우리가 반야의 지혜와 하나가 되었다고 생각할 때는 사실은 우리 몸의 무게를 느끼지 않는 것입니다.

그러기에 부처님 경전에 보면 우리한테서 욕심(慾心)의 뿌리만 뽑히면, 욕심의 뿌리가 온전히 잔뿌리까지 뽑혀버리면 그때는 자기 마음먹기에 따라서 자기 발은 하늘로 올라 갈 수가 있다는 것입니다. 그렇게 우리한테 갖추고 있는 자성공덕(自性功德)은 위대한 것입니다.

우리 불자님들은 그런 공덕을 믿어야 하는 것인데 보통은 잘 믿지를 않고, 또한 근래에 와서는 그런 공덕을 우리한테 내 보이는 분이 별로 없단 말입니다. 그렇기 때문에 믿지를 않는 것이지만 그러나 공부를 하는 우리 수행자(修行者)들은 꼭 자기 스스로 못한다고 해서 그래서 부처님의 그런 진여공덕(眞如功德)을 절대로 제한(制限)하여 과소평가를 하여서는 안 되는 것입니다.

지금 이 자리에 이렇게 계신다 하더라도 이 자리에 계시는 여러분들이 정말로 부처님한테 갖춘 즉 내 맘에 갖추어진, 진여불성 공덕을 확신한다면 그것을 발휘할 수가 있는 것입니다.

심즉시불(心卽是佛)이라! 내 마음이 바로 부처고 부처가 바로 내 마음입니다. 그리고 내 마음과 내 몸은 절대로 둘이 아닙니다. 과거 전생(前生)에 업장(業障) 따라서 이와 같은 몸이 지금 생겼습니다. 업장의 바람 따라서 업풍(業風) 따라서 이렇게 몸이 태어났기 때문에 업장이 녹아져서 정말로 본래적인 부처의 자리로 우리 마음이 돌아간다면 진여불성에 갖추어진 무한의 공덕을 우리가 발현할 수가 있는 것입니다. 그래야 이치에 맞습니다. 그리고 이것은 과거 무수한 도인들이 다 증명을 했던 것입니다.

중국 당나라 때 등은봉(鄧隱峰)이라는 스님이 있었습니다. 이 분은 순수한 참선승인데 신통 지혜를 부린 분입니다. 한 번은 만행을 좀 하다가 저 오대산에 들어가려고 산 어귀에 들어섰단 말입니다. 그러나 그때 마침 정부군하고 반역군하고 싸움이 벌어졌습니다. 그 비참한 꼴을 차마 볼 수가 없었습니다. 이걸 어떻게 해야 싸움을 말릴 것인가?

그렇게 서로 적대시해서 죽이고 죽고 싸우는 판에 말로 해서 되겠습니까. 말로 될 수가 없단 말입니다. 그래서 자기 주장자(拄杖子)를 하늘로 획 던졌단 말입니다. 그리고나서 자기 몸을 하늘로 솟구쳐서 주장자 위에 올라타고 전쟁터를 몇 십 번을 돌았습니다.

아무리 싸우는 사람들이라 하더라도 왠 사람이 그야말로 지팡이를 타고서 공중을 빙빙 돌아 다니니까 참 이상하겠지요. 그래서 공중 위에서 '제법무상(諸法無常)이라', '모두는 다 허망(虛妄)한 것이다. 미움도 허망하고, 사랑도 허망하고, 그대들 몸도 허망하고, 또 권력도 허망하고, 권력이나 재산이나 미움이나 사랑이나 모두가 다 허망하다'는 그런 법문을 했단 말입니다. 그러니까 비로소 그 사람들이 양편 다 그 기묘한 신통묘지(神通妙智)를 보고서 감동(感動)을 느끼고서 싸움을 멈추었단 말입니다. 이러한 사례는 한두 가지가 아닙니다.

부처님 당시에 부처님께서 중생(衆生)을 제도(濟度)하는데 삼종시도(三種示導)라 하여서 세가지 차원으로 구분해서 말씀했습니다. 맨 처음에는 교계시도(教誡示導)라 해서 가르침을 말로 설법 하시는 것 입니다.

이렇게 보통으로 해서 잘못 알아듣는다거나 또는 근기가 안 맞아서 잘 납득이 안 간다거나 그런 경우는 부처님께서 타심통(他心通)으로 해서 그 사람의 근기를 꿰뚫어 본단 말입니다. 다른 사람의 마음을 훤히 꿰뚫어 보는 그런 신통이 타심통입니다. 꿰뚫어 봐서 그 사람 근기에 딱 알맞는 말씀을 하시는 것입니다. 이것을 기심시도(記心示導)라 합니다.

저는 이따금 정도에 맞지 않는 말씀을 하기 때문에 비판도 많이 받습니다만 그것은 제 공부가 부족하니까 할 수가 없는 것이고, 아무튼 그런 타심통으로 해서 그 사람 근기에 맞추어서 딱 알맞은 법문을 하시는 것입니다.

그러나 그렇더라도 그 사람의 업장이 많아서 못 알아들을 때에는, 가령 교만심(驕慢心)이 많은 사람들이 아예 들으려고도 하지 않는 그런 때에는 부처님께서는 신변시도(神變示導)라, 신통을 나투어서 그 듣는 청중들의 교만심을 끊어 버린단 말입니다. 그냥 빈 말로 하면 제 아무리 좋은 말이라도 업장이 무거운 사람들은 별로 감동을 못 느낍니다.

그러나 정말로 공중(空中)에다 자기 몸을 솟구쳐서 비행자재(飛行自在)를 하고, 또는 광명(光明)을 나투어서 훤히 우주를 비춘다거나 이러한 경우는 아무리 업장이 무거운 사람들도 관심을 가지고 감격스럽게 들을 수가 있겠지요. 이것을 가리켜서 신변시도(神變示導)라 합니다. 이와 같이 세 가지 차원으로 중생을 제도하는 것입니다.

　맨 처음에는 교계시도(敎誡示導)라 설법(說法)으로 말로 하시고, 그 다음은 기심시도(記心示導)라 타심통(他心通)으로 해서 그 사람 근기를 보아서 거기에 걸맞게 제도를 하시고, 그래도 안 될 때는 신변시도(神變示導)라 신통묘지(神通妙智)로 해서 그 위력(威力)을 나투어서 교만심을 조복(調伏)한 뒤에 법문을 하신단 말입니다. 부처님 법은 이와 같이 심심미묘(甚深微妙)한 것입니다.

　따라서 우리 참선 공부는 그냥 고달프기만 하고, 조금 무언가 알듯 말듯 하다 말아버리는 그런 정도가 절대로 아니라 정말로 깨달아서 온전히 자기가 범부(凡夫)의 생을 떠나 참다운 성자의 영역으로 들어간다고 생각할 때는, 그 때는 천지 우주가 자기가 되어버립니다.

　백척간두진일보(百尺竿頭進一步)하니 시방세계시전신(十方世界是全身)이라! 백척간두에서 모름지기 우리가 더 나아간다고 할 때에는 ―시방세계시전신이라― 시방 세계 모두가 다 한 몸이 되고 모두가 다 부처가 되어버린단 말입니다.

이런 도리를 여러분들은 환희심(歡喜心)을 가지고 깊이깊이 느끼시기 바랍니다. 그렇게 해서 부처님의 공덕을 믿어야지 부처님 공덕을 잘 믿지 않으면 공부가 팍팍하기도 하고 또는 공부가 빨리 성취가 된 사람들은 모르지만 업장이 무거워서 몇 십 년 잘 안 되는 사람들은 중간에 하다 그만 두어 버리는 것입니다.

우리 스님들도 보면 한 40이나 50이나 되도록 그와 같이 참선방에 왔다 갔다 하다가 별로 신통한 재미를 못 보면 그때는 그만 두어 버리는 분들도 있습니다. 업장이 무거운 분들은 그냥 쉽게 몇 년 동안에 공부를 다 마칠 수가 있는 것이 아닌 것입니다. 그러나 업장이 무겁다 하더라도 우리가 한 시간 동안 참선하면 한 시간 동안 한 만큼 우리 잠재의식(潛在意識)에다 공부의 흔적(痕迹)을 다 두는 것입니다.

공부의 종자(種子)를 다 심는 것입니다. 따라서 조금 안된다고 하더라도 너무 실망을 절대로 말아야 하는 것입니다. 자기는 모르지만 자기가 공부를 한만큼 이른바 훈수(勳修)라, 더울 훈(熏), 닦을 수(修), 우리 마음에다가 공부를 한 만큼 공부의 기운을 다 심는 것입니다.

지금 4박 5일 동안 공부하신 분들은 그와 같이 마음에 공부한 품질을 다 심어 놓고, 공부한 그런 선근(善根) 종자, 맑은 종자를 다 심어

놓으신 것입니다. 따라서 앞으로는 그런 종자를 더욱 더 북돋우고 가꾸어야 하는 것입니다. 그러나 앞서도 말씀드린 바와 같이 정말로 우리 범부를 초월해서 성자 된다는 것은 사실은 쉽지가 않습니다. 그러므로 느긋한 마음으로 단단히 각오를 세워야 하는 것입니다. 과거 전생에 우리가 얼마나 업장을 많이 지었던가, 금생에는 얼마나 무거운 업장을 지었던가를 생각하여 봅시다.

중국에 여정(如淨; 1163~1228)스님이 계셨는데, 이 분은 일본 불교에서 참선으로 가장 위대하다는 도원(道元; 1200~1253) 선사의 스승입니다. 그 당시 제방에서는 모두 위대한 도인이라고 숭앙을 한 분인데 이 분이 임종 때 어떻게 말씀을 했는가 하면, 망단반야(妄斷般若)하니 죄범미천(罪犯彌天)이라, 내가 반야(般若)의 도리를 망령스럽게 했으니 죄(罪)가 어떻게 많든지 찰 미(彌), 하늘 천(天), 하늘에 꽉 차 있단 말입니다.

내가 반야를 잘 못 말해서 내가 망령스럽게 한 망언(妄言)은 죄가 하늘에 꽉 차 있다는 것입니다. 선지식(善知識)이라고 말을 듣는 분들도 이와 같이 자기 참회(懺悔)를 했습니다. 이런 정도로 하신 분이 위대한 선지식인 가운데는 한두 분이 아닙니다.

그런데 하물며 우리 같은 아직 성자의 경계에 제대로 들어가지 못한 사람들은 따지고 보면 정말로 어떻게 말을 할 수 없을 정도로 하늘에 사무친 것이 아니라 그야말로 삼천대천세계(三千大千世界)에 사무치게 충만했다고 볼 수가 있겠지요. 그와 같이 우리는 자기 스스로 그런 엄격한 참회를 꼭 하셔야 합니다.

우리가 생활하고 말하고 하는 것이 모두가 다 범부분상(凡夫体想)에서는 이와 같이 망념(妄念) 투성인 것이고, 또 우리가 보는 견해도 역시 바르게 보지 못하기 때문에 그때그때 엉뚱한 판단도 하고, 그렇게 엉뚱한 판단을 할 때는 우리 주변도 그만큼 오염(汚染)을 시키는 것이고 남한테 나쁜 영향을 끼치는 것입니다.

따라서 그런 점에서 우리가 닦기는 닦아야 하는 것인데, 닦을 때는 먼저 꼭 바른 이해, 바른 가치관으로 닦아야 합니다. 모든 존재가 오직 하나의 생명이다. 이것을 증명할 때는 어떻게 하여야 할 것인가? 이때는 우리가 어록을 보면 구구순숙(久久純熟)이라, 오랜 동안 우리가 공부하는 경계를 익히고 익히다 보면 그때는 자연내외(自然內外)라, 자연히 우리 마음이나 몸이나 모두가 다 타성일편(打成一片)이라, 하나로 딱 뭉쳐버리는 것입니다.

이런 경계를 가리켜서 부처님 말씀으로 신심탈락(身心脫落)이라 이렇게 말을 합니다. 몸 신(身), 마음 심(心), 벗을 탈(脫), 떨어질 락(落)입니다. 이 말은 자기도 모르는 가운데 자기 몸뚱이가 자기 것 같지가 않다는 것입니다. 자기 몸뚱이가 어디가 있는지 모를 정도로 텅 비어버린다는 말입니다.

우리 불자님들 가운데 아직은 신심탈락을 경험하신 분들은 별로 많지가 않으시겠지요. 신심탈락을 경험해서 정말로 자기 몸뚱이가 텅텅 비어 버리는 경험을 하여야 비로소 이러니까 정말 무상(無常)이고 무아(無我)구나, 이렇게 느낄 수가 있습니다.

그러나 그러한 경험을 미처 못 하신 분들은 부처님들이나 도인들이 말씀을 했으니까 본래 무아는 무아이겠지, 내가 분명히 없기는 없겠지, 그렇게 느끼기는 어렴풋이 느끼나 이것이 실감으로 오지가 않는 것입니다.

그러므로 구구순숙(久久純熟)이라, 오랫동안 앉고 정진하고 참선하고 기도하고 이렇게 하면 자기도 모르는 가운데 몸도 마음도 가벼워 가다가 나중에는 신심탈락이라, 우리 몸과 마음이 하나가 되면서 어디가 있는가, 없는가 모를 정도로 텅 비어 버립니다. 여기까지 가버려야 부처님의 무량공덕도 내가 아직은 다 행사를 못할지라도, 내가 아직은 수용은 못할 지라도, 정말로 신통도 있겠구나, 이렇게 느끼는 것입니다.

자기 스스로에게서 무엇인가 이상의 힘을 느껴버려야, 정말로 위대한 도인들은 이런 정도가 아니라 무량(無量)한 신통(神通)을 하겠구나, 이렇게 느끼는 것이지 자기 공부가 안되어서 항상 자기 한계밖에는 사용을 못하면 그때는 깊은 신심(信心)이 못나오는 것입니다. 그러기에 될수록 인연(因緣)을 잘 다스려서 공부를 해나가야 하는 것입니다.

이러한 단계가 이른바 불교 술어로 해서 사선근(四善根)이라 합니다. 넉 사(四), 착할 선(善), 뿌리 근(根)입니다. 사선근이라는 술어를 잘 외워두시고 어렴풋이나마 사선근을 알아두시면 자기 스스로 공부하실 때 정말로 필요합니다.

왜냐하면 그런 것을 모르면 내가 공부를 무던히 했는데, 또 내가 공부할 때 재미를 좀 보는데, 내 공부가 얼마만큼 나아갔는지 잘 모르는 것입니다. 그래서 엉뚱하게 판단을 그릇되게 합니다. 그러면 괜히 망언을 하는 것이고 또 아주 재미있는 경계가 오면 도인의 경계도 이런 것이구나, 이렇게 느껴서 가짜 도인 행세를 합니다.

공부가 안되고서 되었다고 한다거나, 성자가 아니면서 성자라고 한다거나 또는 어느 경계를 증명하지 못하고 증명했다는, 이것 보고 대망언(大妄言)이라 또는 증상만(增上慢)이라, 망언도 보통 망언이 아니라 큰 망언이란 말입니다. 증상만은 못 증명하고 증명을 했다 또는 성자가 아니면서 성자라, 이와 같이 이른바 참칭(僭稱)을 한단 말입니다.

이런 분들은 큰 죄를 범하는 것입니다. 큰 죄로 보아서 제가 오전에 보살계(菩薩戒) 십중금계(十重禁戒)라, 열 가지 무거운 계(戒) 가운데 망어계(妄語戒)를 말씀했는데 보통 거짓말은 큰 죄에는 해당이 안 되어도 방금 제가 말씀드린 바와 같이 못 닦고서 닦았다, 도인이 아니고서 도인이다, 이런 때 있어서는 대망언이 되어서 그때는 승려 같으면 승려 지위를 빼앗겨야 하는 것입니다.

또는 공부를 해도 공부가 성취가 안 됩니다. 성인한테 거짓말을 하고, 닦는 경계에 대해서 거짓말을 하여 버렸으니 공부를 어떻게 할 것입니까. 그런 교만심(驕慢心)이 굉장히 무서운 것입니다.

따라서 사선근(四善根; 四加行) 법문을 알아야 하는 것은 그렇기 때문에 알아야 하는 것인데 사선근은 어떤 것인가 하면 우리가 공부해 나아가면 맨 처음에 우리 마음과 몸이 점차로 가벼워져서 시원스럽단 말입니다. 몸도 시원하고 가슴도 시원하고 눈도 시원하고 그리고 별로 피로를 모르는 것입니다. 이것보고 불교 술어로 따뜻할 난(煖), 난법(煖法)이라 합니다. 사실은 사오년 동안 공부했다 하더라도 난법상도 못 나온 분도 있습니다.

이것은 저마다 곧 나오는 것은 아닙니다. 또 한 십년 공부했다 하더라도 선방(禪房)에 들어가면 그냥 꾸벅꾸벅 혼침(昏沈)에 들어가는 사람, 이런 사람들은 사실은 제일 밑의 선근인 난법상의 경계에도 미치지 못하는 것입니다. 분명히 바른 견해를 가지고 계행(戒行)을 지키고 바르게 닦는다고 생각할 때는 자기 몸도 마음도 시원해서 웬만한 피로(疲勞)는 모르는 정도가 되어야 사선근 가운데 제일 밑에 있는 난법상이 되었다고 보는 것입니다. 그러다가 공부를 더욱 열심히 한단 말입니다.

난법상이 나올 때는 마치 자기 몸이 이제 전류(電流)에 감전(感電)된 것같이 쩌릿쩌릿 하기도 하고 또 머리 뒤통수도 시원스럽기도 하고 또 자기 눈도 시원스러워서 혼침이 붙어 있지를 못합니다. 이렇게 되다가 그런 시원스러운 기운이 더한단 말입니다. 더 기분이 좋고 얼마든지 앉을 기분입니다. 다리가 저려서 아프다가도 이런 난법상이 나온 뒤에는 사르르 풀려 갑니다. 분명히 사르르 풀리는 것입니다.

그러다가 공부를 안 쉬고 더욱 나아가면 그 때는 자기 눈앞에 분명히 달 같은 것이 나온단 말입니다. 나오기도 하고 안 나오기도 하는 것이지만 잘 안 나왔다고 생각한 사람들은 미처 자기가 관심을 안 두었겠지요. 분명히 우리 업장이 녹아지면 자기도 모르는 가운데 달 같은 것이 분명히 나오는 것입니다. 그러다가 또 공부를 안 쉬고 나아가면 그 때는 그것이 차근차근 커졌다 줄어졌다 합니다.

이른바 광협자재(廣狹自在)라. 이것은 제 말씀이 아니라 불경 가운데 다 있는 것입니다. 그래서 우리 몸과 마음의 시원스러운 정도가 더한 경계를 이마 정(頂), 법 법(法), 정법(頂法)이라 합니다. 이 정법 단계만 되어도 별로 후퇴가 없습니다. 온전히 후퇴가 없다는 것이 아니라 별로 후퇴가 없다는 것입니다. 그렇기 때문에 정법상을 한 번 얻은 사람들은 금생에 몸을 마친다 하더라도 삼악도(三惡道)에는 지옥이나 아귀나 축생에는 떨어지지는 않는다는 것입니다.

그래서 정법상에서 자기 앞에 부연(浮煙)한 그런 희끄무레한 달 같은 것이 커지고 작아지고 이런 것을 경험한 분이 안 쉬고 공부를 더욱 더 용맹 정진해 간다고 생각할 때는 그때는 그러한 것이 더욱 더 커지고 작아지고 해서 그 달 같은 것이 더 선명하게 보인다는 것입니다. 이것을 가리켜서 참을 인(忍), 이른바 인법(忍法)상이라 합니다.

인법상을 얻으면 이때는 금생에 공부할 때도 설사 인법상을 그만 두고 그렁저렁 생활을 한다 하더라도 자기가 나쁜 짓을 도저히 할 수가 없다는 것입니다. 왜냐하면 한 번 선근이 자기 몸에 딱 박혀버렸단 말입니다. 자기 마음에 선근의 종자가 많이 심어져 있어서 그렇게 나쁜 짓을 하려야 할 수가 없단 말입니다.

그냥 반성(反省)이 되고 참회(懺悔)를 해서 할 수가 없는 것입니다. 이것이 참을 인(忍), 인법상이고, 이런 단계에서 공부를 안 쉬고 공부를 더욱 더 정진해가면 그 다음은 세제일법(世第一法)이라. 인간 세

(世), 차례 제(第), 한 일(一), 법 법(法)입니다. 인간 세상에서는 제일 높은 것이란 뜻입니다. 다시 바꿔서 말씀드리면 우리 범부 단계에서는 가장 높은 단계라는 것입니다.

성자는 미처 못되었지만 범부 단계에서는 벌써 시원스러운 난법상을 지내고, 또 거기다가 조금 더 나아가서 시원스러운 기(氣)가 더하고 앞에 가서 달 같은 것이 보일듯 말듯 하는 정법(頂法)상을 지내고, 또 거기서 공부를 더해 들어가면 그냥 그러한 달같이 밝은 것이 더 커지고 작아지고 이렇게 자재(自在)로 해가다가, 정말로 달 같은 것이 빛을 발휘해서 빛나는 금색광명(金色光明)으로 바뀌어질 때, 이것 보고 세제일법(世第一法)이라, 우리 범부지(凡夫地)에서는 제일 높은 단계라고 합니다.

이렇게 공부가 되어 가다가 이런 단계에서도 견성오도(見性悟道)가 바로 되는 것은 아닙니다. 그 사람 근기 따라서 바로 된 분도 있겠지만 또는 방금 제가 말씀드린 세제일법이 되었다 하더라도 업장이 무거운 사람들은 몇 년도 걸리는 것입니다. 따라서 그 자리에서도 공부를 안 쉬고 더 들어가야 합니다.

우리는 공부하는 것을 너무 쉽게 생각을 해도 안 되고 너무 어렵게 생각을 해도 안 됩니다. 너무 쉽게 생각하면 안 된다는 것은 무슨 말씀인가 하면 우리 범부가 과거 숙세(宿世)에 지어 내려온 구생기(俱

生起) 번뇌(煩惱)라 하는 것과 또 금생에 잘못 배우고 잘못 느끼고 잘못 버릇을 붙인 그런 금생의 분별기(分別起) 번뇌(煩惱)라 하는 이런 번뇌가 우리에게는 지금 굉장히 무거운 셈입니다.

공부해 보시면 짐작할 문제이겠지만 참선을 십 몇 년 세월을 했다 하더라도 나한테 번뇌가 아무것도 없을 것인가, 자기 스스로 반조(返照)해 보면 그렇지가 않단 말입니다. 성자가 미처 못된 단계에서는 진여불성(眞如佛性) 자리를 온전히 현관(現觀)하지 못하여, 온전히 체험하지 못했을 때는 항시 그때그때 정도만 좀 적은 것이지 분별 시비가 안 될 수가 없는 것입니다. 그래서 그런 의미에서는 굉장히 어려운 문제가 아닙니까.

그러나 심즉시불(心卽是佛)이라, 본래 이 마음 바로 부처이기 때문에 이 마음 몇 단계 떠나서 부처가 아니라 이 마음 그대로 부처란 말입니다. 이 마음 바로 부처인데 다만 나쁜 버릇에 딱 젖어 있어서 그 버릇이 좀처럼 떼어지지 않는단 말입니다. 그래서 어려운 것이지 다른 것이 아닙니다.

그렇기 때문에 쉽다고 하면은 이 마음 바로 부처기 때문에 이 마음 떠나서 부처가 아니라, 비록 내가 못된 짓도 많이 하고 망상도 많이 했다 하더라도 이 마음의 성품이 바로 부처인 것입니다. 그렇기 때문에 100%로 내가 지금 느끼고 있는 좋다, 궂다, 밉다, 예쁘다 하는 이런 것은 모두가 다 꿈같구나, 이런 것이 아무런 필요도 없구나, 이렇게 분명히 느끼고서 나한테는 틀림없이 무한의 불성공덕을 원만히 갖추고 있다, 이렇게 100% 느낀다고 생각할 때는 정말로 꼭 그대로 순식간에 깨달을 수가 있는 것입니다.

그래서 참선공부는 앞서도 누누이 말씀드린 바와 같이 우리한테 갖추어져 있는 그런 자성 공덕에 대한 투철한 인식(認識), 즉 모든 것이 본래로 오직 하나의 생명이다, 이런 것을 천번 만번 되뇌고 확신을 해야 합니다.

이런 것이 이른바 반야바라밀(般若波羅蜜)의 지혜(智慧)입니다. 우리가 생각한 것은 다 빈 것이고 껍데기인 것이고, 다 꿈같은 것이고 참말로 진여불성의 그런 성품에 있어서는 일체존재가 모두가 다 하나이다, 이렇게 느끼고 다시 느끼고 이런 자리를 지속시켜야 그래야 참다운 공부입니다.

그렇기 때문에 달마(達磨) 스님께서 하신 법문 가운데서 중요한 핵심이 무엇인가 하면은 이입행입(理入行入)이라, 다스릴 리(理), 행할 행(行), 들 입(入), 수행에 들어간다, 먼저 원리(原理)로 들어간 다음에 그 원리에 입각해서 실천으로 들어가는 것입니다. 꼭 그리해야 하는 것이지 원리에 대한 바른 인식도 없이 그냥 바로 닦으면 우리 생명을 낭비하고 맙니다. 공부가 잘 될 수가 없습니다.

과거 전생에 닦은 사람들은 더러 많이 나아진 이도 있지만 그렇지 못한 분들은 굉장히 힘을 낭비하고 상기(上氣)되어서 그때그때 고생을 호소합니다.

따라서 분명히 먼저 앞서 제가 말씀드린 바와 같이 인식론(認識論) 적으로 바른 인식을 해야 합니다. 이입행입(理入行入)이라. 먼저 분명히 바른 인식을 이론적인 체계를 다 세워놓고 그때그때 이론적인 체계에 맞게 공부를 해야 생명의 낭비를 않고서 공부가 속빠른 것입니다. 달마(達磨)스님, 2조 혜가(慧可)스님, 3조 승찬(僧璨)스님, 그분들의 어록(語錄)도 간간히 있지만 아주 빈약합니다. 내용이 빈약한 것이 아니라 이른바 그 양(量)이 빈약합니다.

그러나 4조 도신(道信)스님의 어록은 상당히 양이 많습니다. 그 대요를 보면 이입행입(理入行入)이란 이입(二入)의 도리와 똑같은 내용이 다만 표현을 달리했습니다. 우리가 공부할 때는 문수설반야경(文殊說般若經)에 있는 일상삼매(一相三昧)와 일행삼매(一行三昧)를 닦으라고 하였다는 말입니다.

4조 도신(道信)스님의 입도안심요방편법문(入道安心要方便法門)에 보면 있습니다. 5조 홍인(弘忍)스님도 그랬습니다. 또 6조 혜능(慧能) 스님은 단경 부촉품(付囑品)에서 그대들 일반 중생들이 부처님의 일체종지(一切種智)를 얻으려고 하면 마땅히 일상삼매(一相三昧)와 일행삼매(一行三昧)를 닦아라, 그렇게 말씀을 했습니다.

따라서 이번에 우리 공부하신 분들은 제가 지금 말씀 한 것이 어렵기는 하지만 그렇더라도 이 정도는 외워 두셔야 나중에 공부를 하실 때에 주저하지 않고 또 헛되이 낭비하지 않을 것입니다.

앞서 이입행입을 말씀드렸지만 이입(理入)은 다스릴 리(理), 들 입(入), 이치(理致)로 해서 먼저 알아 놓고 하는 것, 그 다음에는 이치를 알아 놓은 뒤에 이치에 입각해서 우리가 실천하는 행위를 한단 말입니다. 실천 수행을 하는 것입니다. 이것이 행입(行入)입니다.

그와 의미가 비슷하게 일상삼매(一相三昧)라, 이것은 일체존재가 모두가 다 하나의 도리, 상(相)이 둘이나 셋이 있는 것이 아니라 일상(一相)이라. 하나의 상, 하나의 실상(實相)이라, 천지우주(天地宇宙)는 하나의 실상(實相)인 것입니다.

하나의 실상인 도리를 우리가 느끼고 납득하는 것이 바로 일상삼매입니다. 나를 보나 너를 보나 또는 산을 보나 물을 보나 또는 미움을 보나 무엇을 보나 모두가 다 진여불성(眞如佛性), 이것도 역시 제법의 실상이구나, 이와 같이 일체존재를 불성으로 보고 실상으로 본

298

단 말입니다.

그 다음 일행삼매(一行三昧)라. 일행삼매는 무엇인가 하면 일상삼매, 즉 우주를 하나로 보는 그런 경계를 우리가 지속적으로 나간단 말입니다. 끊임없이 지속적으로 공부해 나아가는 것을 가리켜서 일행삼매라고 합니다. 이것을 더 간추리면 정혜쌍수(定慧雙修)라, 선정(禪定)과 지혜(智慧)를 같이 아울러서 닦는 것입니다.

또 정혜균등(定慧均等)이라, 선정과 지혜가 균등히 나아가는 것입니다. 이런 도리가 참선공부를 하는 사람한테는 굉장히 중요한 도리입니다. 정말로 우리가 생명을 걸고서 공부하는 사람들은 이런 정혜균등이라, 정혜쌍수라, 이런 도리가 굉장히 중요한 것입니다.

왜냐하면 정(定)과 혜(慧)가 ─정(定)은 선정(禪定)을 말하기 때문에 일행삼매(一行三昧)에 해당하고, 또 혜(慧) 이것은 참다운 지혜(智慧), 즉 반야지혜(般若智慧)를 말하기 때문에 모든 것이 천지가 오직 하나의 도리이다─ 일상삼매(一相三昧)에 해당하므로 이런 것이 가지런히 갖추어져야 우리 마음의 번뇌가 빨리 녹아집니다. 그건 왜 그러는 것인가? 왜 그런가 하면 우리 마음의 본심(本心)은 일상삼매와 일행삼매를 다 같이 아울러 갖추고 있기 때문입니다.

우리 마음은 본래 정과 혜를 갖추고 있습니다. 지혜만 있고서 선정이 없는 것이 아니라 지혜도 원만히 또는 선정도 원만히 갖추고 있기 때문에 지혜만 닦고 선정이 없으면 공부가 잘 계합이 되지 않습니다.

그 반대의 경우도 마찬가지입니다. 그렇기 때문에 본래 우리 마음 자리, 불성자리가 지혜와 자비가 또 지혜와 선정이 온전히 갖추고 있어서 우리 공부하는 것도 거기에 걸맞게 균등히 나아가야 계합이 되는 것입니다.

그러면 정작 진실로 공부할 때는 어떻게 해야 일상삼매와 일행삼매가 될 것인가? 이것이 또 문제가 되겠지요. 여러분들이 조금 지루하셔도 지금 비가 이렇게 많이 오므로 비가 개고 길가에 빗물이 좀 내려가야 가시겠지요. 그렇기 때문에 제가 이렇게 높은 소리로 말씀을 드리는 것입니다.

아무튼 방금 제가 말씀드린 바와 같이 우리 공부하는 사람들한테 가장 중요한 것은 무엇인가 하면 우리 공부가 치우침이 없이 반반하게 나아가야 한다는 것입니다. 반반하게 못 나아가면 우리 몸도 그때는 괴롭습니다. 몸과 마음이 절대로 둘이 아니기 때문에 마음이 반반하면 몸도 개운하여 좋고, 몸도 아주 유쾌합니다.

정과 혜가 쌍수가 되어서 정과 혜가 일상삼매와 일행삼매가 같이 가지런히 나아갈 때는 그때는 항시 몸도 마음도 가볍고 하늘에 뜬 기분입니다. 아! 내 몸이 지금 내 발이 지금 땅을 딛고 서 있는 것이 의심스러울 정도로 가볍단 말입니다. 정말로 한 치도 틀림없이 몸과 마음은 하나입니다.

우리 마음 따라서 몸이 되었기 때문에 하나가 되어야 하겠지요. 화두(話頭)는 어디서 나왔는가? 화두는 가령 무(無) 화두 같으면 그 가운데 우주(宇宙)가 몽땅 들어가야 합니다. 우주가 오직 무자 화두뿐이란 말입니다. 화두가 나올 때는 부처가 무엇인가? 부처가 둘이나 셋이나 있습니까? 오직 하나의 부처인데 바로 우주가 부처인데 다만 부처의 공덕이 무량공덕(無量功德)이기 때문에 무슨 부처 무슨 부처 하는 것이지 부처가 여러분이 있는 것이 아닙니다.

그러나 부처의 자리는 무한공덕이기 때문에 동시에 무수한 몸을 나투고 계십니다. 앞서 제가 말한 나 아(我), 큰 덕(德), 나한테 갖추고 있는 덕, 나한테 갖추고 있는 아덕(我德)이나 부처의 만공덕(萬功德)이나 똑같습니다.

따라서 부처는 바로 오직 우주의 생명 전부를 말하는 것인데, 오직 하나의 생명인데, 그 자리는 바로 무한한 공덕이기 때문에 부처 같은 몸을 수천 개 수만 개도 한 번에 나툴 수가 있는 것입니다. 그래서 화두라는 것은 부처가 무엇인가? 또 달마스님께서 서쪽에서 오신 뜻이 무엇인가? 또 본래면목(本來面目)이 무엇인가? 이런데 따라서 화두가 나왔던 것입니다. 그렇기 때문에 그런 부처란 것이 무엇인가?

본래면목이나 부처나 같은 뜻 아닙니까. 그래서 오직 그 화두, 오직 부처가 무엇인가의 해답으로 나온 것이 화두이기 때문에 바로 부처를 의미합니다. 무(無)나 '이 뭣꼬'나 다 그렇습니다. 모두가 다 부처를 의미하는 것입니다.

따라서 화두 그 가운데 나까지도, 너까지도 우주가 몽땅 다 들어 있어야 하는 것입니다. 그래서 오직 화두만 참구하는 것입니다. 화두만을 참구하면 화두가 더 높아지고 또 더 귀한 것이 되겠습니까? 화두가 더 높을 것이 없단 말입니다. 모두가 높고 낮고, 범부고 성인이고 그 자리에 다 들어 있는 것입니다.

그러면 염불(念佛)은 무엇인가? 염불은 생각 념(念), 부처 불(佛), 문자 그대로 우리가 부처를 생각하는 것입니다. 부처가 무엇인가? 부처가 어디 밖에 따로 있는 것인가? 제가 누누이 말씀드린 바와 같이 천지우주가 바로 부처란 말입니다. 우주의 생명이 바로 부처입니다. 그렇기 때문에 부처란 말 가운데는 모두가 다 들어 있습니다.

그렇게 볼 때는 화두도 일체가 다 들어 있는 생명 자체이고, 부처도 모두가 다 들어 있는 생명 자체이고, 이렇게 생각할 때는 표현만 다른 것이지 결국은 둘이 아닙니다. 둘이 아닌데 사람들이 굳이 둘이라고 생각을 한단 말입니다. 둘이 아니기 때문에 운서주굉(雲捿株宏; 1536~1615)스님이나 서산(西山; 1520~1604)스님이나 보조(普照; 1158~1210)스님이나 다 같다고 말씀했습니다.

다만 근기에 따라서 그때그때 우리가 참선을 하면 되는 것이고, 또는 화두도 했다가 염불도 했다가 해도 그때는 −이렇게 이해하고 확신을 할 때는− 무방합니다. 같다고 생각하면 그때는 무방합니다.

그러나 같지 않다고 생각하면 그때는 문제가 되겠지요. 그럼 부처는 무엇인가? 부처는 지금까지 누누이 말씀드린 바와 같이 바로 생명의 본체, 바로 우주의 생명인데, 그러면 우주의 생명은 어떻게 생긴 것인가? 우리 중생이 볼 수가 없는 것입니다.

부처라는 것은 본래적으로 자취가 있는 것도 아닌 것이고 모양이 있는 것도 아니기 때문에 이름도 없는 것입니다. 따라서 우리 중생이 볼 수가 없습니다. 다만 생명으로 해서 모든 생명의 본질이 되어 있을 뿐입니다. 그러나 다만 그 자리는 그냥 생명이 아니라 모든 능력을 갖춘 하나의 광명(光明)입니다. 광명도 태양같이 그런 눈부신 광명이 아니라 물질이 아닌 생명의 광명입니다.

우리는 이 광명이라는 것을 깊이깊이 생각을 하셔야 하는 것입니다. 사실은 지금 물질도 바로 광명인 것입니다. 전자(電子)나 양성자(陽性子)나 중성자(中性子)나 모두가 다 방사광선(放射光線)입니다. 또 지금 물질을 분석하고, 분석하고 해서 가장 작게 한 것이 이른바 광자(光子)라, 빛 광(光), 광자란 말입니다. 물질을 분석하고 분석해서 더 분석할 수 없는 가장 미세한, 물질인가 아닌가도 모를 정도 말입니다.

　이른바 공간성도 없는 그런 것이 광자(光子)인데, 왜 광자가 되었는가? 바로 그것이 빛이니까 광자라고 하는 것입니다. 따라서 지금 물리학적으로 본다 하더라도 우주는 지금 광명(光明)이 꽉 차 있는 것입니다. 지금 물리학자는 아는 것입니다. 우리 인간이 보고 안보고 상관없이 가장 정밀한 물리학적으로 본다고 생각할 때에 우주는 지금 내 몸 가운데나 흙 가운데나 똥 가운데나 금(金) 가운데나 모두가 다 그야말로 광명이 지금 꽉 차 있는 것입니다.

　그 광자 이것은 진동(振動)도 없고 또 이것은 공간성(空間性)이 없습니다. 질량도 영입니다. 질량이 영이고 진동이 없으니 물질인가 물질이 아닌가 알 수 없는 정도입니다. 화엄경(華嚴經)을 보나 법화경(法華經)을 보나 여러분들이 잘 봐 보십시오.

　그 광명이란 말씀이 얼마나 많은가. 부처님의 입에서 나오는 광명이 삼천대선세계를 돌아서 우주를 다 비추고서 나중에는 그냥 부처님의 정수리로 쑥 들어간다, 이런 법문이 있습니다. 부처님의 광명이 1만 8천세계를 다 비춘다. 이것이 바로 우주를 다 비춘다는 뜻입니다.

　우리 생명의 근본은 바로 우리 인간이 알 수 없는 부처님의 진여불성의 광명인 것입니다. 그냥 아무렇게나 있는 것이 아니라 만공덕(萬功德)을 갖춘 빛입니다. 그런 것이기 때문에 거기서 원자력(原子力)

이 나오고 여러 가지 것이 다 나온단 말입니다. 수소폭탄이 나오는 그런 것이라든지 또 그 무시무시한 힘들이 모두가 다 그 가운데서 나오는 것입니다.

따라서 우리가 닦고 닦아서 우리 스스로가 마음의 근본자리인 부처가 된다고 생각할 때에 숙명통(宿命通)이라, 과거를 다 훤히 보고, 또 천안통(天眼通)이라, 미래를 다 훤히 보고, 타심통(他心通)이라, 남의 마음을 다 훤히 보고, 또 신여의통(身如意通)이라, 자기 몸을 자기 마음대로 할 수가 있고 또 천이통(天耳通)이라, 우주의 음성을 다 알고 다 해석할 수가 있고 또 누진통(漏盡通)이라, 모든 번뇌를 따 끊어 버리고 영생해탈(永生解脫)의 길로 들어갈 수 있는 그런 신통을 할 수가 있는 것입니다. 삼명육통(三明六通) 이것은 우리 자성공덕(自性功德)입니다. 아함경(阿含經)과 같은 근본 경전을 보십시오. 이런 구절이 수십 수백 군데 있습니다.

우리 마음은 그와 같이 위대한 것입니다. 그냥 이치로 알고 말아버리는 것이 아니라 닦아서 증명하면 우리 마음은 그렇게 위대한 것입니다. 그렇게 위대한 것이 우리 병(病) 하나, 암(癌)이나 무엇이나 그런 병 하나 고칠 수가 없겠습니까.

그런 암균(癌菌)이 본래 있는 것이 아닌 것입니다. 암 균도 역시 파고 들어가 보면 끄트머리는 내내야 다 광명(光明)입니다. 암 균이나 에이즈 균이나 모두가 다 끄트머리는 내내야 다 그야말로 광명입니다. 우주의 광명 기운이 이렇게 저렇게 악연 따라서 암 균이 되고 에이즈 균이 되고 했습니다.

따라서 우리 마음이 진여불성자리, 우리 마음이 우주의 가장 기본적인 근본성품자리인 진여불성만을 생각할 때는 그 진여불성으로 그때그때 조건 따라서 된 암 균이나 에이즈 균이나 소멸이 안 되겠습니까.

그렇기에 인도(印度)의 신지학(神智學)이라, 우리 정신 수양(修養)으로 해서 우리 몸의 병을 낫는 것입니다. 우리 마음은 그렇게 위대한 것입니다. 우리가 보통 생각하는 것 같이 좁은 마음이 아닌 것입니다. 그렇게 위대한 마음 가지고서 남들이 나한테 배신을 했다, 남들이 내 험담을 했다, 또는 자기가 사업에 실패했다, 이런 것을 가지고 울고불고할 필요가 없는 것입니다.

어떠한 경우도 진여불성 차원에서 보면 우리한테는 손해가 없습니다. 자빠지나 넘어지나 진여불성은 그대로 있습니다. 그렇기에 나옹(懶翁) 대사의 게송을 보면 이런 구절이 있습니다.

'일조홀득정진낙(一朝忽得情塵落)하니 도용횡염상불리(倒用橫拈常不離)라.'

'하루아침에 문득 우리 망정(妄情)이 끊어져 버리니, 누워서 잡으나 옆으로 잡으나 부처님의 그런 광명이 조금도 떠나지 않는다' 는 말입니다. 한번 우리 망정만 끊어지면 자빠지나 넘어지나 부처님을 안 떠납니다. 우리한테는 조금도 손해가 없습니다.

금생에 이 몸을 버리든지 말든지 진여불성 자리, 진여불성이 무슨 죽고 살고 더하고 덜하고 한 게 있겠습니까. 그렇기에 '불생불멸(不生不滅)'이요, '부증불감(不增不減)'이라고 하는 것입니다. 더함도 없고 덜함도 없고 또는 주검도 없고 남도 없고 이러한 것이 우리 근본생명입니다.

이 자리에다 마음을 두고 화두면 화두, 염불이면 염불, 주문이면 주문, 이렇게 공부를 한다고 생각할 때에는 화두하면 화두선(話頭禪), 염불하면 염불선(念佛禪), 주문하면 주문선(呪文禪)이 다 되는 것입니다.

지금은 자기 종파(宗派)만 옳다, 자기 하는 식만 옳다, 이러할 때가 아닙니다. 오직 부처님 가르침인 진여불성으로 해서 우주가 하나의 진리로 지금 다 통합이 될 때란 말입니다. 이렇게 되는 것이 시대적 추세입니다.

지금 정치적인 의미에서도 냉전 시대가 끝나고 하나가 되어가는데 하물며 진리(眞理)의 큰 집인 종교(宗教)가 이렇게 저렇게 내 것이요,

네 것이요, 내 방법이요, 네 방법이요, 이래 가지고 다툼을 한다면 굉장히 생명의 낭비이고 소모전이고 어리석은 짓입니다. 진리가 절대로 둘이 아닙니다. 제가 말씀드린 이런 것을 염두에 두시고서 성경을 보십시오. 요한복음서에 '나는 생명이요, 나는 길이요, 나는 빛이다'라고 했습니다.

기독교(基督敎)가 그래도 진리를 어느 만큼은 말했으니까 천구백년 동안 지속을 하고 18억 인구가 믿는 것이지 그렇지 않고 진리가 아니면 그렇게 될 수가 없는 것입니다. 우리는 부처님 가르침 따라서, 부처님 가르침은 완벽하므로 완벽하게 유도를 하면 되는 것입니다. 그런 것이지 그냥 덮어놓고 자기 것이 아니라고 배제하면 그것은 벌써 시대에 뒤떨어지는 것입니다. 그럴 필요가 없습니다. 결국은 진리는 하나입니다.

지금은 우리 마음을 열고서 공부할 때입니다. 참선 공부는 마음을 여는 것입니다. 내 공부, 네 공부, 내 종파, 네 종파, 내 문중, 네 문중, 지금은 그런 때가 아닙니다. 마음을 열어서 오직 하나의 진리, 조금도 흠축(欠縮)이 없고 흠절이 없는 그런 진여불성자리, 우주의 참다운 생명자리, 거기에다 죽으나 사나 우리 마음을 딱 붙여야 합니다. 이것 보고 이른바 일상삼매(一相三昧)라 하고, 그 자리를 떠나지 않고서 우리가 지속을 시키는 것을 일행삼매(一行三昧)라 합니다.

그렇게 한다고 생각할 때는 염념상속(念念相續)으로 우리는 한걸음, 한걸음 부처가 되어 갑니다. 그런 것을 조사 어록에 보면 진여삼매(眞如三昧)라 하며 그렇게 해서 우리가 공부를 한다고 생각할 때는 공부함에 따라서 무량의 부처님과 무량 제불(諸佛)을 다 볼 수가 있고, 무량의 공덕을 다 성취한다고 했단 말입니다.

주문을 공부하나, 또는 기독교적인 공부 방식이 좋아서 그 쪽에다 인연을 갖은 사람들은 오! 주여, 하나님! 해도 무방한 것입니다. 부르는 것은 상관이 없습니다. 다만 우리 마음 내용이 진여불성에다 우리 마음을 딱 머물게 한다고 생각할 때는 그것도 역시 충분한 조금도 빗나가지 않는 일상삼매입니다. 구태여 다른 종교의 하는 방법이나 그런 표현 방법을 우리가 바꿀 필요가 없이 다만 내용만 부처님 법으로 보완하면 되는 것입니다.

이렇게 하서서 설사 기독교를 믿는 딸이나 아들이 있다 하더라도 덮어놓고 너 나가지 말라, 너 교회 나가지 말라 할 것이 아니라, 그네들 하나님을 부처님의 법신불(法身佛) 쪽으로 참다운 부처님 쪽으로 보다 더 넓게, 깊게 이해시키면 되는 것입니다.

이렇게 해서 나아가야 이제 거부반응을 느끼지 않고서 하나의 화목한 가정이 되겠지요. 아무튼 제 말씀이 너무 장황해졌습니다. 다만 앞서 말씀드린 바와 같이 먼저 인식론적으로 바로 인식하고, 바른 정견(正見) 밑에서 닦아야 그래야 참다운 참선(參禪)이 됩니다.

제 말씀이 잘 납득이 안 되면 이른바 8정도 법문을 다시 한 번 보십시오. 정견(正見)이라 먼저 바른 견해와, 정사유(正思惟)라, 바른 견해를 가지고서 생각 생각을 더하고, 정어(正語)라, 진리에 입각해서 바른 정견으로 말도 하고, 또는 정업(正業)이라, 바른 정견으로 우리 업을 몸으로 행동하고, 정명(正命)이라, 바른 견해로 해서 생활도 하고 또는 정념(正念)이라, 바른 견해로 사무쳐 생각하고, 그렇게 하다가 정정(正定)이라, 참다운 삼매에 들어간단 말입니다. 참다운 삼매에 들어가면 그때는 정말로 견성(見性)이 안 될 수가 없습니다.

부처님 가르침은 우리가 감격할 정도로 체계적입니다. 따라서 꼭 정견, 바른 견해로 해서, 바른 견해는 일상삼매(一相三昧)라 모두가 다 이것이나 저것이나 다 오직 하나의 진리라. 이 자리를 견지(堅持)하셔서 어느 때나 행주좌와(行住坐臥), 걸음걸음, 가나 머무나, 앉으나 누워서나, 꼭 가부좌를 안 틀어도 무방합니다.

누워서나 앉아서나 남하고 말할 때나 이 사람 말이나 저 사람 말이나 모두가 다 본래 진여불성이 아닌가, 이렇게 생각해야 합니다. 그래야 수행자(修行者)입니다. 그런데 공부를 10년 20년 하여 놓고서, 미운 사람은 미운대로 좋은 사람은 좋은 대로 이렇게 생각을 한다고 할 때는 참 한심합니다.

310

우리는 절대로 한심한 불자가 되어서는 안 됩니다. 설사 우리가 온전히 증명을 못했다 하더라도 부처님 말씀은 오로지 다 사실인 것이니까. 어떤 경우도 자기를 책망하고, 하나로 못 보는 것은 자기 잘못이니까 자기를 책망하고서 공부해 나아가시면 공부에 손해가 없이 앞서 제가 말씀드린 바와 같이 신심탈락(身心脫落)이라, 자기 몸도 마음도 찌꺼기가 다 떨어져서 정말로 부담 없이, 실패하거나 누구한테 배신을 당하거나 자기가 외롭거나 그런 것에 상관없이 항상 행복하고 가벼운 마음으로 공부하시고, 금생(今生)을 안락한 극락세계(極樂世界)로 이끄시기를 바랍니다.

오늘 제 말씀을 마칩니다. 부지런히 공부하시기 바랍니다.

나무석가모니불(南無釋迦牟尼佛)! 나무마하반야바라밀(南無摩訶般若波羅蜜)!

七. 진여연기(眞如緣起)

🌀 반야바라밀! 어느 것도 나와 더불어서 둘이 아니고, 내 마음은 본래로 무량
의 지혜공덕을 다 원만히 갖추고 있는 것입니다.

부처님의 안심법문

우리 중생들이 살아가는 세계는 모두가 한 세상 나그네 길입니다.
욕계(欲界), 색계(色界), 무색계(無色界) 모두가 바로 고생의 바다요
불구덩이나 똑같습니다. 그런데 지금 이 법회장 분위기는 우리 불자
님들의 지극한 자비심으로 넘쳐흐르고 있습니다. 산승도 마치 고향
같은 아늑한 환희심과 행복이 넘치고 있습니다.

우리가 대체로 다 아시는 바와 같이 부처님 법문은 안심법문(安心
法門)입니다. 우리 중생이 마음도 편안하고, 몸도 편안하고, 사회도

편안하고 모두를 다 편안하게 하는 그러한 안심법문입니다. 고생의 바다, 이 불구덩이를 어떻게 우리가 편안하게 살아갈 것인가? 이것이 부처님 법문의 가장 중요한 핵심인 것입니다.

우리가 안심하려고 해서 안심이 되는 것이 아니고, 안심을 하려면 어떻게 어느 길로 가야 할 것인가? 다시 말하면 우리 목적지는 어디인가? 또 목적지까지 가는 길의 순로는 어떠한 것이고, 어떻게 길을 걸어가야 빠를 것인가? 그런 것을 몰라서는 마음이 안심이 될 수가 없습니다.

그래서 부처님 법문은 우리 중생의 안심을 위해서, 중생의 근본이 무엇인가 또 우리가 떠나온 고향은 어딘가, 우리가 지향해야 할 고향은 어디인가, 이런 것을 아주 극명하게 밝히신 가르침입니다.

그래서 부처님 가르침의 대요를 살펴보면, 먼저 상식적인 차원, 세간의 인간들이 보통 느끼는 그런 차원으로는 나도 있고, 너도 있고, 이것도 있고, 저것도 있고, 모든 현상계가 우리 중생이 보는 그대로 존대한다는 가르침이 있습니다.

즉 불교 술어로 말하면 이것을 유교(有敎)라. 우리 중생이 보는 것을 그대로 긍정하는 유교입니다. 그러나 중생이 보는 차원, 이런 유교만 가지고서는 우리가 제대로 근본뿌리를 알 수가 없습니다.

현대 유물주의사회, 이 물질 지상주의사회, 이런 사회는 모두가 이른바 '있다, 없다' 하는 그런 것에 근거된 사회가 되지 않습니까? 자본주의도 마찬가지고 사회주의 공산주의도 마찬가지입니다. 모두가 물질은 물질 그대로 존재한다, 나는 나고 너는 너다, 이런 차원입니다.

그러한 현상 세계만 전부고 우리 중생의 눈에 안 보이는 세계는 없는 것이 아닌가? 이렇게만 생각할 때는 있는 것만 가지고 서로 많이 가지려고 하고, 또 눈에 보이는 것이 화려하면 좋은 것이고, 눈에 보이는 것이 빈약하면 나쁜 것이고, 이렇게 됩니다. 따라서 이런 차원에서는 방금 제가 말씀드린 모든 것은 우리 중생들이 보는 그대로 존재합니다. 이런 유교(有敎) 차원에서는 인생의 참다운 행복은 있을수 없습니다.

욕계(欲界)도 고생뿐이고 또 더 올라가서 색계(色界)도 고생뿐이고, 무색계(無色界)도 고생뿐인 것입니다. 왜냐하면 그 중생들이 눈에 보이는 세계, 눈에 보이는 그러한 존재, 이런 것이 전부다. 그런 견해 때문입니다. 필연적으로 우리 중생들이 있는 것에 집착하는 한 고생을 면할 길이 없습니다.

그러나 부처님은 일체종지(一切種智)라, 모든 존재의 근본 뿌리를 훤히 아십니다. 따라서 눈에 보이는 이것은 연기법(緣起法)으로 해서 인연법(因緣法)으로 해서 잠시간 나온 것에 불과하다, 이렇게 설하셨습니다.

우리 불자님들은 대체로 아시겠습니다만 「아함경(阿含經)」같은 부처님 근본 불교의 초기 법문에서 연기를 보는 사람은 법을 보고 법을 보는 사람은 부처를 본다고 설하셨습니다.

불교에서 법(法)이라 할 때는 두 가지 뜻이 있습니다. 우주의 본래 면목(本來面目)이라 하는 그런 법과 만법이라 하는 제법의 법, 그런 두 가지 개념(槪念)이 있습니다만 부처님의 가르침을 알려고 할 때는 '먼저 연기를 보아라, 그리고 연기를 보는 자는 법을 보고, 우주의 근본도리를 보고, 법을 보는 자는 부처를 본다', 즉 '석가모니, 세존인 나를 본다' 는 말씀입니다. 따라서 사실은 연기를 모르면 우주의 도리, 법도 모르는 것이고 또 부처님도 모르는 것입니다.

그러면 연기는 어떠한 것인가? 불교를 믿는 여러분들은 인연법, 연기를 모르시는 분은 없으시겠지요. 그러나 가만히 보면 연기를 낮은 차원의 연기는 제법 아시는 분들이 많지만 본질적인 연기법에 대해서는 잘 모르시는 분들도 많이 있습니다. 이런 기회에 꼭 그런 본질적인 연기법을 아셔야 하겠습니다.

이것이 있으면 저것이 있고, 또 이것이 없으면 저것도 없다. 이런 식의 연기법은 보통 차원의 연기법이 아닙니까. 이런 식의 연기법으로 우리 인생고를 인생의 본질적인 병을 고칠 수가 없습니다.

그리고 부처님의 연기법의 도리 가운데도 이런 연기법은 소승적인 연기법인 것이고, 부처님께서 꼭 말씀하시고자 하는 대승적인 본래 연기법의 뜻은 아닙니다. 현대 과학적으로 말하면 소승적인 연기법은 마치 상대성원리 같은 그런 범주를 미처 못 벗어납니다.

　그러나 부처님의 근본 도리에서 이뤄지는 연기법은 이것은 진여연기(眞如緣起) 또는 법계연기(法界緣起)라. 우리 중생의 때묻은 마음에서는 미처 모른다 하더라도 삼천대천세계, 우주에는 진여불성(眞如佛性)이라 하는 우주의 참다운 생명(生命)이 충만해 있는 것입니다.

우주는 무한 영원한 생명자체다

　우리는 먼저 부처님 법에 대해서 신(信; 믿음)을 갖지 않으면 부처님 법을 닦을 수가 없습니다. 지금 경험도 못하고 우리의 때묻은 눈으로 안 보인다 하더라도 우주의 청정법계(淸淨法界)에는 진여불성이라 하는 우주의 참다운 생명 자체가 충만해 있습니다. 어디에는 있고 어디에는 없는 것이 아니며, 우리 개체적인 인간도 머리카락 끝부터 발끝까지 진여불성이 충만해 있습니다.

　여기 계시는 우리 불자님들도 다 그렇습니다. 모두가 진여불성이라 하는 순수 생명, 현대적인 말로 하면 순수에너지 이것이 충만해 있습니다.

그리고 진여불성이라 하는 그 자리는 다른 말로 바꿔서 말하면 법성(法性)이고, 불성(佛性), 참 나[眞我]이고, 본래면목(本來面目)이고, 열반(涅槃)이고 또 도(道)고, 진리(眞理)입니다. 표현은 다르나 모두가 진리의 별명에 지나지 않습니다.

그러한 진여불성은 경(經)에서 말씀하신 바와 같이 불생불멸(不生不滅), 본래 낳지 않고 죽지 않고, 불구부정(不垢不淨), 더러운 것도 없고 청정할 것도 없는, 부증불감(不增不減), 더하지도 않고 덜하지도 않는 자리입니다. 하여튼 어떠한 차원으로 보나, 즉 능력으로 보나 지혜로 보나 자비심으로 보나, 또는 행복으로 보나, 어떤 면으로 보나 완벽한 자리, 충만한 생명 자체입니다.

이 자리에서 인연 따라서 이루어지는 것이 산이고 냇물이고 인간이고 또는 삼천대천세계의 별이고 달이고 해이며 이들 모두가 다 우주에 본래로 충만한 진여불성으로부터 인연 따라서 이루어지는 것입니다. 이것이 대승적인 연기법입니다.

이것을 가리켜서 앞서 말씀드린 바와 같이 법계연기(法界緣起) 또는 진여연기(眞如緣起)라, 이렇게 말하는 것입니다.

진여불성은 무엇인가

모두가 다 그런 연기법에서 왔거니, 모두가 다 그런 진여불성에서 왔거니, 그러면 진여불성은 무엇일까? 물질(物質)일까?

다 아시는 바와 같이 물질이라 하는 것은 공간성(空間性)과 시간성(時間性)이 있어야 물질이 되지 않겠습니까. 어떠한 질량이 있다고 생각할 때에는 동시에 공간성도 시간성도 있어야 질량이 있다고 하지 않겠습니까. 그래야 물질이란 말입니다.

따라서 진여불성이 물질이라고 한다면 차별적인 공간성, 또는 주기적인 변화 그런 시간성, 이런 것이 있어야 할 것입니다. 그러나 시간성과 공간성을 갖고 있는 물질이 인연 따라서 이것 되고 저것 되고 할 수가 없습니다.

내 생명의 근본인 동시에 우주만유의 근본생명인 진여불성은 우리 마음의 본체이기 때문에 바로 불심(佛心)입니다. 우주만유의 본체이기 때문에 법성(法性)입니다. 또 우주만유의 참다운 모습이기 때문에 실상(實相)이라 하며 어디에도 치우침이 없는 그러한 도리이기 때문에 중도(中道)입니다. 법성, 불심, 실상, 중도, 모두가 다 같은 의미입니다.

따라서 이 자리는 물질이 아닙니다. 진여불성이 물질이 아니라는 말은 어디가 있고 어디가 없는 것이 아니라는 말입니다. 어디에나 존재하고 또는 언제나 존재하고 이래야 물질이 아닌 참다운 생명자리가 되겠지요. 바로 이 자리는 우리 마음자리입니다.

마음이 물질이 아닌데 마음이 어디에 있고 어디에 없고 하겠습니까. 우리가 남을 미워한다거나 남을 좋아한다고 할 때 미워하는 그 마음이 어디에 있습니까. 남을 미워하는 그 마음도 자취가 없습니다. 우리가 감투를 좋아하고, 재물을 좋아하고, 이런 것도 우리가 잘 보지 못하니까 좋아하고 싫어하고 하는 것이지 좋아하는 마음은 어디에도 흔적이 없습니다.

이조(二祖) 혜가(慧可)스님이 달마스님한테 가서 '제 마음이 불안합니다. 제 마음을 안심 시켜 주십시오' 라고 간청을 드렸습니다. 여러 가지 사연이 많이 있습니다만 달마스님께서 '아! 그러면 그대 불안한 마음을 내놓아 봐라' 하시니, 혜가스님이 아무리 돌아봐도 자기 마음이 존재하지를 않는단 말입니다.

마음이 물질이 아닌데, 무처소(無處所)라. 어느 처소가 고유하게 있을 수가 없단 말입니다. 모양이 있는 것도 아니고, 이름이 있는 것도 아닌 것이고, 마음이라는 것은 명상(名相)을 떠난 것입니다. 이름도 떠나있고 모양도 떠나 있습니다.

진여불성도 그와 같이 물질이 아니고, 우리 마음도 물질이 아니고, 그렇게 생각할 때는 결국 하나가 되어버립니다. 내 마음이나 네 마음이나 다 하나의 마음입니다.

또 별 마음이나 태양 마음이나 나무 마음이나 흙 마음이나 물 마음이나 물질이 아닌 순수 생명자리는 모두가 다 하나가 되어 버립니다. 이 자리가 앞서 말씀드린 바와 같이 진여불성 또는 불심이라 법성이라 하는 자리입니다.

이 자리에서 인연법 따라서 모든 존재가 이루어졌습니다. 이것이 대승적(大乘的)인 연기법(緣起法)입니다. 연기법이 왜 우주의 법인 동시에 우리 불교를 통괄하는 그런 진리인가? 이 자리를 빌어 깊이 생각해 보십시다.

불행이고 행복이고 하는 것은 모두가 다 자기 문제가 아닙니까? 자기 문제는 바로 자기 마음의 문제입니다. 자기 마음 떠나서 불행이 있고, 마음 떠나서 행복이 있는 것이 아닙니다. 그런데 자기 마음도 우주에 충만해 있는, 그러한 모든 것을 다 갖추고 있는 그 자리로부터 인연 따라서 자기 마음이 된 것입니다.

자기 몸은 무엇인가? 자기 몸도 역시 연기법 따라서 인연법 따라서 잠시간 진여불성으로부터 모양을 나투었습니다. 진여불성이 원래 물질이 아니기 때문에, 공간성도 시간성도 없고 물질이 아니기 때문에, 진여불성이 인연 따라서 사람 몸이 되었다 하더라도 사람 몸도 사실은 물질이 될 수가 없습니다.

물 속에 비친 달 그림자 같이 또는 아지랑이 같이 상(相)만 나툴 뿐이지 자기 몸뚱이 이것도 사실은 물질이 아닌 것입니다.

가장 행복스러운 가르침

부처님의 가르침은 철두철미(徹頭徹尾)하게 사실을 사실대로 말씀하고, 또 진리 그대로 조금도 굴곡이 없이 말씀을 하신 것입니다. 가장 완벽한 과학, 가장 궁극적인 철학, 가장 행복스러운 종교 이것이 바로 부처님 가르침입니다.

앞서 말씀드린 바와 같이 우리 인간은 마음도 편안하고 몸도 편안하고, 누구나가 다 그러한 행복을 추구합니다. 그러나 행복 자체는 어디서 오는 것인가? 어떻게 하여야 행복한 것인가?

자기 마음의 본질도 훤히 알고, 자기가 좋아하는 사람이나 또는 미워하는 사람이나 사람의 본질도 알고 또는 우리가 현대인들이 그렇게 숭상하는 물질의 본질도 알고, 이런 것에 대해서 우리가 막힘없이 알아버려야 우리 마음이 편안합니다. 불안하지 않아야 편안하지 않겠습니까.

그런데 자기 갈 길도 모르고, 가장 소중한 자기 존재 파악도 못하고, 이런 차원에서는 행복이 될 수가 없습니다. 세간적인 행복,

찰나 무상한 그런 행복, 이런 것은 모르거니와 이른바 적어도 불멸의 행복, 영생불멸한 행복을 추구한다고 생각할 때에는 물질적인 차원, 우리 중생이 보는 그런 현상적인 차원에서는 있을 수가 없습니다.

그러기에 부처님 같이 투철하게 본질적으로 보는 안목에서 볼 때는 앞서 말씀드린 바와 같이 우리 중생이 사는 욕계, 색계, 무색계, 삼계가 모두가 고생스런 세상일 뿐입니다. 어느 종교든 근본적으로 신앙의 그 목표 의식이 모호할 때는 참다운 신앙이 못됩니다.

이른바 불타관(佛陀觀)이라, 불자는 먼저 확실한 불타관을 확립을 해야 합니다. 그것도 역시 그냥 방편적인 그런 가르침이 아니라 본질적인 부처님께서 말씀하신 일대사인연(一大事因緣)이라! 금생에 나오셔서 중생들의 고난을 뿌리부터서 구제할 수 있는 그런 일승법문(一乘法門) 대승법문(大乘法門), 이런 법문으로 해서 자기의 불교적 인생관을 확립을 해야 합니다. 그렇지 않고서는 현대와 같은 그러한 뿌리 깊은 문명의 병은 고칠 수가 없습니다. 현대병이 지금 얼마나 무겁습니까? 물질병 또는 그야말로 이데올로기 같은 그런 사상병 말입니다.

현대는 종교, 철학, 과학, 예술 등 인간의 관념의 형태가 한도 끝도 없이 많습니다. 가령 종교 하나만을 예를 들어본다 하더라도 어느 종교에서는 하나님은 저기가 있고 나는 여기가 있다고 합니다. 태초에 나를 창조했을 하나님은 현재 저기 어딘가에 있을 것이고 나는 지금 이곳에 있고 또 자기 남편은 저기 있고 나는 지금 여기에 있다고 합니다.

일반적으로 부처님의 가르침이 아닌 다른 종교는 모두가 이와 같이 대립적으로 생각합니다. 하나님 따로 사탄 따로 있으므로 따라서 사탄은 아무리 애쓴다 하더라도 사탄은 사탄인 것이지 악마나 마귀가 하나님은 될 수가 없다고 합니다.

남을 사랑하라, 남을 위해서 봉사하라, 여러 가지 캠페인이 지금 성행하고 있습니다. 또는 자연을 보호하자. 자연을 오염시키지 말자. 자연 파괴나 환경오염이 우리 인간 생활을 위협하는 가장 큰 문제 아니겠습니까. 세계적으로도 떠들썩하고 굉장한 큰 보호 운동을 많이 합니다. 우리는 마땅히 그런 환경 운동에 같이 동참하여야 할 것은 다시 말할 것도 없고 우리가 짊어져야 할 필수적 의무인 것입니다.

그러나 그런 문제도 대립적으로 보아서는 근본적인 해결은 할 수가 없습니다. 나 따로 있고, 남 따로 있고, 이런 인생관에서는 자기의 편의와 자기 이익을 먼저 앞세웁니다. 또 자연 따로 있고 나 따로 있고 할 때도 마찬가지입니다. 저기 있는 산은 산이고 나는 나고 이렇게 생각합니다.

잘 모르는 분들은 '산은 산이요, 물은 물이다' 이런 법문이 있으니까 우리 중생이 보는 산은 별도로 그렇게 산은 산일 따름이고, 물은 우리 중생이 보는 그런 물일 따름이다. 이렇게 잘못 생각하기가 쉽습니다.

그러나 연기법이라 하는 부처님의 근본도리, 이 도리는 바로 우주의 도리입니다. 우주의 법칙입니다. 이러한 연기법으로 볼 때는 산 따로, 물 따로 있는 것이 아닙니다. 너 따로 나 따로 있는 것이 아닙니다. 동일한 생명입니다. 일미평등(一味平等)이라. 조금도 차이가 없는 것입니다. 물질이 아닌 것이니까 차이가 없어야 되겠지요.

좋다, 궂다, 많다, 적다, 그렇게 상대적으로 있는 것이 아닌 절대적으로 어떠한 것이나 완벽하게, 자비, 지혜, 능력, 행복, 어떠한 것이나 완벽하게 갖추고 있는 진여불성(眞如佛性), 그 자리에서 그 자리의 기운 따라서 일어나는 이것이 연기법입니다.

따라서 산도, 물도, 달도 거기서 왔습니다. 아무리 표독한 사람도 아무리 선량한 사람도 모두가 거기서 왔습니다. 따라서 그 자리, 진여불성 자리에서 본다고 생각할 때는 산도 달도 나와 둘이 아닙니다. 너와 나도 둘이 아닙니다. 물과 나도 절대로 둘이 아닙니다.

그렇기에 중중무진(重重無盡)이라. 진여불성(眞如佛性)자리, 법성

(法性)자리에서 볼 때는 우주는 중중무진이라. 조금도 차이가 없는 하나의 생명으로 모두가 이루어졌습니다. 하나의 생명이기 때문에 산을 함부로 하면 그만큼 우리가 보복을 받는 것이고 물을 함부로 해도 우리가 보복을 받습니다.

오늘 여기 오신 불자님들께서는 다른 것은 미처 모르신다 하더라도 방편설이 아닌 부처님 가르침의 핵심인 진여연기(眞如緣起) 연기법의 도리를 항상 명심을 하셔야 합니다. 그래야 참다운 기도가 되고 참다운 참선이 됩니다.

가령 우리가 '무(無)'라 하는 무자(無字) 화두를 든다고 생각하여 봅시다. '개도 불성이 있습니까, 없습니까?' 조주스님께서 무라고 하셨으니까 무(無)하고 나아가고 우리 마음이 정화되면 견성오도(見性悟道)가 되겠지요. 오랜 세월동안 하다보면 될 수도 있겠지요. 그러나 부처님 가르침은 그냥 덮어놓고 하는 것이 아닙니다.

덮어놓고 나를 믿어라, 하나님을 믿어라 하는 그런 식이 아닙니다. 부처님 가르침은 지혜의 가르침입니다. 반야바라밀을 전제로 하여야 되는 것입니다. 석가모니 부처님이 안 나오셨으면 우리가 더듬고 암중모색(暗中摸索)을 해서 길을 발견하여야 하겠지요. 그러나 세존이 나오신 뒤에는 우리는 그럴 필요가 없습니다. 그렇게 생명의 낭비를 할 필요가 없습니다. 부처님 말씀 그대로 우리가 신(信) 하면 됩니다.

신시보장제일법(信是寶藏第一法)이라! 그러기에 믿음 이것이 모든 보배 가운데 제일이라 합니다. 자기 생명의 근본인 동시에 우주 만유의 근본 생명자리, 이 자리는 우주에 충만한 자리요. 완벽한 자리인데, 그 자리로부터 잠시 자기가 있고 남이 있습니다.

따라서 우리가 저 사람은 나한테 해코지해서 지독하게 밉다, 누가 안보면 당장 죽이고 싶다, 우리 사회를 보면 그런 일이 허다하지 않습니까? 자기 부모도 미운 때는 죽이게 되고 말입니다. 중생이라 하는 것은 그런 조건만 되면 자기 부모도 죽입니다.

조건이 조금 좋으면 친하게 사귀다가도 조건이 좀 사나워져서 자기한테 손해가 온다고 생각할 때는 자기 친구도 형제간도 배신을 합니다. 우리가 지금 위대한 정객들을 봐도 알 수가 있지 않습니까.

자기 이익에 맞아 합당 할 때는 서로 껴안고 악수하고 하지만 감투를 서로 빼앗고 빼앗기고 하면서 잔인하게 배신한단 말입니다. 그것이 중생심(衆生心)인 것입니다.

그러나 설사 곧 죽일 듯이 밉다 하더라도 저 사람도 생명의 본질은 근본 마음 바탕은 나와 더불어서 둘이 아니지 않는가. 이렇게 철학적으로 생각이 될 때는 그 사람을 끝까지 지독하게 지나치게 미워할 수는 없습니다.

나와 남이 절대로 둘이 아니다

우리 불자들이 그냥 당장에 쉽게끔 부처님이나 도인들같이 '나와 남이 절대로 둘이 아니다. 천지 우주가 나와 더불어서 둘이 아니다.' 하는 그 자리는 증명하기가 쉽지 않습니다. 증명은 견성오도를 해야 합니다.

견성(見性)이라. 볼 견(見), 성품 성(性). 내 성품의 본성인 동시에 우주의 본 성품을 깨달아야 견성입니다. 이렇게 되면 저절로 자기 마음을 조작하지 않더라도 바로 저 사람과 나와 원래 둘이 아니라는 것을 확실히 느껴버리는 것이고, 우주가 하나의 생명으로 분명히 봐지는 것입니다.

그러나 그렇지 못할 때는 설사 이렇게 법의를 입고, 알기로는 모두가 다 연기법이 아닌가. 이렇게 제법 알기는 알아도 여실하게 말로 뜻으로 행동으로 옮길 수는 없습니다.

우리는 지금 윤리의 퇴폐 문제를 호소하고 있습니다. 가정과 사회에서 절감하고 있는 문제가 아니겠습니까. 남한테 함부로 하지 마라, 베풀어라, 이런 저런 윤리적 덕목이 얼마나 많습니까. 그런데도 우리의 사회는 윤리의 길로 나아가지를 않는단 말입니다.

지금 기독교 인구만 보더라도 세계적으로 18억쯤 믿고 있다고 합니다. 우리 불교는 그 반도 못됩니다. 그러나 유고, 도교, 이슬람교,

그런 종교 인구를 합하면 세계 인구의 반을 훨씬 상회합니다. 마땅히 종교 인구가 반 이상 된다면 세계가 보다 화평하고 화해하는, 정말로 평화스러운 사회가 되어야 하지 않겠습니까. 그러나 그것이 아니란 말입니다.

어느 종교든 봉사를 역설하고 또는 사랑을 역설하고 자비를 역설합니다. 왜 그렇게 못되는 것인가? 이것은 바른 철학이고 바른 가치관이 확립이 안 되어 있습니다. 우리 불교인도 마찬가지입니다. 서로 양보하면 모두가 쉬울 것입니다. 홍로일점설이라, 모두가 서로 양보하고, 부처님 사상대로 따르면 다툴 것은 아무 것도 없습니다. 한 줌의 눈을 뜨거운 화롯불에 넣으면 순식간에 녹아 버리듯이 그와 같이 모두가 다 만사 해결이 됩니다. 그러나 부처님의 사상이 제대로 배어 있지 않았단 말입니다.

부처님이 거짓말하신 분이 아니지 않습니까. 나와 남이 둘이 아니라고 하면 분명히 둘이 아닙니다. 천지우주가 오직 동일 불성, 일미 평등한 동일 불성에서 나왔다고 하면 분명히 그러한 것입니다.

나는 제법 양심이 바르고 나는 지금 승복을 입었는데 그대는 불교도 안 믿고 승복도 안 입고 그대는 죄가 많지 않은가? 그대와 나는 거리가 굉장히 멀지 않는가? 이렇게 생각이 드시겠지요.

그러나 부처님의 차원, 성자의 차원, 바른 도리 차원에서 볼 때는 지금 도둑질한 사람과 나는 똑같습니다. 본질도 똑같고, 현상으로 나왔다 하더라도 사실은 원래는 똑같습니다. 그래서 부처님의 가르침은 제법(諸法)이 공(空)이라. 인연 따라서 나온 것은 모두가 공입니다.

불자님들 장소가 더우셔도 이런 대승적인 진여 연기법에 대한 말씀은 잘 명심해 들으시기 바랍니다. 우리 부산은 그야말로 부처님 가르침이 아주 열성적인 훌륭한 도읍지입니다. 그래서 기라성 같은 큰 스님들도 많이 계십니다. 많은 법문을 들으셔서 부산 불자님들은 굉장히 마음이 순숙해져서 정말로 진여불성에 가까워지신 분들이라고 생각이 됩니다.

그렇기 때문에 연기법이 조금 어렵더라도 그때그때 다시 또 듣고 또 듣고 하셔야 합니다. 그래야 다문선지식(多聞善知識)이라. 많이 듣다 보면 자기도 모르는 가운데 잠재의식(潛在意識)에 참다운 부처님 도리가 차근차근 차곡차곡 거기에 축적이 되어서 우리 마음이 불성으로 가까워지는 것입니다.

인연 따라서 잠시 나왔기 때문에 무상(無常)입니다. 어느 순간도 똑같은 모습으로 존재하지를 않습니다. 저는 어느 법회 때마다 꼭 잊지 않고 말씀을 드립니다만 일초 전과 일초 후의 자기가 똑같지가 않습니다. 하물며 오늘 자기와 어제 자기는 현저한 차이가 있단 말입니다.

우리 중생들은 10년 전이나 10년 후나 그렇게 오랜 세월이 지나면 나도 나이가 많이 들었다고 느끼지만 순간순간은 미처 못 느끼지 않습니까. 사실 어느 순간도 같은 자기는 존재하지 않습니다.

전후단멸(前後斷滅)이라. 앞서 지나간 자기와 지금 자기가 같지 않은 것인데 우리 중생들이 이것이 연속되니까 고유한 내가 있다고 생각한단 말입니다.

어느 순간도 같은 것이 없습니다. 어려운 말로 하면 어느 시간도 존재하지 않는 것이니까 따라서 어느 공간도 존재할 수가 없습니다. 이것은 물리학적인 도리 아닙니까. 어느 순간도 같은 모습이 없다고 생각할 때 그런 것이 어디 있다고 할 수가 있습니까.

당체즉공(當體卽空)

따라서 인연으로 이루어진 만법이라 하는 것은 시간적으로 볼 때는 무상이고 같을 수 없이 변화무상한 것이고, 전변무상(轉變無常)이라. 그러기 때문에 어느 공간도 사실은 존재할 수가 없습니다.

우리가 생각할 때 부처님 말씀에 제법이 공이라. 색즉공(色卽空)이라. 물질을 분석하고 분석해서 끝에 가면 공이라, 이렇게 보통은 생각하지요. 그러나 부처님 대승법은 그렇지가 않습니다. 색즉공이라 했듯이, 색은 물질 아닙니까. 물질이 바로 공이란 말입니다.

제 몸도 역시 바로 공입니다. 여기 있는 테이블도 역시 바로 공입니다. 색즉공이요. 소리도 역시 공입니다. 성즉공(聲卽空)이라. 다 공입니다.

같은 공도 분석할 석(析), 빌 공(空), 석공(析空)이라. 우리가 보통은 현대 물리학자들 같이 분석한 다음에 공이 아닌가? 이렇게 느끼시기가 쉽습니다만 부처님의 대승법은 그렇지 않고 바로 즉공(卽空)이라. 또는 몸 체(體), 체즉공(體卽空)입니다. 당체즉공(當體卽空)입니다. 왜 공인 것인가? 이것은 인연 따라서 잠시간 이루어진 것이 시간적으로 존재하지 않고 공간적으로 존재하지 않으니까 바로 공입니다.

그러니까 무아(無我)입니다. 내가 없단 말입니다. 무상이고 공인 것을 '나'라고 고집할 건더기가 어디에 있겠습니까. 진여불성자리, 부처님의 연기법에서 보면 다이아몬드도 금도 감투도 대통령도 모두가 다 공입니다. 이 도리가 바로 반야바라밀, 즉 반야지혜입니다. 반야지혜 없이 우리 중생병을 고칠 수 없습니다. 반야지혜 없이 우리 행복은 있을 수가 없습니다.

즉 공도리를 알기가 어렵기 때문에 부처님께서도 22년 동안 반야설이라. 부처님의 요설변재(饒舌辯才) 그 대웅변을 가지고도 22년 동안 이렇게 저렇게 말씀하셨습니다. 그렇게 했는데도 부처님의 친 종제인 제바달다는 도를 깨닫지 못하고서 엉뚱한 일을 많이 했지 않습니까.

반야바라밀이 존재해야 참다운 부처님의 지혜(智慧)입니다. 반야를 떠나서는 어느 분야에서나 바르게 나갈 수가 없습니다. 우리가 하나의 문학적인 작품을 낸다 하더라도 마찬가지입니다. 그냥 세속적인 그저 흔히 있을 수 있는 그런 글이나 쓰는 것이지 그렇게 시원한 글을 쓸 수가 없습니다.

어떤 분야에서나 걸작을 낸 사람들은 견성오도까지는 미처 못 갔다 하더라도 그 무상한 도리, 인생이라 하는 것은 허무하지 않은가, 이런 도리를 조금쯤은 알아야 참다운 글도 쓰고 참다운 음악도 하고 다 그렇습니다. 따라서 제법의 공도리를 알아야 부처님의 가르침이됩니다.

제법의 공도리를 알아야 나와 남이 둘이 아니고 모든 존재가 본래로 하나다, 그런 도리가 되는 것입니다. 그러면 진여불성이라 하는 것은 어떠한 것인가? 앞서 언급을 했습니다만 진여불성 이것은 모든 존재의 근본 실상입니다. 진여불성에서부터 모두가 나온 것입니다. 거기에서 우리가 왜 나왔는가?

이것은 우주의 법칙 따라서 자연 본연적으로 나온 것이지만 우리 중생 차원에서 보면 무명심(無明心)이라. 우리 무명심 때문에 시초에 존재가 다 나왔습니다.

무명심(無明心)과 십법계(十法界)

무명심은 무엇인가? 천지 우주가 오직 진여불성뿐인데 우리가 우주의 순환 과정에서 마음이 가려져서 그것을 미처 모른단 말입니다.

학식이 많고 적고 그건 문제가 아닙니다. 설사 박사 학위, 석사 학위가 몇 십 개가 된다 하더라도 그것은 지식에 불과한 것이지 참다운 지혜가 못됩니다. 따라서 제 아무리 세간적인 학문을 많이 한다 하더라도 불교에서 볼 때에는 아직은 무명심을 못 떠나 있습니다.

무명심을 어떻게 떠날 것인가? 그것은 방금도 말씀드린 바와 같이 우리가 모든 존재의 근본 생명의 실상자리, 이 자리를 깨달아야 비로소 무명심을 떠나는 것입니다. 그러기에 무명심을 여의어 버리지 못하면 무명심을 깨버리지 못하면 우리는 우리 생명의 고향인 진여불성 자리에 돌아가지 못합니다.

무명심을 떠나버리지 못하는 한 우리는 욕계, 색계, 무색계를 영원히 끝도 갓도 없이 무시무종(無始無終)으로 윤회하는 것입니다.

십법계라. 극락세계도 분명히 존재하고 또 지옥세계도 분명히 존재하는 것입니다. 지옥은 무엇인가? 우리 무명심이 가장 어두운 세계입니다.

이와 같이 청명한 날은 우리 기분도 좋지 않습니까. 우리 중생은 밝은 것을 다 좋아합니다. 왜 좋아하는가? 우리 생명 자체가 본래로 밝은 것이기 때문입니다. 남을 미워하면 그만큼 마음이 어둡지 않습니까. 본래 진여불성에는 미움도 좋음도 없습니다. 우리가 남을 미워하는 것은 불성에 어긋나는 행동이므로 그만큼 우리 마음이 금방 어두워집니다.

우리가 물질에 너무 집착하여 이렇게 욕심을 낼 때에 청정 미묘한 마음이 금시에 어두워집니다. 우리가 무명심에서 말도 함부로 하고 행동도 함부로 하면 본래 청정 미묘한 마음이 더욱 어두워집니다. 가장 어두운 중생심의 세계 이것이 지옥입니다.

조금 밝아지면 아귀(餓鬼)세계라. 더 밝아지면 개나 소나 돼지 같은 축생(畜生) 세계라. 조금 더 밝아서 싸움 좋아하는 아수라(阿修羅) 세계라. 훨씬 더 밝아지면 우리 인간(人間)세상입니다.

우리 인간은 그래도 그런대로 무던히 밝아 온 셈입니다. 더 밝아서 천상(天上)이요, 더 밝아서 진여불성을 어렴풋이나마 깨닫게 되는 세계가 성문승(聲聞乘)이요, 더 깨달아서 우주의 연기법을 깨달아서 연각승(緣覺乘)이요, 모든 중생과 더불어서 성불로 가는 참다운 중생이 보살(菩薩)이고 온전히 깨달아야 비로소 부처입니다.

우리 마음에는 지금 지옥, 아귀, 축생, 아수라, 인간, 천상, 그런 요소가 다 들어 있습니다. 다행히도 앞에서 말씀드린 바와 같이 인간은 전생에 다섯 가지 계율 정도는 닦았단 말입니다. 살생도 별로 하지 않고 훔치지도 별로 않고 음탕한 행동도 별로 않고 이렇게 해서 다행히 인간이 되었습니다.

우리가 어떻게 살 것인가? 진여불성 극락세계라 하는 우리 고향으로 갈 것인가? 그렇지 않고 다시 인간 정도로 헤맬 것인가? 여느 사람들은 잘 모르고서 인본주의(人本主義)라, 인간이 제일 높다고 합니다. 만물의 영장이라고 하기는 합니다만 인간이 제일 높은 것은 아닙니다. 인간보다도 더 높은 천상도 있습니다. 욕계에도 천상이 있고, 색계, 무색계에는 천상뿐입니다. 그렇기 때문에 우리 인간은 그보다 훨씬 못합니다.

우리가 지금 어떻게 살 것인가? 생명의 고향자리로 갈 것인가 말 것인가? 이런 것은 우리 결단에 달린 것이고, 또 우리가 인생고를 떠나서 마음의 고향자리로 가기 위한 가르침은 앞서도 누누이 말씀드린 바와 같이 부처님 가르침 이외는 없습니다. 기왕이면 빨리 가고 싶은데 부처님 가르침을 어떻게 믿어야 빨리 갈 것인가?

불자님들 심리학에서 말하는 자기암시(自己暗示)라는 법문을 아시지 않습니까. 법문이라기보다는 일반 심리학적인 용어입니다. '내가 나쁜 놈이다', '나는 별 볼 일 없지 않은가', '내가 아무리 바로 살려고 해도 진심(嗔心)이나 욕심(慾心)을 도저히 제거할 수가 없다', 이렇게 자기비하(自己卑下)를 하고 이렇게만 생각할 때 자기 발전이 오겠습니까.

본래 석가모니는 저기 있고 나는 여기 있다, 이렇게 생각한단 말입니다. 석가모니는 우리보다도 훨씬 위대하기 때문에 부처가 된 것이고, 나는 과거 전생에 죄를 많이 지었고 금생에 타고난 죄도 역시 많지 않을까 하고 절대 생각하지 마십시오. 견성오도나 불은 나하고는 무관하지 않은가. 이렇게 절대 생각하지 마십시오.

석가모니 마음과 예수 마음과 우리 마음이 똑같습니다. 우리 몸을 구성하는 것도 역시 똑같습니다. 진여불성은 앞서 말씀드린 바와 같이 더하고 덜하고, 또는 청정하고 더럽고 이런 차이가 없습니다.

도둑놈 마음이나 도둑놈 몸이나 우리 몸이나 똑같습니다. 물질이 아니기 때문에 변동이 없습니다. 다만 인연 따라서 그 텅 빈 상만 차이가 있습니다. 상의 결합적인 차이만 있습니다. 같은 탄소도 결합 여하에 따라서 더러는 검은 숯 부스러기가 되고, 또는 결정체로 되면 그때는 다이아몬드가 됩니다. 결합 여하에 따라서 숯이 되고 다이아몬드가 됩니다.

그와 똑같이 진여불성이 결합 여하에 따라서 전자가 되고 양성자 또는 중성자가 됩니다. 본래는 우주의 순수생명인 그 진여불성, 현대 말로 하면 순수에너지 말입니다. 물질이 아닌 순수에너지가 그때그때 결합 여하에 따라서 양자가 되고 전자가 되곤 합니다. 또 그들의 결합 여하에 따라서 산소가 되고 수소가 되곤 합니다. 어떤 물질이나 그런 원소로 안 된 것은 없지 않습니까.

이 자리에서 한 말씀 더 명심해야 할 것은 현대 물리학과 불교는 굉장히 밀접 불가분리합니다. 현대 물리학이 사실은 지금 부처님 가르침을 가면 갈수록 밝히고 있습니다.

왜냐하면 현대 물리학은 모든 것은 본래로 비었기 때문입니다. 에너지 보존의 법칙이라. 에너지는 파멸이 안 되고 과거나 현재나 미래나 에너지가 산이 되고 달이 되고 별이 되고 하여도 에너지 자체는 조금도 변함이 없습니다. 그 허망 무상한 상만, 모양만 차이가 있을 뿐이지 본질은 변질이 없습니다. 이러한 것이 현대 물리학적인 설명입니다.

따라서 앞서 말씀드린 것처럼 예수의 몸이나 내 몸이나 석가모니 몸이나 똑같은 몸입니다. 마음이야 본래 모양이 없으므로 석가모니 마음, 내 마음 차이가 없어야 하겠지요.

다만 우리 중생이 자작범부(自作凡夫)라. 우리가 잘못 봐서 나는 나요, 너는 너요, 나는 못나고, 너는 잘나고, 이런 마음 때문에 스스로 우리가 범부가 되는 것입니다. 설사 범부가 되었다 하더라도 본바탕에서 본다고 생각할 때는 석가모니나 나나 누구나 조금도 차이가 없습니다.

마음이 바로 부처다

그렇기 때문에 심즉시불(心卽是佛)이라. 불자님들은 말로는 심즉시불을 모르는 분이 별로 없으시겠지요. 마음이 바로 부처라는 말입니다. 우리 마음을 닦으면 부처다, 닦아서 석가모니처럼 되면 부처라, 이렇게 생각하신 분이 많으시겠지요. 그러나 닦을 것도 없이 바로 이 마음, 남 미워하고 욕심내고, 이 마음 바로 부처라. 이 마음 바로 부처입니다.

석가모니한테나 예수한테나 달마 스님한테나 누구한테나 꿀릴 것이 아무것도 없습니다. 따라서 우리가 정말로 진정으로 내 마음 이것이 바로 부처다. 내 마음은 본래로 오염이 안 되어 있다고 100% 믿으면 그 자리에서 깨닫는 것입니다.

불자님들 마음을 여셔야 합니다. 위대하고 무한한 우리 마음이 그

별것도 아닌 자기 몸뚱이의 노예가 되어서는 안 되는 것입니다. 제 아무리 좋은 옷을 입고 제 아무리 값비싼 팔찌를 하고 귀걸이를 한다 하더라도 이런 것으로 해서는 우리 가치가 높아지지 않습니다.

인생이라 하는 것은 너무나 허무합니다. 이 목숨이 오늘 갈지 내일 갈지 모릅니다. 그렇게 허망 무상한 우리 인생인데 무슨 필요로 생명의 본 고향으로 가는 길을 포기하셔야 합니까. 본래 부처인 우리가 잠시 졸고 있는 그 동안을 오랫동안 연장을 시킬 것이 아니라 다시 깨어서 본래 부처로 돌아가야 하는 것입니다.

정말로 우리 마음 이대로 바로 부처인 것이고, 석가모니 마음, 공자 마음, 예수 마음, 하나님 다 똑같은 자리입니다. 일미 평등이라 조금도 차이가 없습니다. 본래 내가 부처입니다.

참선염불

우리가 염불을 무엇 때문에 하는 것인가?

나무아미타불이 저 십만 억 국토 저 밖에 계신다, 우리가 애쓰고 부르고 외이면 나한테 도움을 주시겠지, 이런 식의 염불은 참다운 염불이 아닌 것입니다.

내 본래가 바로 부처고 천지 우주가 바로 부처인데 그 부처를 다시

확인하는, 미운 사람이나 고운 사람이나 본래 부처인 것을 재확인하는 공부가 바로 참다운 염불입니다. 앞서 말씀드린 대로 우리가 '무' 자 화두를 하나, 또는 '이 뭣꼬' 화두를 하나, 어떤 화두나 모두가 다 본래면목(本來面目)자리, 진여불성자리를 여의지 않아야 참다운 참 선이란 말입니다.

인류 문화사의 수행법 가운데서 가장 궁극적인 수행법이 이른바 선(禪), 참선입니다. 참선은 무엇인가? 더러 대답을 잘 못 할 수가 있습니다.

그저 화두하고 앉아 있으면 참선이라고 생각하지만 참선은 그런 협소한 것이 아닙니다. 화두를 하든 하지 않든 그것은 문제가 안 됩니다. 화두를 한다 하더라도 방금 제가 말씀드린 바와 같이 내 생명의 본질인 동시에 우주 만유의 생명자리인 진여불성자리, 그 자리를 안 여의어야 그래야 참선입니다. 그 자리만, 그 본질적인 본래면목만 안 여읜다면 비단 무(無), '이 뭣꼬'만 참선이 되는 것이 아니라, 나무아미타불 관세음보살 지장보살 또는 하나님 알라를 불러도 모두가 참선입니다.

여러분들이 아시는 바와 같이 지금 지구촌(地球村)시대, 세계일가(世界一家)시대, 이런 때에 와서는 자기 종교만 옳다. 자기 민족만 제일이다. 이렇게 해서는 존재할 수가 없습니다. 이런 것을 바르게 느끼게 하는 가르침이 부처님 가르침입니다. 부처님 가르침은 꼭 내 방식만이 옳다. 이런 식이 아니란 말입니다. 천지우주를 하나로 보고서 모두를 다 동일불성(同一佛性), 어느 것이나 모두가 부처님 아님이 없이 보는 것입니다.

우리 불자님들, 나무아미타불 장엄 염불을 해 보셨습니까?

나무아미타불이 어디 계시는가 하면 도마죽위(稻麻竹葦) 무한극수(無限極數) 삼백육십만억(三百六十萬億) 일십일만(一十一萬) 구천오백(九千五百) 동명동호(同名同號) 대자대비(大慈大悲) 아등도사(我等導師) 금색여래(金色如來) 아미타불(阿彌陀佛)이라. 빽빽한 삼 밭 대밭 같이 그 수가 헤아릴 수 없이 많고, 일십일만 구천오백이라, 이것저것 억 명, 천 명 모두가 다 동명동호라, 같은 이름, 같은 호의 아미타불입니다.

어느 사람들은 관세음보살님을 오랫동안 염한 사람을 보고 관세음보살보다 지장보살이 훨씬 더 영험이 있다고 한단 말입니다. 여러분들도 그렇게 생각을 하시겠습니까?

「지장경(地藏經)」을 보면 그렇게 되어 있습니다. 그러나 「관음경(觀音經)」을 보면 이제 관음보살님이 제일 좋다고 했습니다. 부처님의 본뜻은 이것만 좋고 저것은 좋지 않고, 이 경만 좋고 다른 경은 나쁘다는 의미는 절대로 아닙니다.

이 경이나 저 경이나, 「법화경(法華經)」이나 「화엄경(華嚴經)」이나 어느 경이나 다 좋은 것입니다. 모두가 우리 중생이 삼계의 윤회에 헤매지 않고 해탈의 그런 참다운 자성, 참다운 불성으로 가는 길을 가르치고 있습니다.

지구촌 시대에 와서 앞서 말씀드린 바와 같이 내 종교만 제일이다, 기독교는 참선이 없다, 이렇게 생각하시진 마십시오. 설사 하나님을 외고 하나님을 추구한다 하더라도 하나님이 그네들 식으로 저 밖에 있는 것이 아니라 안이나 밖이나 바로 우주가 하나님뿐이라고 생각하면 무방합니다.

사실은 예수님의 뜻도 바로 거기에 있습니다. 마태복음, 요한복음, 누가복음 또는 묵시록을 우리가 허심탄회하게 보면 예수님의 본뜻은 지금 일부 기독교인들이 독선적으로 다른 종교를 배타하는 그런 데에 있지 않습니다.

부처님의 가르침은 민족과 민족, 사회와 사회를 화해시킬 수 있습니다. 왜 그런가? 부처님 법은 바로 연기법이기 때문에 그렇습니다. 모두가 다 진여불성자리에서 온 동일한 동포란 말입니다.

우리 불자님들 동체대비(同體大悲)란 말을 모르시는 분은 없지 않습니까. 하나의 생명자리, 우리는 만물과 더불어서 뿌리가 같고 일체 존재와 더불어서 생명이 똑같은 것입니다. 그냥 적당히 똑같은 것이 아니라 물질이 아니기 때문에 온전히 똑같은 것입니다.

온전히 똑같은 것이 인연 따라서 이렇게 저렇게 가상만 다르게 되었습니다. 범부 중생과 성자의 차이는 무엇인가? 중생들은 인연으로 이루어진 현상만 보고 있습니다. 성자들은 현상도 보지만 현상을 상 그대로 집착하지 않고서 본질적으로 본래 본성품에서 보는 것입니다.

그렇기 때문에 부처님의 사상인 제법공도리가 아니고서는 사람 사람끼리 화해도 안 되고, 세계적인 문제에 있어서뿐만 아니라 어떠한 문제에 있어서도 완벽한 온전한 해결은 볼 수가 없습니다.

상락아정(常樂我淨)

진여불성은 그냥 텅 비어 있는 공(空)이 아닙니다. 허두에서도 언급을 했습니다만 진여불성 이 자리는 다만 물질이 아니고, 텅 비어 있다는 그것에 그치지 않고, 그 가운데는 일체 공덕(功德)이 다 들어 있습니다.

상락아정(常樂我淨)이라. 진여불성자리는 상덕(常德)이라. 영생해서 조금도 변동이 없습니다. 순수한 생명은 영생불멸한 것입니다. 또는 락덕(樂德)이라. 안락무우(安樂無憂)라. 조금도 불행이 없습니다.

변치 않고 일체공덕을 다 갖추었거늘 그 자리에 불행이 있을 수가 없지 않겠습니까. 또는 고통도 있을 수가 없습니다. 따라서 안락만 존재하는, 완벽한 행복만 존재하는, 그런 것이 진여불성자리입니다.

그와 동시에 아덕(我德)이라. 나 아(我), 큰 덕(德)입니다. 우리 중생은 망아(妄我)고 이것은 이른바 소아(小我)입니다. 우리 중생들이 잘 못 본 것이 사람들은 이것이 나란 말입니다. 견성오도를 미처 못한 사람들은 항시 자기라 해도 망령된 자기밖에는 모릅니다. 그러나 참다운 자기, 우주의 진여 불성과 온전히 하나 된 자기, 이런 자리에서는 삼명육통(三明六通)을 위시해서 일체공덕(一切功德)을 다 부리는 것입니다.

모두를 다 알고 모두를 다 할 수 있는 것입니다. 이 자리를 깊이 느끼셔야 합니다. 불자님들 우리 마음에 갖추고 있는 덕, 이것이 그냥 흐지부지한 보통 덕이 아니라 아는 것도 모두를 다 알 수가 있고, 모두를 다 할 수가 있고, 일체 신통묘지(神通妙智)를 다 부리는 것입니다. 지식이 있고 없고 상관이 없습니다.

육조 혜능(慧能)스님이 유식자가 아니지 않습니까. 그런 것은 문제가 되지 않습니다. 우리 마음 닦아서 마음 깨달아서 마음이 온전히 본래면목 자리와 하나가 되었다고 생각할 때는 우리 마음은 신통 부사의(不思議)해서 일체 모든 것을 다 알 수 있고 다 할 수가 있는 것입니다. 자기 마음을 절대로 제한을 마십시오.

그런데 하물며 나는 어디가 아프다 해도 부처님 법은 그런 아프고 거북한 것을 치유할 수 없는 그런 시원찮은 법이 아니란 말입니다. 부처님 법은 앞서 말씀드린 대로 완벽한 법입니다.

그리고 내 마음은 금생에 내가 설사 잘못 살아서 허물을 많이 범했다 하더라도 내 불성만은, 내 본성품만은 석가모니와 비교해도 조금도 흠이 없다, 완벽하다고 생각하면 그 즉시 우리 몸도 마음도 가벼워집니다. 우리 몸도 마음도 가벼워지고 동시에 우리 잔병은 다 떨어집니다.

그렇게 생각할 때에는 자기를 미워하는 사람도 이심전심(以心傳心)으로 미워하지 않게 됩니다. 다 똑같은 불성이니 다른 사람을 사랑해 보십시오. 그 사람도 꼭 자기를 좋게 봅니다.

우리 몸뚱이는 우리가 생각한 것 같이 60kg, 50kg 그런 무게가 원래 있는 것이 아닙니다. 원래 공인데 공이 무슨 무게가 있겠습니까. 다만 이 대류권 내에서 우리 중생들이 업장으로 무명심에 가려서 무게를 느끼는 것입니다.

본래무일물(本來無一物) 하처야진애(何處惹塵埃)리요, 육조 혜능대사의 게송(偈誦) 아닙니까. 본래 물질이라는 것은 아무것도 없거니 어느 곳에 번뇌(煩惱)가 있고 티끌이 있을 것인가. 우리 중생이 억울하게도 무명심 때문에 잘못 봐서 밉고 곱고 이것이고 저것이고 합니다.

그러나 바로 본다고 생각할 때에는 그 퇴폐(頹廢)하고 반목(反目)하고 분열(分裂)하고 이대로 사실은 성자가 본다고 생각할 때에는 사바세계 이대로 바로 극락세계입니다. 조금도 오염이 안 되었습니다. 다만 중생들이 불쌍하니까, 본래로 극락세계인 것을 본래 부처인 것을 중생들이 잘 못 보고 스스로 자기를 구속하고 고생하는 것이니까 그것이 안타까워서 중생을 제도하려고 도인들이 교시하는 것이지 바른 차원에서는 그대로 바로 극락세계인 것입니다.

오늘 죽어도 극락세계 내일 죽어도 극락세계인 것입니다. 왜 그러는 것인가? 자기 몸 허망 무상한 본래로 있다고 할 수 없는 가상이 사라진다 하더라도 자기 생명 자체는 조금도 흠축이 없습니다.

운문스님한테 가서 '어려운 때는 우리가 어떻게 하여야 합니까?', 이렇게 문법을 하니까,

'일일시호일(日日是好日)이요, 시시시호시(時時是好時)라.'

'날마다 좋은 날이요, 때때로 좋은 때라. 어려운 때는 어떻게 피해야 합니까?' 이렇게 물으니까 날마다 좋은 날이고 때때로 좋은 때라

는 것입니다. 우리 중생 차원에서 현상적인 상대 유한적인 차원에서 볼 때는 좋고, 궂고 여러 가지 고난이 많겠지요. 그러나 진여불성자리, 반야바라밀에서 볼 때는 그런 것이 흔적이 없습니다. 그러기에 성자의 견해인 반야바라밀의 경계에서는 항시 좋단 말입니다.

언제나 제 말이 너무나 길어지는 것을 염려합니다. 그래서 될수록 제 마음을, 제 말을 간단히 줄여서 하겠습니다.

일체는 부처님 법으로 수렴된다

앞서 말씀드린 바와 같이 성불하는 것이 우리의 근본 도리이고 사실은 불자뿐만 아니라 어느 누구나가 성불 아니면 갈 곳이 없습니다. 갈 곳이 있는 것은 고생스런 바다밖에 없습니다. 어느 면으로 보나 고생 바다를 떠나는 길은 부처님 가르침밖에 없습니다.

부처님 가르침은 석가모니 가르침이기 이전에 바로 우주의 도리입니다. 석가모니가 나오시고 안 나오시고 상관없이 우주의 연기법은 항시 존재했던 것입니다. 따라서 연기법으로 볼 때에 천지우주는 다 허망 무상하고 오직 존재하는 것은 다 진여불성이다. 이렇게 먼저 아셔야 합니다. 이것은 바로 과학적인 도리인 동시에 철학적인 원리입니다.

347

연기법은 어느 누구도 부인할 수 없는 바로 우주의 공덕입니다. 때문에 하이젠베르그의 불확적성의 원리라든가 아인슈타인의 상대성 원리라든가, 그런 것도 모두가 다 연기법 속에 들어 있습니다.

다만 그것은 근본 본질을 깨닫지 못했기 때문에 확실한 것은 못됩니다만 아무튼 현대 과학은 특히 정밀 물리학은 부처님 가르침을 차근차근 점차로 증명해갑니다. 따라서 싫든 좋든 간에 무슨 종교나 무슨 철학이나 세월이 흐르면 그때는 필연적으로 부처님 가르침으로 들어오지 않을 수 없습니다.

이 시냇물 저 시냇물이 종당(終當)에는 다 바다로 가듯이 부처님 가르침은 바다와 똑같습니다. 다른 철학, 종교, 이데올로기 이런 것은 모두가 바다로 흘러내려 오는 시냇물과 똑같습니다. 이것은 어쩔 수가 없는 천지의 도리입니다. 다행히도 우리 불자님들은 정말로 백천만겁난조우(百千萬劫難遭遇)로 과거 무수생 동안에 닦아 내려온 그런 공덕으로 오늘날 부처님 가르침을 만나신 것입니다.

거짓말 같으면 눈을 찔러서 소경을 만든다 하더라도 그것은 조금도 주저 없이 확신을 가지고서 말할 수 있는 것이 어느 종교나 어느 과학이나 모두가 다 가면 갈수록 점차로 부처님 가르침으로 들어오지 않을 수 없습니다.

불자님들 그와 같이 바른 가치관, 바른 불타관을 먼저 확립시키십시오. 아무리 못되게 살았다 하더라도 내 마음은 석가모니와 더불어서 조금도 흠절이 없는 그러한 무한 공덕을 갖추고 있습니다. 자비도 원만, 지혜도 원만, 우리 자비를 좀 베푼다고 해서 자비심이 줄어지지가 않습니다. 우리 지혜를 너무 많이 쓴다고 해서 우리 몸이 피로하지도 않는 것입니다.

가령 우리가 먹는 음식도 몇 칼로리를 먹어야 한다, 지방질을 얼마를 먹어야 한다, 이것은 욕계 중생이 그러는 것이지 색계 이상 올라가면 사실은 음식도 필요가 없는 것입니다. 생명 자체가 생활하는 것입니다.

음식 그런 것에 대해서도 너무 관심을 두지 마십시오. 설사 진여불성이라 하는 우리 생명자리에 우리 생명을 온전히 하나가 되게끔 하는 그런 공부를 하면 음식 같은 것은 별로 필요가 없는 것입니다.

화두나 염불이나 기도나 모두가 그런 공부가 아니겠습니까. 우리가 기도를 한다 하더라도 부처님은 저기가 계신다, 우리가 기도를 모시면 나한테 와서 돕는다, 그런 것은 세간적인 기도법입니다. 부처님법은 그런 기도법이 아닙니다. 부처와 나와 둘이 아니고, 천지가 나와 더불어서 둘이 아니다. 이렇게 생각하고 하셔야 참다운 가피를 받습니다.

아무튼 음식이나 그런 것도 마땅히 검소하게 자실수록 우리 몸은 훨씬 좋은 것입니다. 곡 명심해 두십시오. 고기를 꼭 먹어야만 살이 되고 피가 되는 것은 아닙니다. 우리 생명은 생명 자체 스스로 지탱하는 것입니다.

저 월남의 드리쾅 승려. 그분은 반체제 운동을 하신 스님인데 옥중에서 100일 동안 물만 먹고서 조석 염불, 아침에 2시간, 밤에 2시간, 4시간씩 고성 염불을 그렇게 하면서도 백일 동안 물만 먹고 지냈습니다. 그리고 지금 살아 계십니다.

그것은 극단적인 예로 우리가 극단적인 고행을 할 필요는 없습니다만 우리 몸이라 하는 것도 역시 일체가 마음이기 때문에 우리 몸도 역시 마음의 반영이므로 우리가 지은 업장 따라서 이와 같은 몸을 받았습니다. 그러므로 우리 마음이 청정하면 우리 몸도 그냥 즉시 반사작용으로 우리 몸도 청정해 옵니다.

병도 꼭 약을 먹어야만 되는 것이 아닙니다. 우선은 필요에 따라서 약을 좀 먹어도 무방하겠지만 사실은 우리 마음이 우리 몸의 병을 꼭 낫을 수 있습니다.

인도의 이른바 신지학(神智學), 이런 것은 심리요법, 정신요법으로 우리 병이 낫는단 말입니다. 그런 법도 모두가 인간성의 무량무변한 공덕을 역설하고 발효한 데서 이루어지는 것입니다. 정말로 부처와 나와 더불어서 일체가 호리차이(毫厘差異)가 없는 하나입니다.

청정계율

부처란 것은 완벽한 자리이기 때문에 그 자리를 확신할 때는 우리 몸도 거기에 따라가는 것입니다. 꼭 그런 것입니다. 그래서 불타관을 확립하시고 그 다음은 계율을 청정히 하십시오.

현재는 부처님 계율을 더러 함부로 합니다. 부처님 말씀은 거짓말이 없습니다. 부처님 말씀은 사소한 것이나 우리 몸뚱이에 대해서나 우리 마음에 대해서나 어떤 것에 대해서나 조금도 오류가 없는 그런 말씀입니다.

더러 세세한 계율 가운데는 인도에는 있고 우리 한국에는 없고 그런 점은 있을 수 있겠지요. 그러나 적어도 음식을 어떻게 먹어라, 이성간에 어떻게 사귀어라, 이런 정도는 조금도 빈틈이 없습니다.

이런 것은 꼭 우리의 마음과 몸을 정화(淨化)해서 중생들로 하여금 본래 성품 자리, 진여불성 자리를 온전히 깨닫게 하는 그런 법문입니다. 그렇기 때문에 계행을 지키지 않으면 우리 마음도 정화가 안 되고 우리 몸도 정화가 안 됩니다.

어느 분들은 물질이라는 것은 허망한 것이니까 마음속으로 범하지 않으면 되겠지. 그러나 몸과 마음이 둘이 아니기 때문에 몸으로 범하면 마음도 그만큼 범하게 되는 것입니다. 따라서 철저하게 부처님께서 말씀하신 계율을 지키셔야 우리 몸도 마음도 정화가 되어서 우리가 불성 자리에 더욱 더 가까워지게 되는 것입니다. 본래 부처인 중생이 업을 지어서 그 업에 물들어 있기 때문에 나쁜 습관성 때문에 습관성을 떼는 것이 공부인 것입니다.

나쁜 습관성 때문에 우리 몸도 아프고 마음도 흐린지라 그 습관성을 떼어버려야 합니다. 그러므로 우선 계행(戒行)이 청정해야 쓰겠지요. 계행이 청정해야 우리 마음에 선정(禪定)이라 하는 삼매(三昧)의 기운이 담깁니다. 우리 중생 마음은 파도같이 항상 혼란스러운 것입니다. 혼란스러운 우리 마음을 바람 잔 파도같이 또는 맑은 거울같이 그렇게 하여야 참다운 지혜가 비춰 옵니다.

우리 중생들 마음은 마치 터럭 끝같이 항시 동요부단(動搖不斷)해 마지않습니다. 이것은 '나'라는 관념 '너'라는 관념에 가려서 이른바 반야바라밀을 몰라서 그럽니다. 설사 반야바라밀을 어렴풋이 알았다 하더라도 우리에게는 습관성이 오랫동안 축적되어 있기 때문에 철저한 계행을 지켜야 습관성이 녹아나고 동시에 우리 마음이 가면 갈수록 우리 생활이 하루하루 부처님과 가까워지는 것입니다.

몇 말씀만 더 드리겠습니다만 앞서 말씀드린 바와 같이 부처님 가르침은 완전무결한 가르침인 것이고, 일미 평등한 가르침이기 때문에 이른바 대도무문(大道無門)이라, 참다운 진리라는 것은 어느 문이 따로 있고 따로 없는 것이 아니란 말입니다. 염불하는 문이나 주문하는 문이나 참선하는 문이나 또는 기도 모시는 문이나 다 똑같습니다.

그러나 다만 핵심이 무엇인가 하면 우리 마음이 진여불성이라 하는 그 반야바라밀 자리에 입각해야 합니다. 그러기에 참선도 부달성공(不達性空) 하면 좌선무익(坐禪無益)이라. 제법이 공자리에 우리가 이르지 못하면 참선해도 별 볼일이 없단 말입니다. 부달성공이라, 일체 성품이 본래로 비어 있다는 그런 경계를 모른다고 생각할 때에는 좌선 무익이라. 참선을 하여도 별로 이익이 없습니다.

지금 내 공부가 잘 안 된다는 사람들은 보통은 모든 명상(名相)이 본래로 허망하다는 것을 잘 몰라서 그럽니다. 자기 재산도 자기 몸뚱이도 자기 관념도 모두가 본래 바로 즉공(卽空)이라, 본래 공이란 말입니다. 따라서 이렇게 느낄 때는 지장보살을 부르나 무엇을 부르나 다 하나입니다. 지장보살 약사여래 관세음보살 모두 다 진여불성자리의 공덕을 우리한테 표하는 자리입니다.

부처님 자리가 무슨 이름이 따로 있습니까? 진여 불성공덕이 무한공덕이기 때문에 한 말로 하나의 개념으로 해서는 다 표현을 못합니다.

그러니까 부처님을 진여불성을 자비로운 쪽으로 봐서는 관세음보살, 지혜로운 쪽으로 봐서는 문수보살, 우리 중생들의 병고를 다스리는 쪽으로 봐서는 약사여래, 우리 영혼을 이끌어서 극락세계나 천상으로 인도하는 그런 면에서는 지장보살 그러는 것입니다.

부처님은 바로 순수한 생명의 광명

부처님의 자비와 지혜 광명은 우주에 충만해 있습니다. 부처님은 바로 순수한 생명의 광명입니다. 따라서 부처님이 바로 우주의 광명이라는 차원에서는 무량광불(無量光佛)이라. 우리 생명의 본질인 부처님의 수명이 영생불멸(永生不滅)한 그런 차원에서는 무량수불(無量壽佛)입니다.

번뇌가 조금도 없이 청정한 면에서는 청정광불(淸淨光佛)이라, 행복이 충만한 면에서는 환희광불(歡喜光佛)이라, 이러는 것입니다. 그러는 것이지 관세음보살, 지장보살 따로따로 뿔뿔이 있지 않습니다. 뿔뿔이 있다고 생각할 때는 우리 부처님 가르침이 다신교라, 참다운 종교가 못되는 것입니다.

불자님들 분명히 바르게 느끼셔야 됩니다. 똑같은 것인데 다만 공덕 따라서 그와 같이 이름이 다르니까 어떻게 부르나 본래 하나라고 생각하면 똑같아지는 것입니다. 그와 같이 바른 가치관 바른 불타관을 가지고 계행 청정을 할 것이고, 그 다음 문제는 바른 가치관을 가지고 계행이 청정하다 하더라도 우리 공부가 지속적으로 계속이 안될 때에는 우리가 과거 전생에 잘 못 붙인 습관성, 금생에 나와서 잘 못 붙인 그런 나쁜 습관, 이런 것이 순식간에 녹아날 수가 없습니다.

그렇기 때문에 지속적으로 생각 생각에 걸음걸음 소리 소리에 공부를 하여야 차근차근 더 익어져서 공덕은 더 쌓이고 나쁜 습관은 추방되는 것입니다.

우리 불자님들, 부산은 정말로 축복받은 고장입니다. 저는 어제 밤에 왔습니다만 밤거리를 산책을 조금 해봐도 그 십자가가 별로 안 보였습니다. 십자가를 저는 미워하는 것은 아닙니다. 참 그야말로 의미가 깊은 것인데, 지금 잘 못 믿는 사람들은 부처님 가르침을 마귀의 가르침이라고 합니다.

자기 조상 제사도 예수가 모시지 말라고 한 것은 아닙니다. 그런데도 조상 제사 모시는 것도 진리에 어긋난다, 다른 가르침은 모두가 다 마귀라고 합니다.

지금도 역시 시한부 종말론이라. 얼마 안가서 자기들 믿는 사람들만 영생으로 저 위로 휴거가 되어서 올라가고, 다른 사람은 다 파멸이 온다고 하므로 우리가 비판을 하는 것입니다. 다행히도 불자님들의 그런 열성으로 해서 부산은 정말로 축복 받은 고장입니다. 이것은 바로 선지식들이 그만큼 많이 계셔서 여러분들한테 감로수 같은 법음(法音)을 전달하시기에 그렇다고 확신합니다. 저도 축복과 환희심을 느낍니다.

여러 불자님들, 바른 가치관, 반야바라밀을 꼭 가지십시오. 반야바라밀을 가지실 때에는 우리 마음은 천지우주를 우리 마음으로 합니다. 우리 마음은 바로 천지와 더불어서 절대로 둘이 아닙니다.

무엇 때문에 남을 미워하고 남을 싫어하고 하겠습니까. 물질이라하는 것은 우리한테 필요한 필요조건은 되어도 충분조건은 못됩니다. 그걸로 해서는 우리 행복을 절대로 얻을 수가 없습니다. 우리는 허두에 말씀드린 대로 안심을 바랍니다.

안락을 바랍니다. 안락한 마음을 갖기 위해서는 꼭 반야바라밀이 전제가 되어야 합니다. 그와 같이 반야바라밀! 어느 것도 나와 더불어서 둘이 아니고, 내 마음은 본래로 무량의 지혜공덕을 다 원만히 갖추고 있는 것입니다.

이렇게 느끼고서 계행 청정하시고 거기에서 또 빠뜨리지 말 것이 지속적으로 공부를 하셔야 합니다. 염불도, 화두도, 주문도 모두가 지속적으로 공부하기 위한 그런 법문인 것입니다. 따라서 염불도 생각 생각에, 화두도 생각 생각에, 주문도 생각 생각에 이렇게 하셔서 우리의 그런 나쁜 습관이 다시는 우리한테 들어오지 못하게 하고, 기왕 들어온 나쁜 습관은 그냥 다 온전히 나가 버려서 금생에 꼭 성불하시기 바랍니다.

 부처님 법을 닦아서 성불하기가 사실은 제일 쉬운 일입니다. 본래로 갖추고 있는 것이고 누구한테 빌려 와서 성불하는 것이 아닙니다. 우리 불자님들이 꼭 우리 한국뿐만이 아니라 세계 불교의 중심지가 되도록 공부를 하셔서 더욱 더 빛나시기 바랍니다.

나무석가모니불(南無釋迦牟尼佛)! 나무마하반야바라밀(南無摩訶般若波羅蜜)!

미래를 여는 지식의 힘―

(주) 상상나무 :: 도서 상상예찬
         출판

http://www.smbooks.com Tel. 02-325-5191